ulture générale
t expression

EXAMEN
2021

Objectif BTS

W0331096

1. À toute vitesse !
2. De la musique avant toute chose ?

Catherine Duffau

hachette
ÉDUCATION

Couverture : Stéphanie Benoit
Mise en pages : Ma petite FaB – Laurent Grolleau

Édition : Élisabeth Sanchez

www.hachette-education.com
ISBN : 978-2-01-712273-9

Achevé d'imprimer en Août 2020 en Slovaquie par Polygraf
Dépôt légal : Août 2020 - Édition 01 - 18/5498/9

Avant-propos

Soyez efficace ! Objectif BTS Culture et expression vous propose cinq étapes pour réussir :

Commencez par vous familiariser avec les modalités de l'épreuve : sa durée exacte, sa présentation, son contenu, son coefficient. Pas de surprise le jour J !

TOUT SUR L'ÉPREUVE

Cet ouvrage propose pour chacun des deux thèmes au programme une large sélection de textes et de documents organisés selon les problématiques du thème pour vous entraîner et enrichir votre culture personnelle.

LE THÈME 1

LE THÈME 2

C'est l'étape décisive du parcours : donnez-vous toutes les chances de réussir en travaillant des sujets corrigés.

DES SUJETS CORRIGÉS

À vous de jouer ! C'est l'occasion d'appliquer les méthodes vues précédemment en s'entraînant sur des sujets non corrigés.

DES SUJETS D'ENTRAÎNEMENT

Sommaire

1 • L'épreuve de culture générale et expression au BTS

Chapitre 1

Présentation de l'épreuve

A • Les objectifs

L'objectif de la formation des sections de technicien supérieur est d'assurer l'aptitude des candidats à communiquer avec efficacité dans la vie courante et dans la vie professionnelle.

L'évaluation sert donc à vérifier les capacités du candidat à :
- tirer parti des documents lus dans l'année et de la réflexion menée en cours ;
- rendre compte d'une culture acquise en cours de formation ;
- apprécier un message ou une situation ;
- communiquer par écrit ou oralement ;
- appréhender un message ;
- réaliser un message.

Les explications ci-dessous sont issues du Bulletin Officiel du 17 février 2005.

B • Les formes de l'évaluation

Pour les candidats scolaires : évaluation ponctuelle.
Pour les candidats de la formation continue : contrôle en cours de formation.

1 • L'évaluation ponctuelle (épreuve écrite, durée : 4 heures)

Trois à quatre documents vous sont proposés. Ils sont de natures différentes (textes littéraires, textes non littéraires, documents iconographiques, tableaux statistiques, etc.) et choisis en référence à l'un des deux thèmes inscrits au programme de la deuxième année de BTS. Chacun d'eux est daté et situé dans son contexte.

• **Première partie : la synthèse** (notée sur 40)
Le candidat rédige une synthèse objective en confrontant les documents fournis.

• **Deuxième partie : l'écriture personnelle** (notée sur 20)
Le candidat répond de façon argumentée à une question relative aux documents proposés. La question posée invite à confronter les documents proposés en synthèse et les études de documents menées dans l'année en cours de « culture générale et expression ». La note globale est ramenée à une note sur 20 points.

2 • Le contrôle en cours de formation

L'unité de français est constituée de trois situations d'évaluation de poids identiques :
- deux situations relatives à l'évaluation de la capacité du candidat à appréhender et à réaliser un message écrit ;

- une situation relative à la capacité du candidat à communiquer oralement, évaluée lors de la soutenance du rapport de stage.

• **Première situation d'évaluation** (durée indicative : 2 heures)

L'évaluation porte sur la capacité du candidat à appréhender et réaliser un message écrit.

Les compétences demandées sont :
- le respect des contraintes de la langue écrite ;
- la synthèse des informations : fidélité à la signification des documents, exactitude et précision dans leur compréhension et leur mise en relation, pertinence des choix opérés en fonction du problème posé et de la problématique, cohérence de la production (classement et enchaînement des éléments, équilibre des parties, densité du propos, efficacité du message).

• **Deuxième situation d'évaluation** (durée indicative : 2 heures)

Le thème du dossier proposé en synthèse et la question invitant à l'exercice de rédaction personnelle sont toujours choisis en référence à l'un des deux thèmes inscrits au programme de la seconde année du BTS.

L'évaluation examine la capacité du candidat à appréhender et réaliser un message écrit.

Pour cela, il doit :
- respecter les contraintes de la langue écrite ;
- répondre de façon argumentée à une question posée en relation avec les documents proposés en lecture.

• **Troisième situation d'évaluation**

L'évaluation repose sur la capacité du candidat à communiquer oralement.

Pour cela, il doit :
- s'adapter à la situation (maîtrise des contraintes de temps, de lieu, d'objectifs et d'adaptation au destinataire, choix des moyens d'expression appropriés, prise en compte de l'attitude et des questions du ou des interlocuteurs) ;
- organiser un message oral : respect du sujet, structure interne du message (intelligibilité, précision et pertinence des idées, valeur de l'argumentation, netteté de la conclusion, pertinence des réponses...). Cette capacité est évaluée au moment de la soutenance du rapport de stage.

Chapitre 2

Conseils généraux

Pour réussir à l'examen, il faut :

1. avoir bien compris les consignes du référentiel (B.O. du 17 février 2005) ;
2. avoir travaillé avec méthode durant vos deux années de formation ;
3. avoir étudié efficacement les deux thèmes au programme grâce à la méthode indiquée (voir pp. 11-16).

A • Les nouveautés

1 • L'intitulé : « Culture générale et expression »

Au-delà de l'obtention du BTS, la formation vise deux objectifs :
- la consolidation d'une culture dont nous avons tous besoin dans la vie professionnelle et citoyenne ;
- l'aptitude à communiquer efficacement à l'écrit et à l'oral, c'est-à-dire à s'adapter à un destinataire et maîtriser les règles les plus courantes de la grammaire et de l'orthographe, connaître précisément le sens du vocabulaire employé.

2 • Les capacités

1. Communiquer oralement.
2. S'informer, se documenter.
3. Appréhender un message.
4. Réaliser un message.
5. Apprécier un message ou une situation.

Toutes ces capacités sont évaluées par les épreuves de l'examen. La réussite dans la vie professionnelle dépend aussi de leur maîtrise : elles permettent de se constituer une culture, d'accumuler des savoirs qui seront d'autant plus appréciés que vous aurez pris l'habitude de les utiliser après avoir réfléchi à la situation de communication dans laquelle vous vous trouvez.

3 • Les nouveaux programmes

Pour la session 2021, les deux thèmes au programme sont :
– À toute vitesse !
– De la musique avant toute chose ?

Les deux thèmes choisis par l'Inspection générale vous permettent de mieux organiser votre préparation en culture générale : vous ne serez plus gênés par des dossiers qui ne vous « inspirent » pas, puisque - quel que soit le sujet proposé - vous l'aurez étudié durant votre seconde année de formation.

4 • La nouvelle épreuve pour les candidats scolaires

L'épreuve est écrite et dure 4 heures. Elle est composée de deux parties :

- la première partie est **une synthèse** (notée sur 40) qui repose sur la confrontation objective des documents fournis ;
- la seconde partie est **une écriture personnelle** (notée sur 20), c'est une réponse argumentée à une question relative aux documents proposés.

Les deux parties portent nécessairement sur l'un des deux thèmes étudiés.
Votre réussite dépend donc uniquement :

- de l'étude des documents que vous aurez menée dans l'année en cours de « culture générale et expression » ;
- de votre compréhension du dossier ;
- de votre facilité à trouver un plan de synthèse ainsi que de la qualité de votre réponse argumentée ; elle sera étroitement liée aux informations, analyses et problématiques que vous vous serez appropriées en étudiant les deux thèmes au programme.

Conseil

La réussite est à votre portée, il suffit de vous en donner les moyens en étudiant les thèmes selon la méthode décrite dans les fiches méthode.
N'oubliez pas que l'épreuve a un autre objectif capital, celui de tester vos compétences en expression écrite. Vos futurs employeurs ont des attentes précises dans ce domaine.

5 • Les critères d'évaluation de la synthèse et de l'écriture personnelle

	Ce qui est valorisé	Ce qui est pénalisé
Synthèse	• Compréhension des documents. • Confrontation des documents. • Fidélité aux textes. • Reformulation des idées essentielles. • Composition de la synthèse. • Concision.	• Toute paraphrase, tout montage de citations. • Toute opinion personnelle. • Tout contresens. • Toute référence à des savoirs acquis pendant l'année plaquée artificiellement (introduction d'éléments étrangers aux documents proposés en synthèse). • Toute longueur contraire à l'esprit de synthèse.
Écriture personnelle	• Rédaction d'un point de vue argumenté et cohérent dans sa construction. • Formulation d'une réponse personnelle et pertinente à la question posée. • Utilisation d'une culture acquise dans l'année, fondée sur des exemples et des références adaptés.	• Réponse sans composition, ni progression. • Réponse sans prise de décision. • Réponse sans référence au thème étudié dans l'année.

Vous êtes censé maîtriser les points suivants qui constituent **un programme minimum d'expression** établi à partir d'une évaluation statistique des fautes les plus courantes.

À savoir

- **L'orthographe grammaticale**

Maîtrise des accords des noms, des adjectifs, des verbes et notamment des participes passés.

- **La syntaxe**

- Construction des propositions interrogatives et relatives.
- Cohérence des pronoms avec les mots qu'ils représentent.
- Maîtrise de l'emploi des prépositions.

- **Le code écrit**

Élimination des tournures renforcées et des ruptures de construction propres à l'oral.

- **Le vocabulaire**

- Maîtrise de la diversité du lexique de l'expression des idées.
- Prise de conscience des pléonasmes.

- **Le style**

Recherche d'une expression claire et concise.

B • Le jour de l'examen

1 Avant l'épreuve

- Arrivez à l'heure ; vous aurez vérifié, au besoin, le temps de trajet nécessaire pour vous rendre au centre d'examen.
- Venez avec une pièce d'identité et votre convocation.
- Le papier vous est fourni, mais prenez le matériel d'écriture qui vous est familier ; préférez l'encre noire, plus facile à lire.

2 Pendant l'épreuve

- Prenez le temps de lire calmement le dossier et l'énoncé de la question avant de vous mettre au travail : c'est du temps gagné.
- Comptez trois heures pour le travail de synthèse et une heure pour la réponse argumentée.

Conseil

Ne perdez pas de temps à rédiger intégralement un brouillon, faites plutôt des plans détaillés.

- Rendez une copie propre et aérée à l'écriture soignée.
- Gardez au moins cinq minutes pour relire votre travail ; vous ferez disparaître les erreurs d'orthographe et de grammaire dont vous avez la solution, notamment les fautes d'accord. Vous avez tout à y gagner si vous voulez que votre travail soit apprécié à sa juste valeur.
- Une bonne copie n'est pas une copie longue (« tu en as écrit combien de pages ? ») mais une copie concise qui :

1. énonce clairement une problématique ;
2. y répond en deux ou trois étapes hiérarchisées ;
3. conclut sur un point de vue en cohérence avec ce qui précède.

Chapitre 3

Les fiches méthodes

Fiche 1 - Travail préalable sur les thèmes et constitution de fiches

A • Présentation

Deux exercices vous sont proposés le jour de l'examen :

- une synthèse de documents ;
- un exercice de rédaction personnelle sur un des deux thèmes au programme.

Votre réussite dépend du travail préalable que vous aurez fait pour explorer les deux thèmes et comprendre les problèmes qu'ils soulèvent, et de la qualité du dossier que vous aurez constitué.

Cet ouvrage vous guide dans ce travail d'exploration :

1. Il vous propose :
- d'établir des relations entre les différents mots-clés en rapport avec le thème ;
- de vérifier les nuances de significations entre ces termes.

2. Il vous aide à délimiter le champ de ce thème en établissant la liste des aspects qu'il peut prendre. Vous prolongerez le travail à l'aide d'ouvrages de base comme *Le Grand Robert*, ou l'*Encyclopædia Universalis*.

3. Il dresse l'inventaire des questions principales qui se posent à propos de ce thème en les illustrant à l'aide de textes divers, de documents visuels.

4. Il vous aide à synthétiser les informations contenues dans ces documents.

B • Complétez le travail en vous documentant

Vous prendrez des notes précises sur chaque document consulté (article de presse, essai, texte littéraire, image, film, document statistique) et vous récapitulerez dans un tableau logique l'ensemble des idées abordées.
Quel que soit le genre du texte, essai ou texte littéraire, relevez le nom de l'auteur, le titre, la date, les circonstances de la publication.

- **Cas d'un texte littéraire**

Dans quelles circonstances le thème est-il abordé ? Par qui ? De quelle manière ? L'auteur donne-t-il des explications ? Formule-t-il une critique ?

- **Cas d'un essai**

De quel point de vue le document aborde-t-il le thème à étudier ?
Quelles informations donne-t-il ? Au service de quelle opinion ?

C • Exploitez ces travaux

Pour aboutir à une vision d'ensemble à partir de ces analyses, vous les classerez dans un tableau. Vous pourrez ainsi les confronter et les **mémoriser**.

À savoir

Exemple de tableau

	Doc. 1 - auteur - titre - date - nature du doc.	Doc. 2	Doc. 3	Doc. 4	Doc. 5	Doc. 6	Doc. 7
Éléments descriptifs							
Définitions							
Typologie							
Caractéristiques - communes - divergentes - complémentaires							
Problèmes posés							
Thèses soutenues							

Fiche 2 - La synthèse : confronter les documents

A • Identifiez la nature des documents

- De quelle époque datent-ils ?
- À quel genre appartiennent-ils ?

B • Analysez chaque document en vous aidant de votre travail de l'année sur le thème au programme

- Sous quel angle l'aborde-t-il ? Quelle question illustre-t-il ?
- Quelle est la finalité de chaque passage ?
- Donne-t-il des informations ? Notamment quelles réponses donne-t-il aux questions : Qui ? Où ? Quand ? Quoi ? Comment ?
- Défend-il un point de vue ? Avec quels arguments ? Quels exemples ?
- Quelle est la thèse défendue ?

C • Confrontez les données repérées dans l'ensemble des documents

Vous serez sensible à leur similitude, opposition, complémentarité.

Le plus rapide et le plus pratique est de réaliser un tableau synoptique (voir ci-dessus).

- Consacrez une colonne à chaque document et une à la nature des éléments relevés.
- Regroupez les éléments de même catégorie sur la même ligne horizontale.

Conseil

Il n'est pas utile de conserver l'ordre du texte.
Il est indispensable de reformuler car vous devez travailler sur le fond et non sur la forme.

Vous approfondirez l'étude des documents non textuels et ne vous contenterez pas de leur signification globale.

- Confrontez les documents à tous les autres documents pour voir s'ils infirment ou confirment certains aspects ou s'ils ajoutent au contraire des éléments originaux (voir page précédente).
- La plupart de ces documents sont descriptifs mais aussi argumentatifs :

- une publicité vante ;
- un dessin humoristique critique ;
- une bande dessinée peut analyser et critiquer ce qu'elle décrit par le dessin ;
- des statistiques décrivent, mais peuvent aussi permettre d'analyser un phénomène.

Fiche 3 - Élaborer le plan de la synthèse

La manière dont le tableau est rempli fait **apparaître les caractéristiques dominantes** du dossier.

1 - Une documentation homogène fournira des informations qui se juxtaposeront sur les lignes horizontales.

2 - Selon le niveau rempli, on verra :

- s'il s'agit d'un dossier plutôt analytique ou d'un dossier plutôt argumentatif ;
- si les auteurs se sont essentiellement penchés sur les conséquences d'un phénomène et les remèdes à lui apporter ;
- si les auteurs défendent des points de vue proches sur la question abordée.

Si différents niveaux sont remplis, on se trouvera dans le cas d'un dossier plus hétérogène, composé de documents diversifiés et complémentaires mêlant, par exemple, différents types d'éléments informatifs ou présentant des argumentations contradictoires.

A • Déduction du plan

Divers plans peuvent être acceptables, pourvu :

- **qu'ils tiennent compte de tous les aspects de la documentation et les confrontent correctement ;**
- **qu'ils reflètent le poids relatif des éléments apportés par le dossier ;**
- **qu'ils respectent un ordre logique et progressif.**

Si aucun plan ne s'impose de façon évidente, on peut par exemple :

- commencer par les éléments purement descriptifs qui précisent et situent les aspects du thème ;
- regrouper dans le cas d'une documentation plutôt explicative les causes, les conséquences et les solutions proposées. On tiendra compte, pour les classer, de la nature des analyses, des convergences éventuelles mais aussi de la logique.

Le principe général est d'aller des points de vue les moins représentés à ceux qui sont dominants dans le dossier.

Par ailleurs, différentes causes peuvent être classées par types, de la moins active à la plus efficace ; les causes précéderont probablement les remèdes qui, en général, cherchent à agir sur ces dernières quand elles sont néfastes ;

- classer, dans le cas d'une documentation plutôt argumentative, les thèses en présence, de la moins représentative à la plus partagée et organiser les arguments proposés selon leur convergence et, là aussi, dans un ordre logique et progressif. Les thèses en présence peuvent être convergentes, divergentes ou complémentaires.

À savoir

Un véritable plan ne se contente donc pas d'un regroupement d'éléments vaguement similaires placés en vrac dans deux ou trois parties, c'est une organisation fine où chaque élément a sa place logique.

B • Vérification

On vérifiera que :
- la confrontation est suffisante en s'assurant que chaque partie utilise plusieurs documents ;
- l'exploitation des différents points des documents est bien réalisée en contrôlant que chaque document (particulièrement les documents non textuels) est utilisé plusieurs fois.

Fiche 4 - Rédiger la synthèse

A • L'introduction

Les consignes officielles précisent que la présentation des documents est inutile mais que les références doivent être indiquées clairement dans le corps du développement.
L'introduction doit préciser deux points :
- **La problématique**

Après avoir identifié, analysé et confronté les documents, vous êtes en mesure de dire quelle est la perspective adoptée sur le thème au programme.
- **L'annonce du plan**

En reformulant le titre des deux ou trois grandes parties que vous avez établies précédemment, elle annonce ainsi les étapes majeures du développement qui montre comment les documents répondent à la problématique.

À savoir

L'introduction est particulièrement importante car elle détermine la première impression que vous donnez au lecteur. Il s'agit de lui montrer que vous connaissez l'exercice et que vous en maîtrisez les normes.
Prenez le temps de faire un brouillon pour cette partie du travail afin d'éviter les phrases trop longues et les erreurs de syntaxe, particulièrement dans l'annonce des parties.

B • Le développement

- Il doit être rédigé directement à partir du plan détaillé.
- Il ne doit contenir aucune remarque personnelle.
- Il doit attribuer toutes les affirmations à leur(s) auteur(s) ni (doc. 1) ni (nom). La référence doit être intégrée à une phrase.

Il faut donc varier le choix des verbes qui introduisent ce que disent les auteurs selon qu'ils présentent une opinion, expriment une convergence d'opinion ou un désaccord.

1 • Pour présenter une opinion

Choisissez en tenant compte des nuances de sens entre : « l'auteur…
- dit, croit, pense, déclare, considère, estime, exprime, annonce, souligne ;

- soutient, proclame, affirme, manifeste, persiste à dire que, insiste sur, défend l'idée (l'avis, l'opinion, le point de vue, la thèse, la position) ;
- imagine, suppose, envisage, conjecture ;
- explique, démontre, clarifie, précise, définit, expose ;
- développe, illustre ».

2 • Pour exprimer une convergence d'opinion

X rejoint Y, partage l'avis de, soutient, renforce la position de, approuve, adhère à, suit l'avis de (la thèse, la position), admet, loue, fait l'éloge de, convient, concède, s'accorde avec, reconnaît…

3 • Pour exprimer le désaccord

- X réfute, repousse, dément, conteste, critique, nie, rétorque que, réprouve, désapprouve, rejette ;
- réplique, réagit, exprime des réserves, nuance, pondère, limite, réduit, restreint, récuse ;
- s'inscrit en faux, proteste, condamne, doute, ridiculise, caricature, ironise…

Conseil

Respectez les règles de construction grammaticale de ces verbes.
On voit qu'il existe une large gamme de nuances dans les façons « d'être pour » ou « d'être contre ».

4 • La présentation

La présentation doit mettre en valeur l'enchaînement de vos parties et de vos sous-parties en utilisant différentes ressources :

- **La typographie**

- Sautez deux ou trois lignes pour séparer nettement le développement de l'introduction et de la conclusion.
- Sautez une ligne entre chaque partie.
- Faites des alinéas pour faciliter le repérage de vos sous-parties.

- **La rédaction**

- Rédigez, au début de chaque partie, une phrase qui annonce les sous-parties.
- Rédigez une transition entre chaque partie.

- Les termes d'articulation

Utilisez-les pour donner des repères supplémentaires à votre lecteur qui appréciera d'être guidé et de toujours savoir où vous en êtes dans votre développement.

À savoir

Pour mémoire :
- termes d'articulation : « car », « donc »… ;
- connecteurs logiques : « puisque », « parce que », « il en résulte », « ce qui cause »… ;
- connecteurs topologiques : « devant », « derrière »… ;
- termes énumératifs : « d'abord », « ensuite », « enfin »…

C • La conclusion

Brève, elle rend compte de la complémentarité, de la divergence ou de l'orientation majoritaire des informations, des analyses ou des thèses défendues.
Elle fait le bilan - concis - de ce que les documents ont permis d'apprendre sur le thème au programme.

Conseil

Il est indispensable de vous relire et de veiller à ne laisser dans votre copie aucune faute relevant du programme minimum d'expression que vous devez maîtriser (voir page 10).

Fiche 5 - L'écriture personnelle

L'écriture personnelle ne consiste pas à rédiger au fil de la plume une suite de remarques, d'impressions ou d'opinions.

Ce que vous devez montrer :

- vous avez compris le dossier et vu le(s) lien(s) qu'il avait avec les documents abordés au cours de votre propre étude du thème (voir la fiche 1) ;
- vous vous êtes approprié les problématiques liées au thème ;
- vous êtes capable d'avoir, dorénavant, un avis informé sur des questions soulevées par le thème.

A • Lisez attentivement la question posée

Sur quel point précis du thème vous interroge-t-elle ?
Quel problème précis soulève-t-elle à ce propos ?

B • Réfléchissez

Les documents de la synthèse peuvent apporter un certain éclairage qu'il vous faudra confronter aux résultats de votre propre étude menée au cours de l'année.
Les documents que vous avez étudiés apportent-ils une ou des réponses convergentes ou contradictoires ?
Quel avis personnel êtes-vous en mesure de donner à partir de cette confrontation ?

C • Élaborez une réponse

Une fois votre réponse constituée, construisez sa présentation à l'aide de trois ou quatre arguments :

- **étayés** sur des références précises aux textes, images ou autres documents tels que des films ou statistiques que vous aurez rencontrés ;
- **organisés** de façon logique.
- Par exemple :
- - concession ou rejet à la thèse adverse et présentation de votre position ;
- - classement par catégories ;
- - progression de l'argument le plus faible vers le plus fort.
- **enchaînés** à l'aide de termes explicitant la démarche de votre raisonnement.

D • Rédigez un texte concis et dense sans répétitions, ni remplissage

- En introduction, rappelez rapidement la question posée en la situant parmi les problématiques du thème. Le plan n'a pas à être annoncé : les transitions logiques entre les paragraphes permettent de le suivre.
- Séparez vos paragraphes argumentatifs.
- Concluez par la réponse synthétique et précise que votre démonstration apporte à la question posée.

2 • Thème 1
À toute vitesse !

Chapitre 1

Les mots-clés

A • Définitions

1 • Définition du dictionnaire

VITESSE

subst. fém.

A. [À propos d'un déplacement] Fait d'aller vite.

1. Action ou faculté de se déplacer rapidement, de parcourir un grand espace en un minimum de temps. Synon. : célérité, rapidité, vélocité. Vitesse d'un engin, d'un projectile ; vitesse d'un animal, d'une personne ; griserie, vertige de la vitesse ; position de recherche de vitesse ; à toute, à grande vitesse ; courir de toute la vitesse de ses jambes.

Course de vitesse (par oppos. à course de fond). Faire de la vitesse. Aller très vite en moto, en voiture. (Dict. XXe s.).

Prendre de la vitesse. Donner à un mouvement, à une allure de l'accélération.

De vitesse. Très vite. Prendre, gagner quelqu'un de vitesse. Devancer quelqu'un.

2. Fait de se déplacer à une allure établie en fonction d'une valeur étalon explicitement indiquée ou non ; espace parcouru en fonction du temps mis à le parcourir. Vitesse acquise, contrôlée, estimée, limite, moyenne ; pleine vitesse ; vitesse de croisière, de pointe ; excès de vitesse.

Vitesse acquise. Au fig., en loc. adv. Sur la lancée, sans interrompre l'élan de l'action en cours.

B. [À propos d'une production, d'un rendement, d'une réalisation] Fait de faire ou de se faire dans un temps plus ou moins bref.

1. Fait d'accomplir un acte, de réaliser quelque chose en un minimum de temps. Vitesse d'exécution d'une tâche ; vitesse d'un geste, d'une réaction, d'un réflexe En vitesse. Vite, au plus vite ; sans délai. En grande, petite vitesse.

2. [À propos d'un phénomène] Temps mis pour parvenir à son entier accomplissement. Vitesse de précipitation, de réaction, de sédimentation.

Site Internet du *Trésor de la langue française*, 2019, http://atilf.atilf.fr/

Le terme est employé avec des sens spécifiques dans les domaines de l'aéronautique, de l'astronautique, des moyens de transport, de l'informatique, des mathématiques, de la physique et de la technologie.

2 • Définition physique de la vitesse

L'expérience de la vitesse est immédiate, elle est ressentie physiologiquement. Mais sa définition et la compréhension de sa nature n'ont cessé de s'affiner depuis l'Antiquité grecque. La théorie de Newton au XVIIIe siècle représenta une avancée considérable en considérant que la vitesse est extérieure aux corps et non une de leurs propriétés.

Avec la relativité restreinte, la vitesse perd de son importance par rapport aux lois physiques, en exprimant l'équivalence de tous les mouvements d'inertie. La relativité générale perpètre plus encore ce détrônement, en supprimant pour ainsi dire tout intérêt aux vitesses de tous les mouvements, en les rendant équivalentes. Elle abolit, en effet, toute distinction fondamentale entre tous les genres de vitesses, uniformes et variables, en les incorporant dans la structure de l'espace-temps. Du moins, une seule vitesse présente-t-elle de l'intérêt dans les deux cas : celle de la lumière, responsable de la couture ensemble de l'espace et du temps, c'est-à-dire de la couture de l'espace-temps, globalement pour la première, localement pour la seconde.

Dans la théorie de la relativité générale, en effet, où la forme de la structure de l'espace-temps, donnée par la métrique, inclut les champs de gravitation, la vitesse de la lumière n'a qu'un caractère local (elle est constante localement, dans l'hyperplan tangent en un point de l'espace-temps).

D'autres implications du concept de vitesse ont accompagné depuis la relativité restreinte et jusqu'à nos jours les développements de la physique, dans deux directions principales : celle de la physique quantique, d'une part, avec la mécanique quantique, non relativiste puis relativiste, prolongée en théorie quantique des champs et des particules atomiques et subatomiques, avec les développements récents des théories de champs de jauge et symétries ; et celle, d'autre part, de l'astrophysique et de la cosmologie contemporaine (laquelle a pris son départ dans la direction de la relativité générale).

Michel Paty, *Histoire rapide de la vitesse (le concept physique)*

3 • Une approche sociologique

Hartmut Rosa, dans *Aliénation et accélération. Vers une théorie critique de la modernité tardive* (2012), distingue plusieurs accélérations :
- l'accélération technique ;
- l'accélération du changement social, perceptible surtout au niveau de la famille et du travail ;
- l'accélération du rythme de vie, qu'il est difficile d'analyser scientifiquement.

Par exemple, il semble qu'on passe moins de temps à échanger en famille mais désormais les jeunes pères pouponnent. Un grand nombre de tâches sont faites dans un même laps de temps.

À la recherche du temps gagné

Contrairement au raisonnement simpliste selon lequel la vitesse permet de gagner du temps, on constate historiquement une relative constance des budgets temps de transport. Les gains de vitesse se sont traduits par une croissance des distances parcourues : ils ont été presque intégralement réinvestis en distance supplémentaire. [...]

Exprimé en heures de travail d'une personne payée au salaire minimum, le prix d'un billet d'avion aller-retour Paris-Singapour est passé de 720 à 80 heures de travail entre 1980 et 2005 (Bagard, 2005). De 1980 à 2017, un aller-retour Paris-New York est passé de 140 à 50 heures de travail d'un smicard, une baisse moins marquée, car la concurrence existait déjà sur les vols transatlantiques en 1980. Il ne faut donc pas être surpris du développement du transport aérien dans le monde et particulièrement en Europe, où les compagnies *low cost* offrent souvent des conditions beaucoup plus favorables que le chemin de fer, en prix et en temps. Ainsi, un voyage Paris-Barcelone en train prend 4 à 5 fois plus de temps et coûte 3 fois plus cher que le même trajet en avion.

Le temps de déplacement est donc non pas un coût que l'on cherche à réduire, mais une composante subsidiaire de nos modes de vie. « Subsidiaire » au sens où il rend possible une activité dès lors qu'est acceptable le ratio « utilité/coût du déplacement ». Une baisse des coûts va améliorer ce ratio, et donc inciter à davantage de déplacements. Mais un coût élevé peut aussi susciter une plus forte mobilité s'il est associé à la possibilité d'accéder à une activité totalement nouvelle, d'une grande utilité. C'est précisément le cas du transport aérien, qui améliore le ratio « opportunités accessibles/coûts » en jouant sur le numérateur et le dénominateur. Au numérateur, les activités liées au transport aérien (affaires, loisirs...) correspondent à un bien « supérieur » dont la consommation va augmentant avec le budget des ménages. Ceci éclaire la croissance tendancielle du transport aérien et sa reprise rapide après la crise de 2008-2009 (+ 19 % en France de 2008 à 2016), malgré la quasi-stabilité du PIB pendant cinq ans. Au dénominateur, la vitesse réduit le coût temporel du déplacement et la baisse du prix des billets fait de même pour le coût monétaire.

Ce type de raisonnement ne vaut pas que pour la mobilité longue distance. Il convient aussi à la mobilité quotidienne, notamment au développement de l'usage de l'automobile pour les déplacements domicile-travail. Comme le transport aérien, le succès de la voiture particulière provient de la vitesse porte à porte qu'elle autorise pour des coûts tendanciellement à la baisse sur longue période.

En monnaie courante, depuis 1970, le salaire minimum a progressé en France beaucoup plus vite que le prix du litre d'essence. Les chocs pétroliers ont été gommés. Le pouvoir d'achat d'une heure de travail au salaire minimum, en termes de litres d'essence, a plus que doublé : 3 litres en 1970 et plus de 6 litres en 2017. Comme la consommation unitaire des véhicules a été presque divisée par 2, le pouvoir d'achat a quadruplé.

►►►

suite

En termes réels, le prix des voitures a également diminué : presque 2 000 heures de travail d'un smicard étaient nécessaires pour acheter une petite voiture à la fin des années 1960, c'est deux fois moins aujourd'hui.

Il ne faut donc pas être surpris que la mobilité automobile ait progressé continûment jusqu'au début des années 2000. Accéder à l'automobile revenait à accroître très sensiblement le nombre de lieux accessibles et d'activités réalisables avec le même budget temps.

Yves Crozet, « Économie de la vitesse : Ivan Illich revisité »,
L'Économie politique n° 76 © Alternatives économiques, octobre 2017

L'auteur décrit ensuite le concept de vitesse généralisée permettant d'étudier les effets économiques de l'accélération.

De la vitesse physique à la vitesse généralisée

Pour étayer ce point de vue critique sur la modernité, Ivan Illich et Jean-Pierre Dupuy ont développé la notion de vitesse généralisée, qui prolonge celle de coût généralisé. Ce dernier s'établit en monnaie, en additionnant le coût monétaire du déplacement et le coût du temps passé pour le déplacement (puisque, selon l'adage, le temps, c'est de l'argent). Mais si on convertit le temps en argent, on peut faire l'opération symétrique et calculer le « temps généralisé » qui totalise le temps de transport et le temps de travail nécessaire pour payer le coût monétaire du déplacement.

Avec la même logique, en rapportant la distance parcourue à ce temps généralisé, la conversion dans une autre unité de compte est possible : la vitesse généralisée. Celle-ci est la moyenne de la vitesse physique de déplacement (V) et de la vitesse économique, mesurée par le pouvoir d'achat du salaire horaire (w) en termes de kilomètres (k = coût kilométrique).

Yves Crozet, « Économie de la vitesse : Ivan Illich revisité »,
L'Économie politique n° 76 © Alternatives économiques, octobre 2017

B • La problématique et les mots-clés

Le thème de culture générale pour les sessions 2020 et 2021, « À toute vitesse ! », est ainsi présenté par le Bulletin Officiel :

Problématique

La vitesse permet de multiplier les possibles, de vivre avec intensité de nombreuses expériences. La vitesse est grisante, elle procure une ivresse qui nous ravit. Qu'il s'agisse du coureur, du cavalier ou du pilote, la quête du record nécessite exploits physiques et techniques. Le dépassement des limites qu'elle implique a quelque chose de fascinant.

La modernité et les progrès techniques modifient notre rapport au temps et à l'espace. La rapidité devient une compétence essentielle : il faut être ►►►

suite

réactif, prendre des décisions dans l'urgence, parfois au détriment de la réflexion et de la suspension du jugement. Les phénomènes d'accélération s'amplifient dans tous les domaines : moyens de transports toujours plus rapides, transmission des données en temps réel, gains de productivité, etc. Avec l'accomplissement quasi simultané de multiples tâches, notre perception de la réalité change et notre rythme de vie s'accélère. Il n'y a plus une minute à perdre.

Aller plus vite devrait permettre de dégager du temps. Nous avons pourtant souvent l'impression d'en manquer et d'être soumis à une permanente course contre la montre qui suscite pression et angoisse. Nous avons tendance à multiplier les activités ponctuelles qui n'apportent que des satisfactions éphémères. Comment ne pas céder à l'illusion du gain de temps ? La vitesse qui nous emporte incite à vivre dans un présent sans cesse renouvelé, dans une frustration perpétuelle. Comment, dès lors, garder le contrôle de nos vies sans nous laisser happer par la vitesse ?

La vitesse et l'intensité ont toujours été associées à des vies fulgurantes et exceptionnelles. Pratique de sports extrêmes, conduites à risque : certains choisissent de vivre vite et pleinement, quitte à mettre leur existence en danger. La lenteur semble être dévalorisée. Cependant de multiples activités humaines - création, recherche, artisanat, etc. – nécessitent patience et longueur de temps. Nombreux sont ceux qui refusent l'accélération constante de nos vies et prônent le retour à des rythmes plus lents, mieux ancrés dans les cycles de la nature et le respect des temps biologiques. Ne faut-il pas accepter de perdre du temps pour s'inscrire dans une durée épanouissante ? Comment trouver le bon tempo, le rythme qui convient ? Comment donc prendre le temps de vivre sans pour autant se priver de tous les possibles qu'offre la vitesse ?

Bulletin Officiel, Éducation nationale, 7 mars 2019

Le Bulletin Officiel propose, pour guider l'étude, une série de termes et d'expressions qui peuvent être classés selon des catégories logiques.

Mots-clés

accélération, aérodynamisme, allegro, atermoiement, bolide, circuit, contemplation, diffusion de l'information, élan, embouteillage, empressement, ennui, *flow* (rap), fulgurance, griserie, hâte, immédiateté, imminence, immobilité, immobilisme, indolence, inertie, information en temps réel, instantanéité, ivresse, lenteur, marche, méditation, optimisation, paralysie, paresse, patience, pesanteur, procrastination, promptitude, ralentissement, record, retard, rythme, slow, spontanéité, sprint, statisme, tapis volant, téléportation, *tempo*, temps médiatique, tergiversation, TGV, ubiquité, urgence, vélocité, virtuosité.

Expressions

vivre à cent à l'heure, vitesse de croisière, vitesse de la lumière, à la vitesse de l'éclair, tout schuss, vitesse grand V, excès de vitesse, course contre la montre, à toute allure, au pas de course, *fast food*, *slow food*, prendre de court, mur du son, en perte de vitesse, flux tendu, *blitzkrieg*, Formule 1, 24 heures du Mans, c'est un vrai marathon, fondre sur sa proie, perdre son temps, prendre son temps, tirer plus vite que son ombre, limitation de vitesse, mesure dilatoire, un train de sénateur, se hâter avec lenteur, *festina lente*, en mode accéléré, au ralenti, confondre vitesse et précipitation, illico presto, *Chi va piano, va sano e va lontano*, « Citius, Altius, Fortius », faire long feu, prendre de vitesse, à deux vitesses.

C • Le plan de l'ouvrage

L'accélération est donc associée à l'idée de progrès de modernité. Qu'en est-il réellement ? Quel impact la vitesse a-t-elle sur le monde, la société et les valeurs ?

Le chapitre 2 situe les **vitesses propres à l'existence humaine** par rapport aux vitesses existant dans la nature, et s'intéresse aux différentes caractéristiques humaines qui peuvent être accélérées.

Le chapitre 3 envisage la **vitesse collective** et les différents secteurs où elle peut être modifiée.

Le chapitre 4 traite des **effets de l'accélération** sur la géographie humaine, sur l'environnement naturel et social.

Le chapitre 5 explore **l'impact de la vitesse** dans le domaine artistique, sur les valeurs morales et sociales et tente d'évaluer le phénomène de l'accélération.

Chapitre 2

Vitesse individuelle

A • Les vitesses physiques

1 • L'espace et les éléments

Si la vitesse de déplacement d'un escargot (4,68 m à l'heure) correspond à un facteur 10^{-3} m/s, celle du recul de la Lune par rapport à la Terre ou de la dérive des continents correspond à un facteur 10^{-9} m/s. Le vent dans une tornade peut atteindre 468 km/h ; la vitesse du son dans l'air au niveau de la mer, à 0 °C, est de 1 225,04 km/h ; la vitesse de rotation de la Terre à l'équateur est de 1 670 km/h alors que le Concorde volait à 2 170 km/h ; la vitesse de la Terre en orbite autour du Soleil est de 107 280 km/h ; la vitesse de la sonde solaire Helios 2, l'objet fait par l'homme le plus rapide, est de 252 792 km/h. Mais il existe des vitesses encore plus considérables.

Les plus grandes vitesses

En m/s	En km/h	
220 000	792 000	**Vitesse orbitale du système solaire** dans la Voie lactée.
1 000 000	3 600 000	**Vitesse de la Voie lactée** dans son amas galactique.
10 000 000	36 000 000	**Vitesse typique d'un neutron** rapide.
124 000 000	447 000 000	**Vitesse de la lumière** (radiation électromagnétique) dans un diamant.
200 000 000	720 000 000	**Vitesse d'un signal** dans un câble.
299 792 458	1 079 252 848,8	**Vitesse d'une radiation** électromagnétique dans le vide (égale à la vitesse de la lumière).

2 • La vitesse des animaux

Dans le monde vivant, l'homme cohabite avec des espèces beaucoup plus rapides que lui. Sur Terre, le guépard, l'antilope springbok et le chevreuil, dans l'eau, le makaire bleu et l'espadon voilier peuvent se déplacer à 110 km/h, tandis que le faucon pèlerin et l'aigle royal dépassent en piqué les 300 km/h selon un article de Delphine Bossy dans *Futura Planète* « Quels sont les animaux les plus rapides du monde ? ».

3 • La vitesse du corps humain

En moyenne, la vitesse de marche est de 4 km/h et aux alentours de 6 km/h pour la nage sur des très courtes distances. Et il semble que l'homme moderne ait perdu une partie de ses aptitudes physiques, selon un article du quotidien allemand *Die Welt*, cité par le magazine *Courrier international* en 2009.

Le paléoanthropologue se fonde par exemple sur les empreintes de pieds fossilisées laissées par des Aborigènes sur un sol glaiseux d'Australie au cours d'une chasse, il y a près de 20 000 ans : six hommes poursuivant un animal à pleine vitesse. Après avoir analysé ces empreintes, McAllister affirme que ces chasseurs devaient se déplacer à 37 km/h. À titre de comparaison, Usain Bolt, détenteur du record mondial, court le 100 mètres à 42 km/h. « Si ces chasseurs aborigènes s'entraînaient dans les conditions actuelles, avec des chaussures spéciales et en courant sur une piste d'athlétisme recouverte d'un revêtement synthétique, ils pourraient facilement atteindre les 45 km/h », poursuit le chercheur.

McAllister retrouve également ce genre de supériorité sportive chez les anciens Tutsis du Rwanda. Des photos prises par des anthropologues il y a une centaine d'années montrent que certains étaient capables, lors de cérémonies rituelles, de sauter sans aide jusqu'à 2,52 mètres de haut, ce qui constituerait un record mondial aujourd'hui.

Certaines données sur les civilisations antiques révèlent également que les hommes de cette époque étaient capables de performances sportives remarquables. Les soldats romains parcouraient chaque jour une distance équivalente à un marathon et demi, et ce avec un équipement complet qui correspondait à la moitié de leur poids. Mais les marathoniens d'aujourd'hui ne seraient pas les seuls à paraître lamentables face à leurs lointains prédécesseurs. Les équipes de rameurs modernes se feraient laminer par les 30 000 rameurs qu'Athènes utilisait sur ses navires. Et les Aborigènes, non contents d'être d'excellents coureurs, auraient également fait des lanceurs de javelot hors pair, capables de propulser leur lance jusqu'à 110 mètres.

[...]

McAllister fait remonter la décadence de l'homme moderne au début de la révolution industrielle, mais pour Viola cette perte osseuse et musculaire est beaucoup plus ancienne et date de la sédentarisation de l'homme et de l'abandon de la chasse. « Nos os longs étaient déjà plus fragiles après la révolution du néolithique, car l'agriculture nécessitait moins de capacités que la chasse. » Sans compter que la force physique n'est plus aussi sexy aujourd'hui. « Les chances d'accouplement ne dépendent plus de nos qualités de chasseur mais du montant de notre salaire. Or on gagne plus aujourd'hui en travaillant dans un bureau que sur un chantier de construction », conclut Viola.

Elke Bodderas, « L'homme moderne, cette mauviette », © *Courrier international*, 17 décembre 2009, d'après un article paru dans *Die Welt*, 16 octobre 2009

Cependant, l'être humain ne cesse de recourir à différents ustensiles pour accélérer sa vitesse de déplacement : bâtons, patins, skis, palmes...

Les citadins d'aujourd'hui utilisent volontiers des engins à roulettes qui démultiplient leur vitesse naturelle : patins ou planches à roulettes, trottinettes, bicyclettes...

B • La technique au service de l'accélération des déplacements

1 • Les sources d'énergie

L'énergie humaine a pu être utilisée pour accélérer ou rendre plus confortable les déplacements des privilégiés, transportés dans des litières, des palanquins, des pousse-pousse... mais de nombreuses cultures ont domestiqué des animaux dans le but de se déplacer plus vite et/ou plus longtemps en les montant ou en les attelant : chiens, chevaux, dromadaires, éléphants...

Puis un bond en avant considérable a été réalisé à partir de la fin du XVIIIe siècle avec l'utilisation de l'énergie des éléments physiques pour accélérer les déplacements d'engins porteurs d'hommes sur terre, sur et dans l'eau, et dans l'air. La force du vent poussant les voiles secondait depuis longtemps la force des rameurs, mais en 1782 les frères Montgolfier eurent l'idée de faire décoller une nacelle à l'aide d'air chaud montant dans un ballon. L'invention du moteur à vapeur permit la conception de moyens de transport beaucoup plus rapides comme le train ou s'appliqua à la navigation, remplaçant la voile. Le poème de Supervielle « Paquebot » évoque à quel point la navigation transatlantique en fut facilitée.

Paquebot

L'Atlantique est là qui, de toutes parts, s'est généralisé depuis quinze jours,
avec son sel et son odeur vieille comme le monde,
qui couve, marque les choses du bord,
s'allonge dans la chambre de chauffe, rôde dans la soute au charbon,
enveloppe ce bruit de forge, s'annexe sa flamme si terrestre,
entre dans toutes les cabines,
monte au fumoir, se mêlant aux jeux de cartes,
se faufilant entre chaque carte,
si bien que tout le navire,
et même les lettres qui sont dans les enveloppes cinq fois cachetées de rouge au fond des sacs postaux,
tout baigne dans une buée, dans une confirmation marine,
comme ce petit oiseau des îles dans sa cage des îles.

La voici la face de l'Atlantique dans cette grande pièce carrée si fière de ses angles en pleine mer,
ce salon où tout feint l'aplomb et l'air solidement attaché
de graves meubles sur le continent,
mais souffre d'un tremblement maritime
ou d'une quiétude suspecte,
même la lourde cheminée avec ses fausses bûches éclairées à l'électricité
qui joue la cheminée de château assise en terre depuis des siècles.

Jules Supervielle, « Paquebot », *Débarcadères* © éditions Gallimard, 1922

2 • La révolution du chemin de fer

Le train se répand au XIXe siècle et représente une vraie révolution dont on trouve les échos dans la littérature et dans l'art.

Joseph Mallord William Turner, ***Pluie, vapeur et vitesse*** **(1844)**
90,8 × 121,9 cm, National Gallery, Londres

© Electa/Leemage

Dans ce tableau, Turner a voulu restituer les sensations éprouvées à bord d'un train à vapeur traversant un orage.
Victor Hugo évoque l'expérience faite au cours d'un voyage en Belgique, dans une lettre du 22 août 1837 à son épouse Adèle Foucher.

Extrait d'une lettre de Victor Hugo

Anvers, 22 août 1837, 4 heures du soir.

Le soir, comme je revenais, la nuit tombait. J'étais dans la première voiture. Le remorqueur flamboyait devant moi avec un bruit terrible, et de grands rayons rouges, qui teignaient les arbres et les collines, tournaient avec les roues. Le convoi qui allait à Bruxelles a rencontré le nôtre. Rien d'effrayant comme ces deux rapidités qui se côtoyaient, et qui, pour les voyageurs, se multipliaient l'une par l'autre. On ne se distinguait pas d'un convoi à l'autre ; on ne voyait passer ni des wagons, ni des hommes, ni des femmes, on voyait passer des formes blanchâtres ou sombres dans un tourbillon. De ce tourbillon sortaient des cris, des rires, des huées. Il y avait de chaque côté soixante wagons, plus de mille personnes ainsi emportées, les unes au nord, les autres au midi, comme par l'ouragan.

Il faut beaucoup d'efforts pour ne pas se figurer que le cheval de fer est une bête véritable. On l'entend souffler au repos, se lamenter au départ,

▶▶▶

suite

japper en route ; il sue, il tremble, il siffle, il hennit, il se ralentit, il s'emporte : il jette tout le long de la route une fiente de charbons ardents et une urine d'eau bouillante ; d'énormes raquettes d'étincelles jaillissent à tout moment de ses roues ou de ses pieds, comme tu voudras, et son haleine s'en va sur vos têtes en beaux nuages de fumée blanche qui se déchirent aux arbres de la route.

On comprend qu'il ne faut pas moins que cette bête prodigieuse pour traîner ainsi mille ou quinze cents voyageurs, toute la population d'une ville, en faisant douze lieues à l'heure.

Victor Hugo, Lettre à Adèle Foucher, 22 août 1837

Zola fait de la locomotive le personnage central de son roman *La Bête humaine* (1890), avec laquelle fusionne son conducteur criminel.

Les performances de ces machines sont sans cesse améliorées, jusqu'à la construction de la locomotive mythique Pacific 231 qui a inspiré un morceau symphonique à Arthur Honegger, *Pacific 231 ou Mouvement symphonique n°1* (1923), et un film à Jean Mitry, *Pacific 231* (1949).
https ://www.youtube.com/watch?v=wS6XAjd-9h8
https ://sites.ina.fr/sncf/tempo/!/media/AFE85007661

Plus récemment, une composition a été commandée au musicien Michael Nyman pour l'inauguration du TGV Paris-Lille en 1993 : *MGV (Musique à grande vitesse).*
https ://www.youtube.com/watch?v=G4vARda08X8&list=RDG4vARda08X8&start_radio=1&t=0

Ces morceaux font écho aux sensations décrites par les poètes voyageurs du début du XXe siècle, Valery Larbaud et Blaise Cendrars.

Ode

Prête-moi ton grand bruit, ta grande allure si douce,
Ton glissement nocturne à travers l'Europe illuminée,
Ô train de luxe ! et l'angoissante musique
Qui bruit le long de tes couloirs de cuir doré,
Tandis que derrière les portes laquées, aux loquets de cuivre lourd,
Dorment les millionnaires.
Je parcours en chantonnant tes couloirs
Et je suis ta course vers Vienne et Budapesth,
Mêlant ma voix à tes cent mille voix,
Ô Harmonika-Zug !

J'ai senti pour la première fois toute la douceur de vivre,
Dans une cabine du Nord-Express, entre Wirballen et Pskow .
On glissait à travers des prairies où des bergers,
Au pied de groupes de grands arbres pareils à des collines,
Étaient vêtus de peaux de moutons crues et sales…
(huit heures du matin en automne, et la belle cantatrice
Aux yeux violets chantait dans la cabine à côté.)

►►►

suite

Et vous, grandes places à travers lesquelles j'ai vu passer la Sibérie et les monts du Samnium ,
La Castille âpre et sans fleurs, et la mer de Marmara sous une pluie tiède !

Prêtez-moi, ô Orient-Express, Sud-Brenner-Bahn, prêtez-moi
Vos miraculeux bruits sourds et
Vos vibrantes voix de chanterelle ;
Prêtez-moi la respiration légère et facile
Des locomotives hautes et minces, aux mouvements
Si aisés, les locomotives des rapides,
Précédant sans effort quatre wagons jaunes à lettres d'or
Dans les solitudes montagnardes de la Serbie,
Et, plus loin, à travers la Bulgarie pleine de roses…

Ah ! il faut que ces bruits et que ce mouvement
Entrent dans mes poèmes et disent
Pour moi ma vie indicible, ma vie
D'enfant qui ne veut rien savoir, sinon
Espérer éternellement des choses vagues.

Valery Larbaud, *Poésies de A.O Barnabooth* © éditions Gallimard, 1913

Prose du Transsibérien

Dédiée aux musiciens

« Dis, Blaise, sommes-nous bien loin de Montmartre ? »

Les inquiétudes
Oublie les inquiétudes
Toutes les gares lézardées obliques sur la route
Les fils télégraphiques auxquels elles pendent
Les poteaux grimaçants qui gesticulent et les étranglent
Le monde s'étire s'allonge et se retire comme un accordéon qu'une main sadique tourmente
Dans les déchirures du ciel, les locomotives en furie
S'enfuient
Et dans les trous,
Les roues vertigineuses les bouches les voix
Et les chiens du malheur qui aboient à nos trousses
Les démons sont déchaînés
Ferrailles
Tout est un faux accord
Le *broun-roun-roun* des roues
Chocs
Rebondissements
Nous sommes un orage sous le crâne d'un sourd […]

►►►

suite

« Dis, Blaise, sommes-nous bien loin de Montmartre ? »

Mais oui, tu m'énerves, tu le sais bien, nous sommes bien loin
La folie surchauffée beugle dans la locomotive
La peste le choléra se lèvent comme des braises ardentes sur notre route

Blaise Cendrars, « La Prose du Transsibérien et de la petite Jehanne de France »,
Du monde entier, coll. NRF © éditions Gallimard, 1913

3 • L'industrialisation des transports ?

Une autre étape essentielle est franchie avec l'invention du moteur à explosion qui va permettre la mise au point de l'automobile et de l'avion. D'abord réservés aux riches, ces deux moyens de transport vont progressivement se démocratiser. L'Américain Henry Ford a en effet l'idée d'une automobile simple qui va pouvoir être fabriquée en très grand nombre et vendue à un prix plus accessible.

16 millions de Ford T

Avec une Ford Model A (première du nom) vendue à 1 700 exemplaires en quinze mois, c'est le début de la fortune. Mais Henry Ford voit déjà plus grand et plus loin. La région de Detroit est en passe de devenir la capitale mondiale de l'automobile. Les usines poussent comme des champignons, les investissements sont considérables et les profits rapides et démesurés. Ford, conscient de cette formidable croissance et sans doute plus intuitif que ses rivaux, abat sa carte maîtresse en 1908 : la Ford T.

La durée d'assemblage passe de 12 h 28 à 1 h 33 !

Elle est haute sur patte, simple pour ne pas dire simpliste, d'allure frêle mais de constitution robuste. Surnommée « Tin Lizzie » (la bonne à tout faire en fer blanc !), elle se décline en multiples versions pour satisfaire aussi bien une clientèle rurale que citadine. En dépit d'un prix de vente plutôt élevé, son succès est immédiat. Quelques années plus tard (1912), Ford introduit le montage à la chaîne dans ses usines. En 18 mois, la durée d'assemblage passe de 12 h 28 à 1 h 33 ! La production atteint des cadences surréalistes, au point qu'une voiture sur deux vendue dans le monde en 1920 est une Ford T. Les coûts baissent et Ford, en 1915, décide de rembourser 50 dollars aux anciens acheteurs d'une Ford T.

Il n'hésite pas à donner à ses ouvriers les plus hauts salaires de l'industrie automobile, non pas par altruisme, mais pour en faire des acheteurs de Ford T… En dix ans, Henry Ford est devenu richissime et célèbre mais, aveuglé par son succès, il commet de grossières erreurs de gestion. Dès 1923, les ventes de la « T », après un dernier sommet, commencent à stagner, puis fléchissent de façon alarmante.

« Ford deuxième constructeur mondial » © caradisiac.com

La voiture est devenue dès lors accessible à un grand nombre de personnes, et partout se mettent en place des politiques privilégiant ce mode de transport.
Les crises du pétrole et les préoccupations écologiques ont favorisé l'extension de l'alimentation électrique, déjà installée pour les chemins de fer, aux automobiles, vélos, voire trottinettes.
L'énergie nucléaire alimente les sous-marins militaires et se développera sans doute dans d'autres domaines.

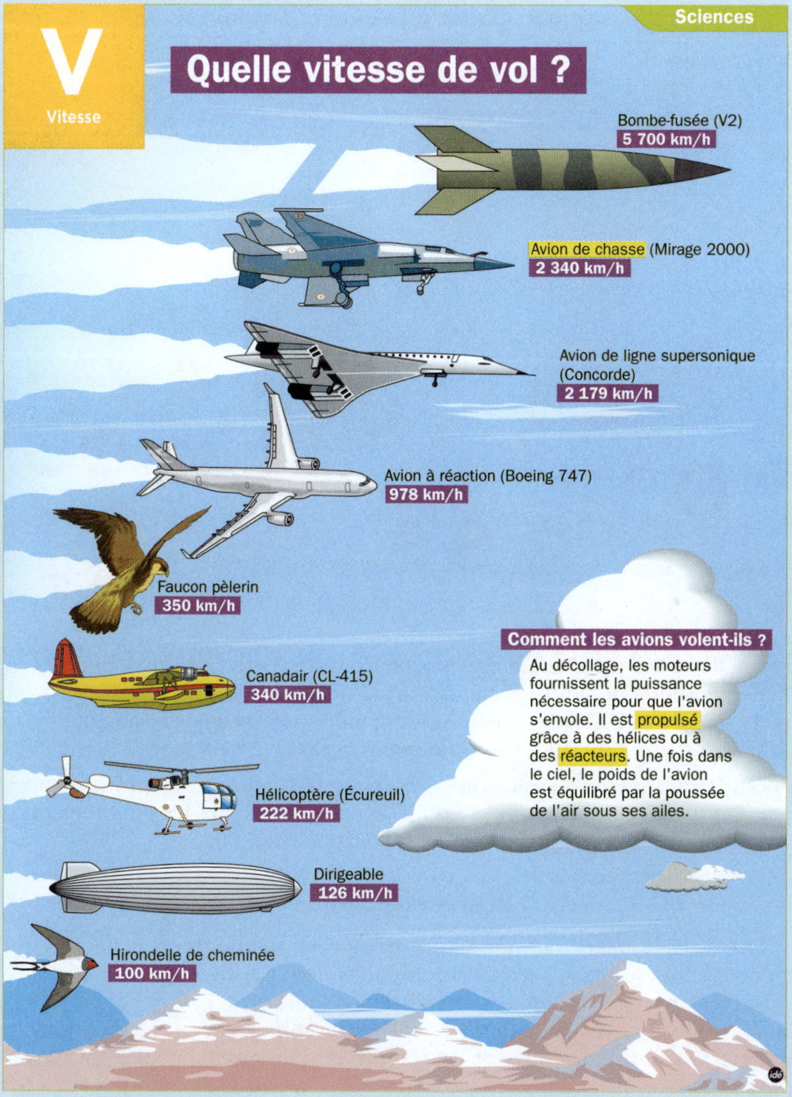

© *Mon Quotidien*, pour les 10-13 ans : 10 minutes de lecture chaque jour, www.playbacpresse.fr

C • La technique au service des autres performances

1 Le sport

Les compétitions sportives illustrent l'intérêt pour l'établissement de records de vitesse. La devise des jeux Olympiques met d'ailleurs ce paramètre de la vitesse en première position : *Citius, altius, fortius* (plus vite, plus haut, plus fort).

À quelle vitesse glisse un champion ?

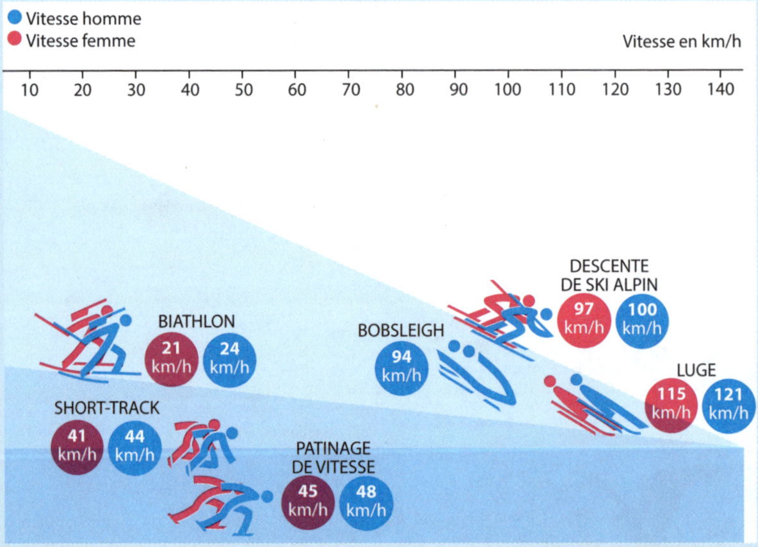

© Données du site officiel des jeux Olympiques – Shutterstock

Pour améliorer les performances, les athlètes ont recours depuis longtemps à un entraînement forcené, à une alimentation particulière, à la prise de divers produits dopants. Déjà en 1924, le journaliste Albert Londres décrivait le calvaire des cyclistes (voir le document 1 du sujet d'entraînement, p. 96).

D'innombrables moyens sont utilisés aussi pour améliorer les performances de vitesse. On travaille les matières et les formes des vêtements, les équipements et le matériel utilisé, jusqu'à transformer les sportifs en machines.

Coureurs bioniques

Enfin, le dopage technologique peut carrément prendre des accents science-fictionnesques, avec l'utilisation des données mesurées (le *quantified self*) et les prothèses bioniques, qui tendent à transformer le sportif en cyborg. L'analyse des données aide déjà les athlètes à remporter des compétitions, en se dépassant tout en réduisant les risques de blessures. De plus en plus de sportifs de haut niveau portent ainsi des « trackers », des capteurs et des GPS

▶▶▶

suite

qui permettent de mesurer et de comparer les données d'un entraînement et celles d'une compétition, ou encore d'évaluer la qualité de leur sommeil. Les entraîneurs (notamment celui d'Usain Bolt) utilisent aussi des logiciels, comme le programme d'analyse vidéo Dartfish, pour décortiquer les mouvements d'un sportif en particulier, et les comparer avec ceux de l'équipe adverse - bientôt en temps réel.

Les prothèses de jambe permettent quant à elles de courir plus vite, jusqu'à devenir un sportif « augmenté ». On se souvient évidemment du coureur handicapé Oscar Pistorius, et de ses prothèses en fibre de carbone, les « Flex-Foot Cheetah », qui lui conféraient un net avantage sur ses concurrents valides. Même s'il s'agissait dans son cas de pallier un handicap, ses prothèses en fibre de carbone avaient spécialement été conçues pour la course à pied. D'où le débat qui secoue l'athlétisme depuis 2011 : quelle est la frontière entre la réparation et l'augmentation ? Avec ses jambes artificielles, Pistorius était-il finalement un sprinter comme les autres, ou plutôt un super-athlète ?

Les prothèses permettent d'éviter les lésions musculaires aux tendons d'Achille et aux mollets, ce qui est clairement un avantage. Elles permettent aussi d'accélérer à la fin d'une course. Mais comme le note Bryce Dyer, ingénieur prothésiste à l'Université britannique de Bournemouth, de telles « lames » en fibre de carbone sont un désavantage au début de la course, ou lors d'un virage, car elles n'ont pas la « rigidité » d'une cheville humaine. Mais les progrès technologiques devraient bientôt effacer ces problèmes. « En avançant des décennies dans le futur, je pense qu'un jour, la science produira un membre bionique si sophistiqué qu'il émulera vraiment la fonction biologique des membres », explique ainsi Hugh Herr, ingénieur biomécanicien au MIT.

Augmentation, transhumanisme et nouveaux sports

De l'augmentation au transhumanisme (l'augmentation de nos capacités physiques grâce à la technologie, afin de devenir des surhommes), il n'y a évidemment qu'un pas à franchir. Il suffit de regarder le cas de Tiger Woods, qui s'est fait opérer des yeux pour améliorer sa vision (normale), pour prendre conscience du problème. Un jour, pour être tous à égalité, les coureurs utiliseront-ils tous des prothèses, comme s'il s'agissait d'une sorte de véhicule ? Les golfeurs se feront-ils tous opérer afin d'avoir plus que 10 sur 10 à chaque œil ? (beaucoup déjà ont suivi l'exemple de Tiger Woods).

Pour Hugh Herr, les technologies d'amélioration de la performance permettront aux sportifs de « repousser les limites humaines, mais aussi de créer de nouveaux sports - exactement de la même façon que l'invention du vélo a conduit à la pratique du cyclisme ». Chez les transhumanistes, on imagine même de nouvelles catégories sportives, par exemple une catégorie « 100 % humains », une autre « modifiés à 50 % », ou encore une dédiée à tous ceux utilisant des prothèses. « Je ne pense pas que le sport disparaîtra (la demande est trop forte), bien au contraire, il sera d'autant plus diversifié, il y en aura pour tous les goûts », écrit ainsi Alexandre Maurer, transhumaniste et informaticien sur le forum Transhumanistes.com.

Fabien Soyez, « Dopage technologique et homme augmenté : une autre idée du sport ? »
© cnetfrance.fr, 28 octobre 2017

THÈME 1 : À TOUTE VITESSE !

Désormais, le gagnant est celui qui a les moyens financiers de se procurer l'équipement technique le plus performant dont le coût peut être exorbitant : 30 000 euros pour les prothèses de Pistorius. Ceci évince les équipes et les pays les moins riches et fausse la compétition.

2 • L'exécution de tâches

La compétition existe aussi au niveau de la vitesse d'exécution d'une tâche pratique comme utiliser un ustensile, un outil, une machine... mais aussi pour des activités gratuites comme monter un Rubik's Cube, ou faire de la planche à roulettes en chaussures à talons.
L'Américain Jack Kerouac s'émerveille ainsi de la rapidité d'un voiturier automobile.

Dean portait le costume sérieux d'un homme respectable de l'Ouest qui retourne à Denver ; sa première bordée à New York était tirée. Je dis sa première bordée, mais il n'avait fait que travailler comme une brute dans son parking. C'était le plus fabuleux garçon de parking du monde, lui qui pouvait faire reculer une voiture à quarante miles à l'heure en plein encombrement et l'arrêter pile au pied d'un mur, bondir du siège, galoper au milieu des pare-chocs, sauter dans une autre auto, la faire tourner à cinquante à l'heure dans les allées étroites, la garer en marche arrière à toute vitesse dans un emplacement, et hop, stopper la voiture au frein à main si sec qu'elle avait un sursaut au moment où il s'éjectait du siège, puis faire tout le chemin jusqu'à la cabine à tickets en sprintant comme un pistard d'élite, tendre un ticket, se jeter dans une bagnole qui venait d'arriver avant que le propriétaire en soit à moitié sorti, lui passer littéralement sous le nez au moment où il descendait, embrayer en claquant la porte et se ruer sur le prochain coin disponible, braquer, se glisser dans le trou, freiner, sortir, courir ; travaillant ainsi sans arrêt huit heures par nuit, avec les heures de pointe de la soirée et les heures de pointe après les spectacles, fringué d'un pantalon beige taché de cambouis, d'une canadienne effrangée et de brodequins à soupapes. Maintenant, pour retourner au pays, il portait un costume neuf, un costume bleu à fines rayures, avec gilet et tout, qu'il avait acheté onze dollars sur la Troisième Avenue en même temps qu'une montre et une chaîne de montre, et une machine à écrire portative qu'il destinait à ses débuts littéraires dans un meublé de Denver, dès qu'il aurait trouvé du boulot là-bas. En guise de repas d'adieu nous mangeâmes des saucisses aux haricots dans un Riker de la Septième Avenue, et puis Dean monta dans le car affiché Chicago qui disparut en grondant dans la nuit. C'est là qu'allait notre cow-boy. Je me promis à moi-même de prendre le même chemin quand le printemps resplendirait vraiment et s'épanouirait dans les champs. Et c'est effectivement de la sorte que j'ai commencé à m'initier à tous les mystères de la route et les choses qui allaient se passer sont trop étonnantes pour qu'on les taise.

Jack Kerouac, *Sur la route*, traduction de Jacques Houbart © éditions Gallimard, 1957

3 • La musique

L'obsession de la vitesse existe aussi dans le monde musical où la virtuosité peut être recherchée pour elle-même. Certains enfants y sont entraînés dès leur plus jeune âge.

- Enfant chinoise virtuose :
https ://www.youtube.com/watch?reload=9&v=8YUafvY2MCI

- Rimski-Korsakov a composé en 1899 un morceau pour violon, *Le Vol du bourdon*, dont la difficulté tient au rythme effréné et qui représente un défi pour les virtuoses de tous les instruments. Le Livre Guinness des records mentionne une performance gagnant 20 secondes sur l'exécution normale :
https ://www.cadenceinfo.com/rimski-korsakov-le-vol-du-bourdon.htm

- Paganini, célèbre violoniste virtuose et compositeur, est le héros du film *Paganini, le violoniste du diable* de Bernard Rose (2013). Un des grands moments du film est l'interprétation du *Caprice n°24*, défi pour les violonistes :
https ://www.youtube.com/watch?v=WV5wDqJ5WU4

Plus largement, on constate une mode de l'exécution accélérée des morceaux classiques qui donne lieu à des compétitions d'instrumentistes virtuoses comme Lang Lang ou Alexander Malofeev.

- Rachmaninov, *Concerto n°3 pour piano et orchestre* :
https ://www.youtube.com/watch?v=SCHg9tup9NA

- Le rap est lui aussi gagné par la mode de compétitions de vitesse :
https ://www.youtube.com/watch?v=Nh7M8GqswZ4

Dans une vidéo du site Konbini, les rappeurs toulousains se sont frottés au record du monde de rapidité dans le rap. Verdict ? Ils devancent Eminem.

Prononcer 7,2 mots par seconde. Vous pouvez toujours essayer mais on vous prévient : ce n'est pas simple. Dans une vidéo du site Konbini, c'est en tout cas la performance réalisée par le duo de rappeurs toulousains Bigflo & Oli. Un sens du phrasé qui leur permet d'occuper une belle place dans la hiérarchie du record du monde de rapidité dans le rap. Dans *Europe Matin*, Patrick Cohen est d'ailleurs revenu sur cette performance lors de son billet.

Entre Mac Lethal et Eminem. Détenu par le rappeur Mac Lethal et ses 9,3 mots par seconde, Bigflo & Oli avaient à cœur d'essayer de dépasser ce record. Malheureusement, les deux Toulousains ont dû « se contenter » de battre Eminem, qui pointait jusqu'à aujourd'hui à la deuxième place du classement, avec 6,8 mots par seconde. Dans la vidéo, on peut voir les deux artistes s'y prendre à plusieurs reprises avant de livrer leur prestation clé.

« Bigflo et Oli battent Eminem en rapidité de rap » © Europe1.fr, 31 août 2017

On peut s'interroger sur ce que le sport, la technique et l'art gagnent à cette recherche frénétique de vitesse.

D • Les activités mentales

Elles sont elles aussi entraînées dans le tourbillon de l'accélération.

Il existe des différences individuelles de vitesse dans la lecture, la compréhension, la mémorisation, la réflexion, l'argumentation, l'invention, la création.
Certains contextes valorisent la rapidité comme les épreuves de concours ou d'examen en temps limité, certains tests d'embauche. On a donc mis au point des techniques de lecture rapide, des moyens mnémotechniques, des entraînements à la mobilisation rapide des connaissances. Des compétitions oratoires développent la vivacité dans le dialogue et l'esprit de répartie.

La rapidité est une aptitude valorisée dans le cadre ludique en société ou à la télévision.

Chapitre 3

Vitesse collective

A • L'accélération des transferts d'informations et de connaissances

1 • L'homme messager

Originellement, la communication entre les humains dépendait de la résistance et de la vélocité d'un messager. On connaît l'histoire de l'annonce de la victoire des Grecs sur les Perses à Marathon en 490 av. J.-C. La mission fut confiée au messager Philippidès qui parcourut en courant les 40 km qui séparaient Athènes du lieu de la bataille. Les courses modernes d'endurance lui rendent hommage.
Les avantages de la rapidité font longtemps rêver comme en témoigne le conte du Petit Poucet. L'ogre avec ses bottes de sept lieues dispose de cet atout féérique que lui dérobe le Petit Poucet. Ce dernier s'en sert d'abord pour sauver ses frères et sa famille en se faisant remettre la fortune de l'ogre, puis met ensuite, dit-on, cet atout au service du roi et de sa cour.

Il y a bien des gens qui ne demeurent pas d'accord de cette dernière circonstance, et qui prétendent que le Petit Poucet n'a jamais fait ce vol à l'ogre ; qu'à la vérité, il n'avait pas fait conscience de lui prendre ses bottes de sept lieues, parce qu'il ne s'en servait que pour courir après les petits enfants. Ces gens-là assurent le savoir de bonne part, et même pour avoir bu et mangé dans la maison du bûcheron. Ils assurent que lorsque le Petit Poucet eut chaussé les bottes de l'ogre, il s'en alla à la cour, où il savait qu'on était fort en peine d'une armée qui était à deux cents lieues de là, et du succès d'une bataille qu'on avait donnée. Il alla, disent-ils, trouver le roi, et lui dit que s'il le souhaitait, il lui rapporterait des nouvelles de l'armée avant la fin du jour. Le roi lui promit une grosse somme d'argent s'il en venait à bout. Le Petit Poucet rapporta des nouvelles dès le soir même, et cette première course l'ayant fait connaître, il gagnait tout ce qu'il voulait ; car le roi le payait parfaitement bien pour porter ses ordres à l'armée, et une infinité de dames lui donnaient tout ce qu'il voulait pour avoir des nouvelles de leurs amants, et ce fut là son plus grand gain.

Il se trouvait quelques femmes qui le chargeaient de lettres pour leurs maris, mais elles le payaient si mal, et cela allait à si peu de chose, qu'il ne daignait mettre en ligne de compte ce qu'il gagnait de ce côté-là.

Après avoir fait pendant quelque temps le métier de courrier, et y avoir amassé beaucoup de bien, il revint chez son père, où il n'est pas possible d'imaginer la joie qu'on eut de le revoir. Il mit toute sa famille à son aise. Il acheta des offices de nouvelle création pour son père et pour ses frères ; et par là il les établit tous, et fit parfaitement bien sa cour en même temps.

Charles Perrault, « Le Petit Poucet », *Les Contes de ma mère l'Oye*, 1697

De nombreuses cultures cherchèrent des moyens d'accélérer la transmission des messages en les confiant à d'autres vecteurs : le son d'instruments de percussion, la lumière du feu ou des reflets, la fumée, les oiseaux... L'histoire des moyens de transmission montre que les découvertes scientifiques permirent de considérablement améliorer certaines de ces techniques empiriques.
En ce qui concerne les œuvres littéraires, transmises oralement à l'origine, elles étaient d'extension limitée et accessibles au public restreint du poète. Le passage à l'écrit permit la réduction du temps de la mémorisation devenue inutile. La lecture silencieuse qui se substitua progressivement à la pratique de la lecture publique à haute voix représenta aussi une accélération de l'appropriation du texte.

2 • Un enchaînement d'inventions techniques

En cinq siècles, les inventions techniques se succédèrent dans le but d'accélérer les transmissions d'informations en exploitant tous les canaux de communication et en inventant de nouveaux codes.

Dans la vie de tous les jours, les informations que nous échangeons peuvent prendre la forme d'une conversation, d'une image ou d'un texte. D'un point de vue matériel, l'information est la variation d'une grandeur physique, qui peut être transmise, reproduite, et perçue par l'individu capable de l'interpréter. L'invention et les progrès de l'imprimerie offrent le premier exemple du développement des outils et des techniques de communication : l'imprimerie permet la reproduction à l'identique d'un texte écrit et sa diffusion en grand nombre. L'innovation technique porte sur la rapidité avec laquelle est dupliquée l'information. Ainsi, la presse à bois du XVIe siècle permettait l'impression de 700 feuilles par heure. La mécanisation des presses au XIXe siècle augmente considérablement le tirage.

Dans ce cas, l'information, démultipliée, se confond avec son support matériel ; la propagation de l'information correspond à un déplacement de ce support. La vitesse de propagation est limitée par la vitesse de tout déplacement humain ou animal. Au début du XIXe siècle, un courrier ordinaire envoyé par malle poste met trois jours à parcourir la distance Paris-Lille (250 km). Le développement du chemin de fer dans la deuxième moitié du XIXe siècle accélère ces déplacements, et permet par exemple à un journal imprimé à Paris de parvenir dès le lendemain dans la plupart des villes de province.

Comment accélérer la vitesse de transmission de l'information ? En utilisant les phénomènes physiques de transmission de l'information sans transport de matière : c'est le principe de la propagation d'une onde. L'exemple le plus simple est donné par la transmission d'un signal lumineux. La propagation du signal ne nécessite alors ni transport de matière, ni même un support matériel, puisqu'elle est possible dans le vide, à la célérité de 300 000 km/s.

Yves Roussel, « Histoire de la transmission visuelle et sonore »,
Le Petit Journal © Musée des arts et métiers, Paris

L'histoire complète de la transmission visuelle et sonore par Yves Roussel est accessible sur le site du *Petit Journal*, édité par le musée des Arts et Métiers. Les principales étapes en sont le télégraphe de Chappe, le télégraphe électrique de Morse, le phonographe, le téléphone (dont l'enjeu politique et économique est mis en évidence dans la série espagnole *Las Chicas del cable* (*Les Demoiselles du téléphone*), créée par Ramón Campos et Gema R. Neira diffusée depuis le 28 avril 2017), le duplex, le multiplex, les câbles transatlantiques, les ondes électromagnétiques, hertziennes, la TSF. https://www.arts-et-metiers.net/musee/la-transmission-des-informations-du-telegraphe-de-chappe-aux-ondes-electromagnetiques-de-1794

Les rubriques de l'article de l'*Encyclopædia Universalis* « Télécommunications - histoire » soulignent la diversité et la multiplicité des moyens employés : https://www.universalis.fr/encyclopedie/telecommunications-histoire/
Au XXe siècle, l'électronique a permis une accélération foudroyante de la transmission des informations avec l'invention de l'Internet et la mondialisation du réseau.

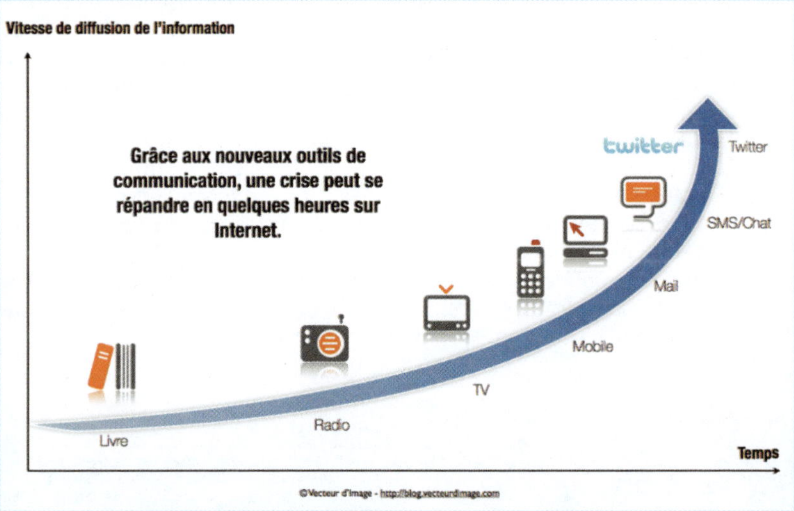

3 • Les conséquences positives de l'accélération des moyens techniques de l'information et de la communication intellectuelle

L'imprimerie et les améliorations du procédé par la gravure litho, l'offset, la PAO numérique ont permis une diffusion sans cesse plus large et plus rapide des œuvres et des idées dont l'effet dynamisant s'est traduit par les courants intellectuels de l'Humanisme au XVIe siècle et des Lumières au XVIIIe siècle.
Aujourd'hui, grâce à cette accélération, la culture se démocratise, la réflexion s'ouvre et est stimulée par les échanges, la production intellectuelle est dynamisée. De nouvelles formes d'élaboration collective et d'échange de savoirs apparaissent comme Wikipédia. L'information et les connaissances sont disponibles directement, et ne dépendent plus d'intermédiaires officiels ou de médiateurs professionnels.

4 • Les conséquences négatives

Toutefois, un article de Françoise Laugée rend compte d'un travail universitaire dont est issu l'article suivant.

Bon exercice de *big data*, Julia Cagé (professeur d'économie à Sciences Po Paris), Nicolas Hervé (ingénieur de recherche à l'Ina) et Marie-Luce Viaud (chercheur à l'Ina) livrent une analyse circonstanciée de la production et de la diffusion de l'information sur internet. Issu de l'Observatoire OTMedia, plateforme d'analyse des flux médiatiques développée par l'Ina, un corpus constitué de 2,5 millions de documents publiés en ligne, au cours de l'année 2013, par 86 grands médias français (l'AFP, 59 titres de presse, 9 télévisions, 10 radios et 7 *pure players*) a été analysé par trois algorithmes conçus à cet effet. Près des trois quarts des documents traités émanent des sites web de la presse imprimée (57 % des journaux locaux et 16 % des journaux nationaux). Ont ainsi été recensés 25 000 événements[1] marquants relayés par les médias - en moyenne 68 nouveaux événements par jour - en 2013, correspondant à 850 000 documents.

64 % de l'information publiée en ligne, par les médias d'information, est du copié-collé, sans compter les paraphrases et les reformulations. En outre, la référence explicite au média producteur de l'information reprise est indiquée dans seulement 8 % des cas. Les médias font souvent référence à l'AFP quand bien même celle-ci relaie une information émanant d'un autre média. Dans la majorité des articles publiés en ligne, il n'y a aucune référence à un média concurrent, expliquent les auteurs.

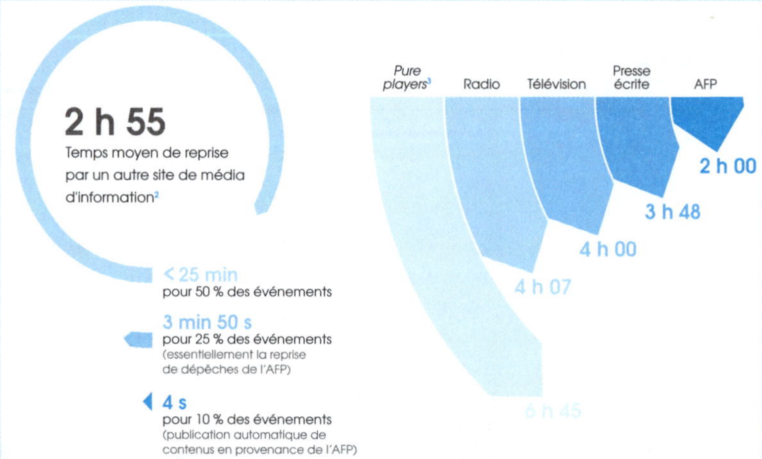

[1] Un événement est défini par un ensemble d'au moins dix documents portant sur un même fait et diffusés par au moins deux médias.

[2] Les agrégateurs et les réseaux sociaux ne sont pas pris en compte.

[3] Les *pure players* souffrent d'un déficit de réputation par rapport aux médias traditionnels : les journalistes vérifient davantage les informations en provenance des *pure players*, au lieu de les reprendre instantanément, selon les auteurs.

Françoise Laugée, « Internet : l'info à grande vitesse et à répétition », *Revue européenne des médias et du numérique* n°42-43, printemps - été 2017 © IREC

L'accélération présente ici des effets pervers. Les journalistes ne prennent plus le temps de vérifier ou de contrôler les informations ni les sources, ce qui ouvre la voie à la diffusion de rumeurs, de fausses nouvelles (*fake news*). Il en résulte une érosion de la confiance dans les médias qui aggrave le phénomène. Toute information apparaît comme suspecte, susceptible d'être diffusée dans une intention manipulatrice.

La transmission des images a été entraînée dans le même tourbillon. Fabriquée pendant des millénaires par un travail manuel lent et complexe d'artisans ou d'artistes, la représentation a été profondément modifiée par l'invention de la photographie. Procédé chimique dont le processus n'a cessé de s'accélérer grâce à des innovations techniques constantes, il a été à son tour détrôné par le numérique qui supprime le temps de développement et permet une duplication instantanée. L'image de rare, exceptionnelle, investie d'une valeur quasi sacrée est devenue pléthorique ; par exemple les *selfies* s'échangent par milliards.

Déjà en 2007, Serge Tisseron, psychiatre et psychanalyste, spécialiste de nos relations aux images, concluait ainsi un colloque consacré au déferlement d'images d'amateurs rendu possible par l'accélération de la prise de vue et de la diffusion sur Internet.

Nous avons changé de monde. En un siècle la photographie a complètement basculé : faite au début par quelques-uns pour quelques-uns, aristocrates ou bourgeois, elle s'est introduite partout ensuite, jusqu'à l'extrême accumulation des années 90, où faite par tous elle risquait de ne plus être vue par personne. Et puis l'Internet est apparu, permettant l'explosion de l'offre d'images. Ces nouvelles pratiques ont entraîné un bouleversement dans la façon dont nous recevons les images.

Pour l'amateur, dont les compétences vont croissant, cela change le regard porté sur les images des autres, y compris celles des professionnels. L'amateur découvre que toute image est un point de vue, qui résulte d'une intention. Toute image est témoignage, et comme chacun sait il faut plusieurs témoignages pour approcher la vérité.

Pour le journaliste, il importe de souligner que le photographe amateur sera de plus en plus au cœur de l'événement, conférant à l'image une portée émotionnelle considérable. On y verra le drame, sans la réparation du drame telle qu'elle était montrée auparavant par les professionnels, arrivés en même temps que les secours. Va-t-on privilégier à l'avenir cette valeur émotionnelle qu'apporte la mort en direct, ou bien va-t-on privilégier la valeur informative de l'image ? Ce dilemme classique va se poser désormais avec une intensité considérable, générant des débats éthiques sur tous les supports.

Plus généralement, l'irruption de la photo amateur va changer la logique de l'image. À ses débuts, l'image photographique fut volontiers considérée comme une fenêtre ouverte sur le monde, comme un reflet du réel. À partir des années 60 et jusqu'à la fin du 20e siècle, c'est principalement la fabrication de l'image qui a été interrogée, notamment en raison des trucages auxquels elle pouvait donner lieu.

Aujourd'hui l'interrogation se porte plutôt sur le thème du flux, avec une recherche de toutes les images existantes d'un même événement. Je pense notamment à l'affaire de l'enfant palestinien tué en direct par un tir

▶▶▶

suite

(israélien ?) en 2000, et au Boeing crashé (ou pas) sur le pentagone en 2001, deux cas qui ont suscité énormément de discussions. La polémique s'est nourrie du fait que nous avions une source unique, ce qui sera de moins en moins le cas avec la multiplication des images d'amateurs et donc des points de vue. L'image sera considérée comme un ensemble, comme un flux. Nous risquons dès lors de rentrer dans une culture où ce sont les images qui construiront la réalité, d'où la nécessité de donner toute leur place aux légendes, qui sont des récits construisant la signification des images. De ce point de vue, professionnels et amateurs sont dans le même bateau : il s'agit d'organiser la place de l'émotion et la place du discours.

Serge Tisseron, Analyse et conclusion du 8e colloque de L'Observatoire de l'Image, « Faut-il avoir peur des images d'amateurs ? » © L'Observatoire de l'Image, 5 avril 2007

B • Accélération des tâches collectives traditionnelles

1 • La mécanisation de la production

L'extension du capitalisme a entraîné la substitution de la quantité à la qualité dans le domaine de la production industrielle puis des services. La notion de productivité, qui correspond à la diminution du temps de fabrication d'un produit ou de réalisation d'une tâche, s'est imposée. Le souci d'augmenter le profit par l'augmentation du rendement, a guidé la mise en place de divers moyens destinés à accélérer les cadences de production : la mécanisation est un des premiers moyens pour travailler et produire plus vite. Le fractionnement des tâches et le travail à la chaîne ont permis l'automatisation et l'accélération des cadences que *Les Temps Modernes* de Charlie Chaplin dénoncent déjà en 1936.

Castells signale une réduction temporelle qui est particulièrement significative dans la construction de la société en réseaux. L'organisation traditionnelle du travail est balayée par la nécessité d'accélérer continuellement les opérations : on demande à la main-d'œuvre de prendre des décisions en temps réel et, ainsi, d'être toujours plus autonome par rapport aux liens bureaucratiques. Dans la majeure partie des cas, la flexibilité équivaut à travailler beaucoup plus longtemps lorsque le marché le demande et à être disposé à renoncer au travail, donc également au salaire, lorsqu'il n'y a plus d'activité. La compétitivité de l'entreprise en réseaux dépend de sa capacité à s'adapter le plus rapidement possible à la demande, en modifiant sans résistance son propre cadre temporel :

« Le temps est géré comme une ressource, non selon la logique linéaire, chronologique, de la production de masse mais comme un facteur différentiel par rapport à la temporalité des autres firmes, réseaux, procédés ou produits. Seule la forme en réseaux de l'organisation et les machines de traitement de l'information, toujours plus puissantes et mobiles, permettent d'assurer la gestion souple du temps, qui est l'alpha et l'oméga des entreprises avancées. Dans ces conditions, le temps n'est pas seulement comprimé, il est transformé. »

▶▶▶

suite

Du reste, même avant la révolution informatique, le système de gestion « juste à temps » (JAT) a déjà renversé le rapport entre temps et travail, caractéristique des sociétés industrielles. En effet, le JAT n'essaie ni d'obtenir plus de travail par unité de temps, ni de gagner du temps par rapport au travail. Il cherche, par contre, à profiter au maximum de l'initiative de la main-d'œuvre, dans sa capacité à suivre les temps du marché.

Simonetta Tabboni, *Les temps sociaux* © éditions Armand Colin, 2006

Pour accélérer encore les processus, les études de management ont aussi cherché à agir sur l'organisation des tâches, l'ergonomie des lieux, des outils, voire le confort et la sécurité des travailleurs puisque les accidents et les arrêts de travail représentent une perte de temps. Certaines entreprises cherchent à donner la meilleure image possible en publiant leurs efforts.

Parce que les métiers en restaurant restent difficiles, McDonald's fait évoluer ses pratiques, en lien avec tout le réseau de franchisés.

La très grande majorité (80 %) des restaurants McDonald's est exploitée par des franchisés. Bien qu'ils soient juridiquement indépendants, ceux-ci participent activement à la dynamique collective impulsée par la direction des Ressources humaines. L'un des objectifs est de faire progresser les conditions de travail, en particulier en cuisine où certaines contraintes sont incontournables : station debout, rapidité et bruit. Le déploiement, entre 2006 et 2010, du programme Full Kitchen, nouvelle génération de cuisines, a été l'occasion de faire progresser le confort des équipiers. « Ces cuisines sont plus silencieuses et plus ergonomiques », indique Fabrice Buisson, qui a dirigé le projet. « Full Kitchen a aussi été l'occasion d'améliorer la sécurité, avec la pose de carrelages antidérapants et l'automatisation d'opérations dangereuses comme le filtrage des huiles de friteuses. »

[...]

En France, l'affluence se fait aux heures des repas. Ce qui est une bonne chose pour l'équilibre alimentaire mais moins bonne pour les équipiers, soumis à une certaine tension. Pour y remédier, de nouvelles plates-formes de service, les « 4-2-4 » ont été mises en place : 4 caisses, 2 équipiers munis d'appareils portatifs et 4 bornes multilingues dans la salle pour passer les commandes. Résultat : quand le client vient au comptoir retirer sa commande, celle-ci est déjà prête. L'embouteillage est ainsi évité et la préparation de la commande plus paisible sans la présence impatiente du client. Plus de la moitié des restaurants est actuellement équipée de ces « 4-2-4 ».

[...]

Les étudiants et les mères de famille représentant une grande partie des effectifs en restaurant, ils ont besoin d'horaires aménagés pour concilier leur travail et leurs études ou leur vie familiale. « Mes horaires ont été aménagés selon les possibilités de garde de mon fils de 2 ans. Je ne peux pas travailler tôt le matin ou tard le soir », explique Fatiha Lagnaoui, hôtesse.

►►►

suite

Pour les équipiers qui poursuivent des études, les managers conçoivent des plannings adaptés et, dans la mesure du possible, tiennent compte des horaires des cours et des périodes d'examen. Les contraintes familiales sont aussi respectées au siège et dans les bureaux régionaux : pas de réunion programmée avant 9 h et après 17 h. En faveur de l'égalité hommes/femmes, un accord d'entreprise a été signé en 2008, prévoyant une réelle égalité des chances en matière de recrutement, de traitement et d'évolution.

« Faire progresser encore les conditions de travail » © www.mcdonalds-donneescorporate.fr

Certaines techniques managériales essaient de mettre en place des procédés de désapprentissage censés accélérer l'adaptation aux nouvelles tâches, mais dont l'effet est critiqué par le psychologue Botet-Pradeilles.

Idées reçues, convictions bien ancrées, capacités formatées de réalisation ou d'évitement constituent un état de l'individu difficilement compatible avec les transformations incessantes de l'environnement. Piaget (1975) nous propose l'équilibration constante des structures cognitives comme problème central du développement. Cette équilibration est faite par la construction de formes nouvelles englobant les formes antérieures à titre de contenus. L'apprentissage est permanent par les régulations entre ces différents paliers. Cette circulation régulatrice accroit les possibilités d'accommodation tant aux perturbations transitoires qu'aux changements permanents. La tentation de l'entropie voudrait que pour un même résultat considéré comme parfait et définitif on diminue l'énergie et le coût par une linéarité des pratiques, mais l'apprentissage est fait d'intrications. Toute « erreur » devient une source d'informations aussi indispensable que la réussite. [...]

Cette décentration périphérique et modérée de ses propres états affectifs, de la complexité de l'évènement, de la pression temporelle et de toutes les habitudes et influences peut se nommer intelligence. Faire parfois décoller l'intelligence de ses craintes et de ses paresses pour franchir les « seuils épistémologiques » dont parle Bachelard n'est pas impossible. Est-ce un désapprentissage ?

L'adaptation devient alors un processus de transformations modifiant les repères et les invariances sur lesquelles s'appuient les modélisations du sujet (Piaget, 1975). Les ruptures technologiques actuelles appliquées dans l'immédiateté selon la logique de l'outil effaçant celle de l'acteur désorientent les rééquilibrations du sujet entre assimilations et accommodations. Les sujets inhibés, fragilisés émotionnellement où totalement impréparés à modifier leurs routines qui sont leurs seules réassurances vont se perdre dans ces processus. Les désapprentissages infligés par la logique organisationnelle seront destructeurs. Les discontinuités cognitives sont supportables par les intelligences artificielles des systèmes, elles le sont sans doute moins pour l'intelligence humaine et surtout pour ce besoin de permanence de liens « suffisamment bons » sans lesquels tout projet organisationnel devient quelque peu étranger à l'acteur. Le coup de dés méthodologique et technocratique qui fait des gagnants et des perdants.

►►►

suite

Plus que le pseudo pédagogisme du tout possible et révisable pour tous à tout moment que porte insidieusement le signifiant « désapprendre », il conviendrait d'apprendre à savoir évoluer dans la confiance et la continuité. L'usage du terme désapprentissage en sciences de gestion laisse craindre une réduction de l'humain au seul registre des compétences opportunes. Il y a là le vœu d'une employabilité immédiate renouvelable à volonté avec la promesse de casse pour qui ne se prête pas suffisamment à « désapprendre » selon les vœux impatients des maîtres.

Georges Botet-Pradeilles, « À propos du désapprentissage organisationnel » © *Revue internationale de psychosociologie et de gestion des comportements organisationnels*, 2014

2 • L'impact sur les individus des environnements de travail

Une étude menée par un sociologue en immersion de travail chez McDonald's souligne que lorsque la vitesse de travail est imposée à un personnel jeune dont ce n'est pas l'activité principale, la cadence peut être vécue de façon ludique, ce qui favorise la productivité alors que c'est l'inverse à l'usine.

Quand le plaisir naît de l'excitation…

Sans doute est-ce là la première surprise de cette observation : j'y ai pris du plaisir ! En effet, les premières semaines passées, lorsqu'il est devenu possible de prendre des pauses de quelques instants, d'échanger deux mots avec l'équipier à côté de soi, et surtout lorsqu'on commence à maîtriser son poste de travail, il est étonnant d'éprouver des satisfactions à réaliser ce travail.

L'ambiance, malgré ce que je vais décrire dans les trois exemples qui suivent, est plutôt bonne. Les équipiers sont tous jeunes, presque tous étudiants, et rapidement échangent des plaisanteries, créent des amitiés…

Relever le défi, tenir un poste seul, sans aide, durant tout un *rush*, ce qui paraissait inaccessible les premiers jours, est particulièrement satisfaisant. Compter après chaque *rush* le nombre de panières de pains Macs faites en deux heures, et constater qu'il a réussi à en faire trois ou quatre cents, apporte une réelle satisfaction à l'équipier ! L'ambiance de défi relevé entre jeunes apporte ces petites satisfactions que j'étais loin d'imaginer avant de commencer l'observation.

Dans le précédent article, nous émettions l'hypothèse que l'intérêt pour les étudiants des défis à relever au McDonald's réside dans leurs différences avec les défis universitaires : les sanctions ne sont pas aussi visibles et sensibles que des notes. Le travail n'est pas solitaire comme à l'université. Les compétences requises sont moins intellectuelles, mieux explicitées (les épreuves sont mieux épurées) ; il s'agit en outre de compétences qui ne sont que rarement prises en compte et valorisées à l'université. Et enfin, la temporalité est beaucoup plus courte. On ne travaille pas pour préparer un diplôme dont l'échéance finale est parfois indéfinie, et pour un emploi lui-même très flou. Au McDonald's, les équipiers travaillent rapidement pour un horizon très court (les clients ne doivent pas attendre), tout en rendant service à des

►►►

suite

« copains » et en participant à une ambiance générale de travail acharné dans une atmosphère ludique.

Les épreuves de la recherche ne sont que le prolongement des épreuves universitaires, et, même si le chercheur est censé ne plus avoir de doute sur ses compétences et n'a plus l'angoisse de l'examen (ce qui n'est que partiellement vrai dans mon cas puisque ce travail constitue un terrain de thèse), devoir travailler vite, en équipe, sur des tâches strictement délimitées s'est avéré, pour le moins, suffisamment pittoresque pour susciter chez moi de l'excitation.

Damien Cartron, « Le sociologue pris en sandwich ! »,
Revue Travail et Emploi n° 94, avril 2003 © DARES Ministère du Travail

Cependant, les sociologues du travail montrent que l'instabilité découlant de l'accélération peut être préjudiciable.

Dans le travail de groupe, les attributions changent sans cesse et les personnels qui composent celui-ci sont en constant renouvellement, alors qu'il est bien connu que des liens étroits, une coopération efficace ainsi que la confiance ne peuvent mûrir qu'avec le temps. Le nouveau capitalisme altère la dimension temporelle du futur en mondialisant les informations et les échanges, beaucoup plus qu'il ne le fait en ayant recours à des technologies informatiques avancées. C'est cet aspect-là qui finit par exercer de fortes influences, à la fois sur la vie personnelle des salariés, sur leur possibilité de transmettre à leurs enfants la valeur de l'engagement dans le travail et sur leur capacité à cultiver une image cohérente et chargée de sens de leur propre existence.

La conviction selon laquelle il est important de se consacrer à fond et avec ténacité à une entreprise individuelle ou collective pour garder le cap et maintenir une fidélité à ses principes personnels, disparaît de la vie professionnelle mais aussi familiale.

La faculté de se recycler dans de nouveaux projets variés, l'engagement qui ne peut être que superficiel puisque l'on devra rapidement changer d'objectifs, l'impossibilité de concevoir une fidélité envers les institutions pour lesquelles on travaille, l'ensemble des compétences nécessaires pour réussir dans les conditions du nouveau capitalisme font naître des questionnements sérieux. Sur quelles bases peut-on avoir des rapports sociaux durables ? Comment construire le sens d'un futur à long terme, sans lequel les autres dimensions de la temporalité, le présent et le passé, s'évaporent également ? Que doit faire un être humain pour rassembler l'histoire de sa vie et les fragments de son expérience ? La conclusion de Sennett se résume ainsi : « Le capitalisme du court terme menace de corroder le caractère [...] en particulier les traits de caractère qui lient les êtres humains les uns aux autres et donnent à chacun un sentiment de son moi durable ».

Simonetta Tabboni, *Les temps sociaux* © éditions Armand Colin, 2006

L'augmentation des cadences peut générer un stress destructeur, comme ce fut le cas chez Renault en 2007, engendrant des suicides.

Ainsi au technocentre de l'entreprise Renault, où les suicides récemment survenus s'inscrivent dans un contexte d'extrême pression à la performance, lui-même en lien avec d'énormes enjeux concurrentiels au niveau mondial. Aux prises avec ces enjeux, l'entreprise s'est engagée dans un programme sans précédent de renouvellement de ses véhicules : vingt-six nouveaux modèles en trois ans, soit une moyenne de huit nouveaux modèles par an, au lieu de trois auparavant. D'où une augmentation considérable de l'activité des salariés de l'ingénierie « mettant en danger leur vie familiale par des journées interminables, des déplacements empiétant sur les week-ends, sans parler des courriers électroniques traités le soir au domicile ». Dans le même temps, « le développement des nouveaux projets doit être réalisé dans des délais de plus en plus courts », d'où la « multiplication des suivis d'activités avec le sentiment permanent d'être surcontrôlé et de travailler constamment dans l'urgence ». Le tout s'inscrivant dans un climat d'extrême pression exercée par la direction générale de Renault, qui n'est pas sans retombées sur le management intermédiaire « qui résiste difficilement et tend à reporter, voire dans certains cas à amplifier sur l'étage inférieur le discours reçu ». Pour les syndicats, il ne s'agit cependant que de la partie visible de l'iceberg : « Les manifestations au travail sont multiples : crises de larmes suite aux entretiens annuels, troubles du sommeil, dépressions, prise de calmants », affirme ainsi Pierre Nicolas, délégué CGT de Renault.

Nicole Aubert, « Violence du temps et pathologies hypermodernes »,
Cliniques méditerranéennes n°78 © éditions Érès, 2008

Le travail est désormais essentiellement dans le secteur tertiaire où l'accélération produit également des effets toxiques.

À côté du stress en tant qu'état, le travail peut lui-même générer du stress. On parle alors d'agent(s) stresseur(s), voire même de « job strain » lorsqu'un travail en situation de tension oppose une demande psychologique élevée à une latitude décisionnelle faible (Karasek, 1979).

Plusieurs études récentes (de Keyser et Hansez, 2002 ; François, 2002) recensent différents facteurs pouvant contribuer à faire naître ou à renforcer un stress au travail, en particulier :

– le travail sous pression : sous la contrainte économique et la recherche d'efficacité productive, les entreprises mettent en place des modes d'organisation qui accroissent les tensions s'exerçant sur les travailleurs (comme les dispositifs de production en « flux tendu » ou en « juste à temps », l'ajustement à la demande, les nouvelles formes de relations client...). Il s'ensuit notamment des délais de traitement de plus en plus courts et un accroissement des contrôles (par la hiérarchie ou/et les systèmes d'information) ;

– la polyvalence et la modification des tâches : la flexibilité maximale recherchée par les entreprises entraîne une évolution des métiers vers une exigence de polyvalence et des contraintes temporelles fortes ;

– la pénibilité mentale, en lien avec des contraintes qui s'imposent au travailleur dans la réalisation de tâches sollicitant des ressources cognitives.

►►►

suite

Elle se traduit notamment par le fait de devoir fréquemment abandonner une tâche pour une autre non prévue (segmentation des tâches), de ne pas pouvoir agir sur des délais fortement imposés, de ne pas pouvoir interrompre son travail en dehors des temps de repos définis.

À ces facteurs organisationnels s'ajoutent d'autres facteurs internes ou externes à la situation de travail, comme ce qui relève de :

– la dépendance à autrui dans la réalisation des tâches, les formes de relation difficiles entre les subordonnés et l'encadrement hiérarchique ;

– l'organisation du temps de travail (horaires, durée de travail, temps de transport, délai de prévenance en cas de changement d'horaires, etc.) ;

– la situation économique (emplois précaires, sous-rémunération au regard du niveau de formation, vulnérabilité par rapport au chômage).

Ces facteurs peuvent se cumuler entre eux formant des pathologies aggravées.

Sylvain Leduc et Gérard Vallery, *Les Risques psychosociaux*, coll. Que sais-je ? © PUF, 2012

C • Révolution économique

L'accélération entraîne une hypermobilité des individus et des marchandises qui modifie complètement les formes de distribution, comme en témoigne le déclin de la poste et des petits commerces face à l'empire Amazon. À l'inverse, la restauration rapide, livrée au bureau ou à domicile est en plein essor. Le tourisme s'est considérablement développé grâce à l'évolution des transports.

1 • Le développement du tourisme

Affiche « Sports d'hiver à Chamonix » (1905)

© AKG Images

Mais les attentes des régions qui ont présidé à l'installation de lignes ferroviaires à grande vitesse pour y développer le tourisme sont souvent déçues.

Les acteurs des territoires desservis par la grande vitesse ferroviaire attendent de l'amélioration de leur accessibilité un dynamisme du tourisme puisque celui-ci repose intrinsèquement sur un comportement de mobilité. La rapidité, la sécurité et le confort du déplacement peuvent participer aux choix de destination. Pourtant, la revue de la littérature montre que ces attentes ne se réalisent pas toujours. Si une telle desserte permet d'arriver plus vite, elle permet également de repartir plus vite et peut conduire alors à une réduction de la durée des séjours, minimisant ainsi les retombées économiques. Cette revue de la littérature met cependant en évidence plusieurs facteurs clés de succès. L'amélioration de l'accessibilité doit être effective avec une bonne desserte en termes de fréquence et d'horaires, une localisation de la gare à proximité des principaux lieux touristiques ou une chaîne de transport bien conçue jusqu'à ces lieux avec une intermodalité efficace. En outre l'utilisation du TGV à des fins de tourisme correspond à des tourismes spécifiques (tourisme urbain ou d'affaires, de court séjour). Il est alors nécessaire que les villes disposent d'atouts réels patrimoniaux, culturels ou événementiels. C'est le cas plus fréquemment des grandes villes ou des villes moyennes rapidement accessibles à partir de ces grandes villes. Des capacités hôtelières conséquentes sont également indispensables notamment pour le tourisme d'affaires. Mais au-delà de l'amélioration de l'accessibilité, la desserte peut produire un effet d'image que les villes doivent développer par des politiques de communication claires utilisant le TGV comme symbole de modernité (Bazin et Delaplace, 2014). Enfin, la desserte peut contribuer à une coordination entre les acteurs, coordination qui doit être mise au service de la construction d'un panier de biens susceptible d'attirer la clientèle TGV, de la faire rester, et éventuellement de la faire revenir.

Si la liaison entre desserte TGV et tourisme est aujourd'hui fortement investie, les résultats des études sont bien souvent controversés. Une analyse des pratiques touristiques associées à cette desserte reste ainsi à construire afin de comprendre son rôle réel dans les choix de destination et les nouvelles formes de mobilité touristique. Par ailleurs, la desserte peut également contribuer au développement de nouveaux types de migration comme les migrations d'agrément ou encore la birésidentialité. Si ces comportements ne peuvent être analysés comme des pratiques touristiques, ils peuvent en découler ; la desserte ferroviaire à grande vitesse pouvant permettre dans certains cas d'habiter là où précédemment on résidait en tant que touriste. Le rôle de la desserte TGV dans l'effacement des frontières entre touriste et résident qui caractérise nos sociétés doit donc aussi être questionné.

Sylvie Bazin-Benoît et Marie Delaplace, « Desserte ferroviaire à grande vitesse et tourisme », *Téoros – Revue de recherche en tourisme*, vol. 32, 2013

2 • La privatisation de la Bourse

La Bourse permet l'investissement de l'épargne dans l'économie. Autrefois conçue sur le modèle des mutuelles ou des coopératives, elle est aujourd'hui privatisée. La concurrence incite les organismes boursiers à proposer des transactions toujours plus rapides.

Toujours plus vite. L'innovation en matière de vitesse ne s'arrête plus pour les sociétés spécialisées en technologie de trading boursier. Une d'entre elles est récemment parvenue à envoyer des signaux a une vitesse désormais tout proche de celle de la lumière.

300 000 kilomètres par seconde, c'est l'ultime frontière. À force de parler de course de vitesse en matière de trading haute fréquence, on s'en rapproche. Avec la fibre optique, il est déjà possible de transmettre des ordres à 65 % de la vitesse de la lumière. Mais cela demande de creuser et de bâtir des réseaux, ce qui est très coûteux.

Pour aller encore plus vite, il faut quitter le plancher des vaches. Des sociétés d'ingénierie spécialisées ont imaginé des réseaux de ballons en haute atmosphère, transmettant les informations par laser.

Mais ce dispositif nécessite d'importants coûts de développement et de maintenance, sans compter les possibles désagréments pour le trafic aérien.

La toute dernière innovation est proposée par l'Américain Strike Technologies. Dans ce laboratoire de recherche, on compte des anciens des armées américaines et israéliennes. Strike technologies planche sur un réseau de paraboles qui va transmette des signaux via micro-ondes, la longueur d'onde des radars militaires.

Résultat : Strike est arrivé à transmettre des données de ses bureaux du New Jersey a la Bourse de Chicago en 4,17 millisecondes en vitesse de pointe. La distance, elle est de 1 180 kilomètres, le signal a donc atteint 95 % de la vitesse de la lumière. Autant dire qu'on est vraiment plus loin de la vitesse absolue. Et que ces 5 % restant vont sans doute être le défi le plus passionnant de ces prochaines années.

Antoine Larigauderie, « Le trading à haute fréquence va de plus en plus vite. »
© BFM Business, 2 décembre 2013

On peut cependant s'interroger sur la pertinence de tels records.

Les opérations de tenue de marché sont définies par le fait qu'elles servent à garantir la liquidité des marchés. Qu'est-ce que la liquidité ? Il existe au moins une dizaine de manières de la définir. Si ce flou permet à chacun de faire dire ce qu'il veut au concept, on peut dire cependant qu'elle désigne la plus ou moins grande facilité avec laquelle un nouveau-venu, sur un marché, peut acheter ou vendre à n'importe quel moment. S'il s'agit, par exemple, d'un marché agricole ouvert uniquement le samedi, et que notre nouveau-venu se présente un lundi, il devra attendre cinq jours avant que son offre puisse être

►►►

suite

examinée. L'idée qu'en construisant des places marchandes qui vivent à la microseconde, on parvienne à augmenter l'efficience de la sphère financière peut donc sembler séduisante : le nouveau-venu n'aura pas besoin d'attendre plus d'une fraction de seconde avant que son ordre ne soit pris en compte. Une plus grande liquidité serait ainsi le secret d'une plus grande efficacité. Cet argument permet de repousser systématiquement toute entrave : la moindre limite à la vitesse des transactions sera immédiatement tenue pour un obstacle à l'efficacité des marchés financiers – ce qui voudra dire, dans la bouche des apologètes de la dérégulation, moins de croissance, plus de chômage... C'est ainsi que les lobbyistes du secteur financier parviennent à convaincre beaucoup de politiques de renoncer à légiférer contre le HFT : la « liquidité » est devenue le maître mot de toutes les démissions politiques en matière de régulation financière.

Or l'efficacité d'un outil se mesure à sa plus ou moins grande aptitude à remplir sa fonction. La fonction des marchés financiers, c'est de fournir le financement dont l'économie réelle a besoin. De nouveaux besoins de financement de l'économie ne peuvent pourtant pas apparaître à une vitesse supérieure à celle à laquelle se renouvelle l'information pertinente concernant l'économie réelle. Le pas de temps de cette dernière est tout au plus de l'ordre de la minute, certainement pas de celui de la microseconde. Aucun acteur venu de l'économie réelle qui a besoin de *cash* en vue d'une transaction au sein de l'économie réelle n'est dans une urgence qui exigerait que ce *cash* lui soit délivré en une microseconde.

En outre, la vitesse n'est même pas une garantie de liquidité tout court (quel qu'en soit le destinataire, réel ou financier), au contraire. Et ce, quelle que soit la manière dont on définit la liquidité. En effet, la plupart des marchés financiers internationaux ne sont liquides que tant qu'aucun vent de panique ne souffle. En revanche, dès que l'affolement grandit dans les salles de marchés, la plupart des opérateurs financiers qui en ont la possibilité « fuient » en vendant systématiquement leurs actifs et en suspendant leurs programmes informatiques de trading (avant d'avoir à subir les pertes induites par la chute des cours). Cette désertion provoque alors l'assèchement du marché. C'est dans ces phases critiques que des instruments de garantie de la liquidité des marchés sont nécessaires. Le HFT fournit-il cet instrument ? En aucune façon : en cas de mauvaise nouvelle, les ordinateurs rapides sont les premiers à déserter ! L'argument de la liquidité, appliqué au HFT, est un sophisme consistant à vanter les mérites d'un parapluie qui ne s'ouvre que par beau temps.

Gaël Giraud, « La vitesse, nouveau fléau financier ? », *Revue Projet* n° 336-337 © CERAS, 2013

THÈME 1 : À TOUTE VITESSE !

D • Conséquences psychosociologiques

1 • L'impact sur la vie personnelle

L'individu moderne est affecté dans son existence personnelle par cette vitesse généralisée.

Le temps de la mondialisation déborde celui de la vie humaine. La culture de l'urgence, issue du monde de l'entreprise, se répand dans la sphère familiale et dans la vie quotidienne. L'accélération touche tous les domaines de l'existence. Chaque individu devient comptable de son temps, doit le rendre utile et rentable en toute circonstance. Le repos, les vacances, le sommeil, l'inactivité, le désœuvrement sont alors considérés comme des moments creux, vides, qu'il convient de remplir par une hyperactivité permanente.

Des algorithmes de hautes fréquences prennent le relais des hommes pour traiter l'information, calculer la valeur des entreprises, réguler les marchés financiers. La révolution numérique transforme en profondeur la vie humaine, la consommation, la production, la vie sociale, jusqu'au sommeil qui se réduit pour tous ceux qui deviennent des techno-addicts, qui ne peuvent plus décrocher des machines dites « intelligentes ». Fantasme ou réalité ? Fiction ou construction d'une nouvelle société ? Les exemples qui suivent illustrent les paradoxes de cette société numérisée.

La course à l'urgence est une caractéristique commune à tous les secteurs de la société vivant aux confluents de la révolution numérique et de la révolution managériale…

Vincent de Gaulejac « Plus on gagne du temps, moins on en a… Le rapport au temps dans la société paradoxante », @ *la recherche du temps* © éditions Érès, 2018

2 • La modification des relations humaines

Maurice Halbwachs, dans *La mémoire collective* (1950), avait mis en évidence la pluralité des temps sociaux repérable à la juxtaposition de divers calendriers scandant des activités spécifiques aux rythmes différents.

L'année scolaire ne commence pas le même jour que l'année religieuse. Dans l'année religieuse, l'anniversaire de la naissance de Christ et l'anniversaire de sa mort et de sa résurrection déterminent les divisions essentielles de l'année chrétienne. L'année laïque commence le premier janvier, mais, suivant les professions et les genres d'activités, elle comporte des divisions très différentes. Celle de l'année paysanne se règle sur le cours des travaux agricoles, déterminé lui-même par l'alternance des saisons. L'année industrielle ou commerciale se décompose en périodes où l'on travaille à plein rendement, où les commandes affluent, et en d'autres où les affaires se ralentissent ou s'arrêtent : ce ne sont d'ailleurs pas les mêmes dans tous les commerces et les industries. [...]

Ainsi autant il y a de groupes, autant il y a d'origine des temps différents. Il n'y en a aucune qui s'impose à tous les groupes.

Maurice Halbwachs, *La mémoire collective* © éditions Albin Michel, 1950

De plus, les nouvelles techniques de communication affectent en profondeur la nature des échanges et des relations.

> En matière de communication à distance, le processus est similaire. Le téléphone, puis Internet et ses multiples applications mobiles (wifi et téléphones intelligents, notamment) ont rendu possible des formes de communication sans coprésence, qui permettent d'être proches, tout en étant loin géographiquement. L'appropriation de ces technologies engendre de nouvelles formes d'agencements spatio-temporels entre la vie privée et le travail, mais aussi le développement du télétravail, des achats et des loisirs en ligne, et favorise une perméabilité des sphères privées et professionnelles. Cette transformation reconfigure les relations sociales et modifie également les règles de la coprésence. En effet, il est possible de parcourir rapidement de grandes distances pour être ensemble à la fois géographiquement dans un temps relativement court (grâce à l'avion, au train, à la voiture) et virtuellement de manière simultanée (grâce au téléphone ou à Skype).
>
> Ces deux logiques ne sont pas substitutives l'une à l'autre, comme on a pu longtemps le penser ; bien au contraire, il semblerait que le développement de techniques toujours plus rapides de communication à distance va de pair avec le développement des mobilités spatiales. Internet, pas plus que le téléphone, voire le Minitel en son temps, n'a permis de limiter les déplacements des personnes dans l'espace - nous tendons même, avec John Urry, à faire l'hypothèse inverse...
>
> Stéphanie Vincent-Geslin, Emmanuel Ravalet, Vincent Kaufmann. « De nouveaux usages de la vitesse ? Réseaux, territoires et société », *Recherche Transports Sécurité* © IFSTTAR, 2015

3 • L'impact sur la conscience de soi

Mais le mode de vie actuel nous conduit à des interactions de plus en plus brèves et multiples pour lesquelles nous n'avons pas de modèle de comportements et à des activités hachées et éparses qui affectent le sentiment de soi.

> Aujourd'hui, du fait de la multiplication et de la diversification des groupes auxquels nous participons, nos interactions se succèdent au cours de la journée, de la semaine ou de l'année de manière très irrégulière, parfois très rapidement, parfois en se chevauchant, mais aussi en s'arrêtant parfois brusquement. Ces nouveaux rythmes de la socialité nous imposent d'être capables d'arbitrer entre des possibilités d'interaction plus nombreuses, de passer sans transition de moments d'attente et de rapport à soi à des moments d'échange plus ou moins absorbants, et finalement de nous engager rapidement dans les groupes auxquels nous voulons participer, mais aussi éventuellement de nous en désengager tout aussi rapidement et souplement. Or, comme chaque champ possède ses propres règles de sociabilité, ses codes comportementaux, ses manières d'avancer dans le langage, c'est-à-dire ses
>
> ►►►

suite

propres rythmes et que cela rend impossible de compter sur des schémas d'action déjà éprouvés, il faut aussi être capable d'improviser en permanence la manière de se comporter lors des interactions. Ainsi notre expérience apparaît-elle de plus en plus morcelée, chaotique et incertaine.

Melucci analyse très bien les conséquences de ce délitement de l'expérience - et ses analyses ne doivent alors plus rien à l'intuition phénoménologique. Tout d'abord, le fait que les individus traversent au cours de leur existence quotidienne des moments de plus en plus hétérogènes, qu'ils soient portés par des rythmes de plus en plus hachés, a des conséquences sur la construction du sentiment de soi. Les individus éprouvent une plus grande difficulté à ramener cette diversité d'expériences à une unité intérieure biographique. Dans la mesure où le temps est peuplé de durées très différenciées, la durée constructiviste typique de la modernité, la durée historique animée par un *telos,* laisse la place à un présent peuplé d'histoires relativement indépendantes.

Pascal Michon, « Alberto Melucci ou la redécouverte des rythmes à la fin des années 1990 »
© *Rhuthmos.eu*, 19 décembre 2013

Ce modèle de société, écartelé entre deux injonctions antinomiques (être performant sans affiche de failles et nécessité de prendre soin de sa personne), s'avère souvent générateur d'angoisse et de malaise.

Chapitre 4

Impact géographique et environnemental

A • Les effets de l'accélération des moyens de transport sur la géographie humaine

1 • La modification du paysage naturel

Au cours de l'histoire, l'impact des moyens de transport, des matières premières et des marchandises a accru son emprise sur l'espace naturel.
La circulation fluviale a été longtemps privilégiée quand elle était possible car elle était plus rapide que la circulation terrestre. À partir du XVIIe siècle, on commença à compléter le réseau navigable utilisable par le creusement de canaux.
La circulation terrestre a exigé le défrichement pour la construction de routes, puis le creusement de tunnels et la construction de viaducs pour la circulation des trains. Pour le trafic aérien, il fallut aplanir de vastes espaces en dehors des villes.

Enfin, la généralisation de l'automobile a abouti à l'élaboration d'un réseau d'autoroutes dont le nombre et la largeur des voies et des échangeurs a consommé une part importante de l'espace naturel.

2 • L'évolution du paysage urbain

Au XIXe siècle, il fallut consacrer d'importantes surfaces aux gares ferroviaires, aménager les ports pour accueillir des navires sans cesse plus rapides et plus grands.

Le désir d'accélérer la circulation intra-urbaine engendra au début du XXe siècle le creusement de lignes de métro et l'aménagement en surface de lignes de tramways.

Puis la politique du « tout automobile » des années 1970 défigura les centres historiques en y perçant des voies rapides, en y multipliant les aires de stationnement et en les encerclant de voies périphériques interdites aux piétons et aux moyens de locomotion lents.

Place de la Concorde, Paris
Années 1950-1960

© Shutterstock

https://www.unjourdeplusaparis.com/paris-insolite/photos-paris-parking-a-ciel-ouvert

3 • La modification de la répartition des populations

L'implantation des agglomérations humaines se fit depuis la nuit des temps sur des points stratégiques pour la communication, confluents puis nœuds routiers. L'histoire de leur développement ou de leur déclin correspond exactement avec celle des réseaux de circulation de plus en plus rapides. L'importance des villes et villages s'est modifiée en fonction de leur desserte par les moyens de transport nouveaux.

Je saluais les ruines que je croisais, ne manquais pas de les visiter. Souvent c'était le vestige d'une commanderie, postée en contre-haut d'un plateau. Elle avait présidé aux destinées d'une société agreste. Mais l'après-guerre avait sonné l'exode au pied des reliefs. Subsistaient ces chicots de murs plantés dans l'herbe jaune. C'étaient des endroits attirants. Chaque mur écroulé abritait la possibilité d'une halte. Elles étaient précieuses, ces zones de repli défendues par les herses de mûres. Une plage de silence valait un royaume. Les géographes avaient inventé une superbe expression pour décrire le phénomène d'abandon des villages d'altitude de la Provence. Ils parlaient du « déperchement ». Le mouvement avait commencé au cours de la première révolution industrielle, puis il y avait eu la saignée paysanne de 1914 et

▶▶▶

suite

l'industrialisation du pays au cours du XXe siècle. Après la Seconde guerre, les hauts plateaux calcaires s'étaient dépeuplés extraordinairement vite. Les Trente Glorieuses avaient aspiré le paysan en bas de sa pente, vers la plaine. Certains avaient choisi la ville. Les hommes avaient rêvé d'une existence plus facile et de chemins moins empierrés. La vie était devenue confortable et les enfants moins sales. Giono avait trouvé le moyen d'imaginer un regain et de revivifier un hameau par la grâce du roman, mais la plupart du temps les villageois avaient décroché, comme décroche la section quand l'ennemi contre-attaque.

Quand un pays de montagne se modernise, l'homme ruisselle comme une nappe d'eau. Et la vallée, frappée d'Alzheimer, ne se souvient même pas que la montagne a retenti de vie. Pouvais-je me douter que ces talus résonnaient autrefois des cris muletiers ? Le passé n'a pas d'écho. En une moitié de siècle, l'accélération et l'hypertrophie des systèmes humains - villes, nations, sociétés, entreprises - avaient institué un nouveau solfège dans les vallées. La *question de la taille* et la *question de la vitesse* étaient les nouvelles fondations du monde du XXIe siècle. L'agitation et l'obésité ne sont jamais d'heureuses nouvelles. Il y avait cependant une consolation : si l'on considérait que le flux était la seule loi de la vie, que l'Histoire n'avait pas de sens, que nous étions emportés dans le train fantôme, sans espoir d'en freiner ni d'en modifier la course, on pouvait trouver une issue en recourant aux chemins. Il suffisait de reprendre la marche en saluant les bêtes pour peu qu'on en croisât.

Sylvain Tesson, *Sur les chemins noirs*, coll. NRF © éditions Gallimard, 2016

4 • Les métropoles

La concentration urbaine, qui s'était faite au cours des XIXe et XXe siècle autour des gares de chemin de fer puis au niveau des points d'étape sur le réseau routier, avait déjà concentré la population. Dans la seconde moitié du XXe siècle, l'implantation de lignes à très grande vitesse, la construction d'autoroutes et la multiplication d'aéroports redistribuèrent encore les cartes. Les villes desservies se sont développées au détriment de celles qui restaient à l'écart. Dans de telles proportions, on peut parler de métropoles comme l'explique Anne Bretagnolle, dans son article « Les villes dans l'espace-temps : vitesse des communications et structuration des territoires à l'échelle intra et interurbaine » publié dans *Échelles et temporalités,* en 2005.

La vitesse de transport et de communication à distance est en soi un outil d'aménagement du territoire en ce sens qu'elle définit le champ des possibles en matière de franchissement de l'espace. La diffusion historique de la voiture s'est précisément construite sur des décisions politiques d'aménagement des périphéries au travers de schémas directeurs qui planifient la construction de routes et autorisent l'urbanisation de zones périphériques, accessibles uniquement en voiture. Ce faisant, ces décisions ont porté l'accessibilité des territoires éloignés de la ville, encouragé l'étalement urbain et largement contribué au développement des modes de vie

▶▶▶

suite

périurbains associés : aspiration à la maison individuelle, pratiques de loisirs et d'achats en zones périurbaines, installation de zones d'activités et donc d'emploi à la périphérie des villes, etc. Les choix de localisation des hypermarchés, des multiplexes de cinéma ou des plateformes logistiques selon une logique de maximisation des accessibilités routières au plan temporel sont une manière d'optimiser l'attractivité ou l'efficacité d'une activité économique en jouant avec l'espace. De la même manière, le développement des réseaux ferroviaires à grande vitesse sur le territoire français a entraîné des usages de la grande vitesse peu anticipés par les pouvoirs publics. C'est par exemple le cas de familles s'installant en zones rurales, à proximité des gares TGV qui leur permettent de conserver un emploi en région parisienne. Ces formes de néoruralisme induisent alors des pratiques de mobilités intensives liées au travail soit quotidiennes soit hebdomadaires selon les distances à parcourir.

S. Vincent-Geslin, E. Ravalet et V. Kaufmann « De nouveaux usages de la vitesse ? Réseaux, territoires et société », *Recherche, Transports, Sécurité* © IFSTTAR, 2015

B • Les conséquences de la concentration urbaine

1 • De nouveaux espaces

Du fait de l'accélération des modes de déplacement, la population se concentre dans des métropoles qui tendent à occuper des surfaces de plus en plus vastes. La possibilité d'aller plus loin plus rapidement, couplée avec la modification de la valeur des terrains, engendre un éloignement croissant du lieu de travail et du lieu de vie pour une partie de la population. L'impression que les distances sont négligeables si l'on dispose d'une voiture pousse certains ménages à privilégier le lieu de résidence plutôt que le lieu de travail.

La communauté scientifique distingue trois grandes catégories de mode de vie qui influencent les pratiques de mobilité autour de la combinaison entre inscription territoriale et niveau de vie en zone urbaine :

– Le mode de vie citadin caractérisé par une localisation résidentielle en centre-ville et un lieu de travail situé à proximité. Les modes de transports privilégiés sont les transports en commun ou les déplacements à pied et à vélo. Ce mode de vie est propre aux ménages sans enfants et aux personnes seules, plutôt jeunes.

– Le mode de vie rurbain (dit aussi « californien ») est associé à des familles avec enfants résidant dans le tissu périurbain qui ont largement et très souvent recours à la voiture, qu'elles possèdent en double souvent, pour se déplacer.

– Le dernier mode de vie est qualifié de métropolitain, car inscrit dans un réseau de villes qui nécessite d'avoir recours à des modes de transports rapides tels l'avion ou le TGV. Cette localisation résidentielle concerne davantage les ménages à hauts revenus que les autres.

Marie-Christine Zélem, « Vitesse, mobilités et étalement urbain : le cercle vicieux ? », *Cahiers de Global chance* n°26, 2009

2 • La création d'inégalités sociales

La politique du « tout automobile » a d'importantes conséquences économiques.

L'accession généralisée à la motorisation masque des différences d'équipement notables qui se traduisent par des pratiques de renouvellement et d'entretien également différenciées de la voiture. En effet, le mode d'équipement des ménages dépend de leur niveau de vie, mais aussi des positions différenciées que chacun occupe dans le cycle de vie. Les inégalités économiques et sociales habituelles ont donc un rôle considérable non seulement dans la distribution du parc automobile, mais aussi dans le rapport à l'automobile.

On distingue en fait deux sous-parcs tout à fait spécifiques, un sous-parc automobile vieux, peu entretenu, et un sous-parc automobile constitué de véhicules récents, plus régulièrement entretenus. Deux contextes sociologiques y contribuent : l'un réfère à l'influence du revenu et des conditions de vie, l'autre réfère au mode d'insertion professionnelle. L'âge et l'activité professionnelle jouent aussi un rôle important dans la fréquence d'utilisation des véhicules. Selon que l'on travaille ou pas, on observe également des différences d'attitudes vis-à-vis de l'automobile : les actifs tendent à posséder des véhicules en meilleur état de fonctionnement, qu'ils changent plus souvent et qu'ils font vérifier régulièrement. Les inactifs paraissent moins précautionneux, faute du budget adéquat, mais aussi du fait qu'ils roulent moins. Par ailleurs, les politiques d'aménagement du territoire et celles des transports ont des conséquences différentes selon les ménages. Si la voiture est un objet technique qui s'est fortement démocratisé, de fortes inégalités sociales apparaissent dans le mode et le taux d'équipement. Les ménages à faible revenu tendent en effet à résider dans les banlieues où le coût du logement est moindre. Or, plus on est vulnérable sur le plan financier, plus on habite dans des zones éloignées et mal desservies par les transports en commun.

Marie-Christine Zélem, « Vitesse, mobilités et étalement urbain : le cercle vicieux ? »,
Cahiers de Global chance n°26, 2009

Le coût engendré par la nécessité de disposer d'un véhicule pour accéder au travail, aux services, aux lieux de formation et de soins ainsi qu'aux loisirs est générateur de discrimination sociale.

Le développement croissant d'un mode d'insertion sociale par la connexité tend alors à placer de plus en plus de ménages sans automobile dans une situation dramatique. La voiture est devenue un instrument de mobilité tel que le fait de ne pas en posséder devient un facteur d'exclusion sociale. Et comme les moyens de transport conditionnent les accessibilités et les connexités, ils contribuent à de véritables coupures urbaines rendant certains réseaux inaccessibles. Ainsi, dépendants des infrastructures routières et des transports, nombre d'habitants restent captifs de l'offre.

Marie-Christine Zélem, « Vitesse, mobilités et étalement urbain : le cercle vicieux ? »,
Cahiers de Global chance n°26, 2009

3 • Un progrès paradoxal

Le sociologue Zahavi a cherché à évaluer les effets de l'accélération des moyens de transport sur la part de temps que nous consacrons aux transports et il est arrivé à une conclusion paradoxale.

L'approche technique et positive de la vitesse, en permettant d'améliorer l'efficacité moyenne des modes de transport, a conduit en fait à l'allongement des trajets : on parcourt aujourd'hui une distance journalière dix fois plus importante qu'il y a 50 ans. Ce paradoxe, qui rend compte des transformations de la mobilité, décrit sous le nom de conjoncture de Zahavi, se traduit par le fait que les gains temporels sur une même distance ne s'accompagnent pas d'une diminution des déplacements, mais d'un allongement des déplacements. On parle de « la loi de constance des budgets-temps de transports ». L'accessibilité primant sur les enjeux de proximité, l'accroissement des vitesses a pour conséquence directe une augmentation des distances parcourues, qui met en cause de fait l'idée de densifier les villes. *A contrario*, cela autorise le processus d'extension périurbaine et l'installation toujours plus loin des lieux de travail et de consommation.

Si le processus d'hypermobilité que nous venons de décrire se poursuit et si l'on continue de faire le pari d'une plus grande sophistication des technologies pour résoudre les problèmes actuels d'encombrement et de concentration des pollutions, on court le risque de créer davantage de problèmes qu'on n'en résout. En effet développer des moteurs moins polluants, donc plus éco-performants, constitue une autorisation à privilégier des modes de déplacements particulièrement polluants, tout en déculpabilisant vis-à-vis des impacts sur le climat. Les ménages vont de fait tendre à accepter plus facilement de vivre en dehors des centres urbains, contribuant ainsi à cet étalement de l'habitat qui porte préjudice à l'environnement. Et si, parallèlement, se développe la société virtuelle (la multiplication des télécommunications, le télétravail…), cela risque fort de renforcer ce schéma de décentralisation et, par contrecoup, de faire progresser les transports longue distance et le recours au transport aérien.

Marie-Christine Zélem, « Vitesse, mobilités et étalement urbain : le cercle vicieux ? »,
Cahiers de Global chance n°26, 2009

4 • Les migrations transcontinentales

L'accélération des modes de déplacement a facilité également un phénomène connu depuis la fin de l'Antiquité qui s'est accru au XIXe siècle du fait de la constitution d'empires coloniaux et des difficultés sociales inhérentes à la Révolution industrielle. Au début du XXe siècle, les poètes voyageurs comme Guillaume Apollinaire et Blaise Cendrars évoquent les cortèges pathétiques des émigrants économiques vers les Amériques.

Guillaume Apollinaire, *Alcools* (1913)

Extrait du poème « Zone »

Tu regardes les yeux pleins de larmes ces pauvres émigrants
Ils croient en Dieu ils prient les femmes allaitent des enfants
Ils emplissent de leur odeur le hall de la gare Saint-Lazare
Ils ont foi dans leur étoile comme les rois-mages
Ils espèrent gagner de l'argent dans l'Argentine
Et revenir dans leur pays après avoir fait fortune
Une famille transporte un édredon rouge comme vous transportez votre cœur
Cet édredon et nos rêves sont aussi irréels
Quelques-uns de ces émigrants restent ici et se logent
Rue des Rosiers ou rue des Écouffes dans des bouges
Je les ai vus souvent le soir ils prennent l'air dans la rue
Et se déplacent rarement comme les pièces aux échecs
Il y a surtout des Juifs leurs femmes portent perruque
Elles restent assises exsangues au fond des boutiques

Guillaume Apollinaire, « Zone », *Alcools*, 1913

Aujourd'hui, les flux sont orientés différemment et dans un sens méconnu du grand public, comme le souligne le démographe François Héran.

Interview de François Héran

On a tendance à penser les migrations comme un phénomène Sud-Nord, des pays émergents vers les pays développés. Est-ce justifié ?

Là encore, les chiffres vont à l'encontre des idées reçues. Il y a dans le monde 253 millions de migrants, moins de 4 % de la population mondiale. 141 millions vivent dans les pays du Nord (Europe, Canada, États- Unis, Australie, Nouvelle-Zélande, Japon) et 112 millions dans ceux du Sud (le reste du monde). Bien sûr, les migrations du Sud vers le Nord sont importantes : 84 millions de personnes. Mais les migrations Nord-Nord aussi, avec 57 millions, avant tout au sein de l'Union européenne. Et, surtout, on recense 100 millions de migrants Sud-Sud. L'Afrique migre peu vers d'autres continents : seuls 10 millions d'Africains vivent en Europe. À l'exception du Maghreb, dont les citoyens qui s'expatrient choisissent l'Europe à 88 %, c'est la migration à courte distance qui prédomine au cœur du continent. Sur les 29,3 millions de migrants subsahariens, 10 restent en Afrique subsaharienne.

Interview de François Héran, « Les données sur les migrations contredisent les idées reçues », *La Recherche* n°544, février 2019

5 • Le cosmopolitisme et la mondialisation

Enfin, la réduction du temps nécessaire pour accéder à des lieux très éloignés génère une intensification des déplacements utilitaires et de loisirs qui créent un brassage des cultures et des populations propre à l'élaboration d'une « culture-monde ».

Une illustration du télescopage des échelles

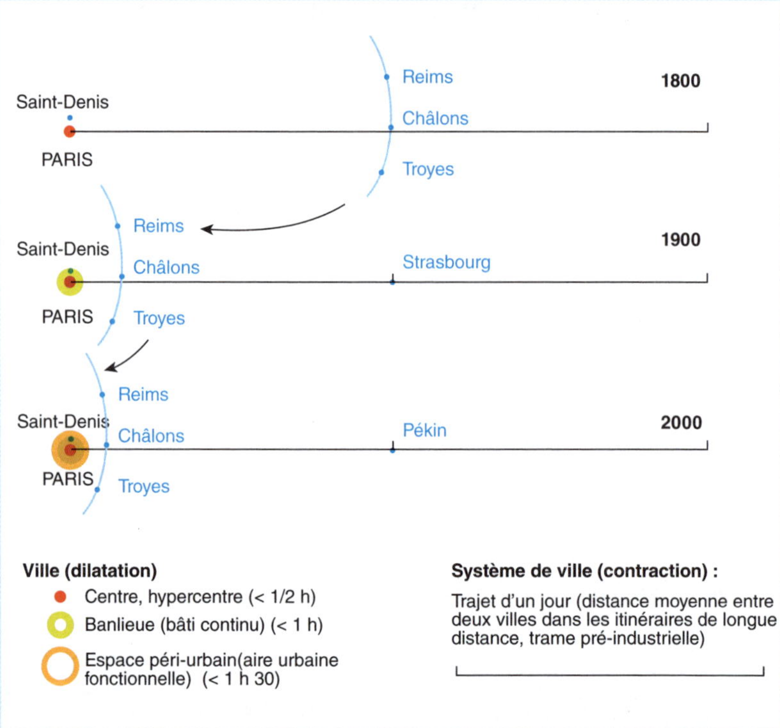

Anne Bretagnolle, « Les villes dans l'espace-temps : vitesse des communications et structuration des territoires à l'échelle intra et interurbaine », *Échelles et temporalités* © éditions Atlande, 2005

C • La vitesse dans l'organisation sociale

1 • Vertu du dynamisme

Aujourd'hui, c'est la rapidité qui est valorisée. Elle est associée à l'exaltation des caractéristiques de la jeunesse, l'efficience, l'énergie compétitive. Elle fait bon ménage avec la prise de décision rapide et l'audace d'entreprendre, propres au capitalisme.
Rafik Smati, dans *Éloge de la vitesse, la revanche de la génération texto* (2011), voit dans l'accélération, et la pratique du zapping qui l'accompagne, un moyen de dynamiser la créativité et de faciliter la saisie des opportunités, à condition toutefois de se ménager des jours sans contact pour réfléchir.

2 • Investissements irrationnels

Cependant, la rapidité suscite aussi des critiques : l'urgence pousse aux investissements affectifs et non rationnels comme le montrent des sociologues belges à propos des actions humanitaires et de la recherche fondamentale.

L'exemple le plus significatif donné est celui, dans le cadre du développement, du décalage entre l'action des « humanitaires » et leur côté spectaculaire, et le développement structurel à long terme. Il a été remarqué qu'un milliard de francs belges ont ainsi été ramassés en une soirée pour le Kosovo, alors que le CNCD ne recueille que 30 millions de francs belges en une année. L'humanitaire affectif semble prendre le pas sur un développement réfléchi. Le point discuté le plus sensible est celui de la rentabilité immédiate d'une recherche appliquée face à la rentabilité aléatoire d'une recherche fondamentale. Or, la recherche fondamentale permet le développement de l'imagination qui ouvrirait des solutions non visibles à première vue. Toutefois, l'un des participants, reconnaissant jouer l'avocat du diable, rappelle que le formidable développement de la recherche fondamentale a été lié à une croissance économique facile. On est accoutumé à la recherche fondamentale, alors qu'aujourd'hui, l'état de crise change les données.

Joël Van Cauter et Nicolas de Rauglaudre, *Apprivoiser le temps* © éditions Charles Léopold Mayer, 2003

3 • Décisions économiques catastrophiques

Le sociologue Jean Ollivro s'inquiète de ce qu'on rende l'urgence responsable de décisions économiques dramatiques sur le plan environnemental comme l'abandon brutal de l'exploitation des mines au milieu du XXe siècle. Il a déstructuré des territoires, abandonné des espaces menacés d'effondrement et gravement pollués.

De la même façon, l'aménagement et l'artificialisation des littoraux entraînent des dégâts irréversibles car on oublie précisément le rythme très spécifique de ces zones fragiles. Des aménagements réalisés dans l'urgence détruisent définitivement des équilibres qui se sont parfois instaurés sur des milliers ou des millions d'années. La banalisation des pratiques et des objets (matériaux de construction notamment) tend à gommer les particularismes en privilégiant pour plus de « rapidité »et « d'efficacité » des logiques d'aménagement et de développement standards.

Jean Ollivro, *Quand la vitesse change le monde* © éditions Apogée, 2006

4 • Perversion de l'action politique

La politique est loin d'être étrangère au phénomène de l'accélération.

La question de l'accélération ou de la décélération est profondément politique. À l'origine, le conservatisme est méfiant à l'égard de l'accélération tandis que le progressisme est plutôt accélérationniste. Or, depuis quelques décennies, on perçoit une inversion avec un conservatisme accélérationniste en faveur d'une libéralisation socio-économique et technologique et un progressisme qui n'est plus mu par l'idéologie du progrès technique et social, mais qui peut l'être davantage par une attention aux

►►►

suite

questions environnementales et une visée décroissantiste qui est décélérationniste. Cette inversion du marqueur temporel de la politique illustre la désynchronisation entre la sphère de la politique et les sphères techno-économiques de la société.

Nathanaël Wallenhorst, « Vitesse et politique : accélérer ou décélérer ? »,
Raisons politiques n°64 © Presses de Sciences Po, 2016

L'accélération pose des problèmes dont la résolution précipitée par les pouvoirs politiques engendre des catastrophes, comme le déclare William Scheuerman au cours d'une interview sur son ouvrage *High-Speed Society : Social Acceleration, Power and Modernity*.

C'est bien au carrefour de l'accélération des tempos et de la désarticulation des rythmes que se situe la question sur laquelle se concentre mon ouvrage : si notre système politique est en train de basculer du côté d'un exécutif qui gouverne par décrets d'urgence et par mesures exceptionnelles, c'est largement parce que la grande vitesse qui régit nos changements sociaux génère une gamme croissante de dilemmes sociopolitiques qui sont, de fait, nouveaux et « exceptionnels ». La société à grande vitesse met donc en pleine lumière les problèmes de nouveauté et d'irrégularité à un degré incomparable avec ce qui caractérisait les sociétés antérieures à cette accélération. On pourrait vraiment parler ici de *régime d'accélération*, pour désigner ce qui se met en place sur le plan politique.

[...]

Sans vouloir paraître arrogant, il me semble que l'effondrement financier de 2008 a confirmé les pires dangers annoncés dans mon livre. D'abord, l'effondrement financier lui-même ne s'est pas seulement déroulé selon une temporalité extrêmement rapide, il a été précipité par les technologies informatiques utilisées par les opérateurs boursiers. Dans ce domaine, les effets d'accélération dépassent aujourd'hui complètement les capacités de réaction des traders et des banquiers, même des plus « rapides » d'entre eux. On a passé ici dans des tempos et des rythmes qui sont proprement post-humains. Les journalistes emploient aujourd'hui des mots comme *flash crash* pour décrire ces court-circuitages rythmiques, causés par le fait d'employer des procédures informatiques automatisées pour faire le travail habituel des traders humains. Cela me semble révélateur parce que cela témoigne d'une accélération radicale des processus économiques, aux conséquences potentiellement énormes.

Par ailleurs, comme ce que je dénonçais, les gouvernements de tous les pays ont répondu à l'effondrement soudain de l'économie en se tournant vers la branche qui est habituellement - mais de façon erronée - associée à la vitesse : l'exécutif. Aux USA, par exemple, la proposition originale du Président G. W. Bush de renflouer les grosses banques prévoyait de placer une autorité quasiment dictatoriale, échappant à tout contrôle, dans les mains du Trésor et de l'exécutif. C'est seulement à la suite d'une levée de bouclier de la

►►►

suite

part du Congrès que le Président a dû faire partiellement machine arrière et consentir à quelques limitations légales sur l'énorme pouvoir discrétionnaire accordé à certains départements. Malheureusement, la crise a confirmé ce que je dénonçais : le capitalisme à grande vitesse intensifie fortement des tendances autoritaires dans nos régimes actuels, en augmentant considérablement le pouvoir discrétionnaire de l'exécutif, ce qui pose une menace profonde à la démocratie.

William Scheuerman, « Les nouveaux rythmes de la politique dans les sociétés à grande vitesse », traduit par Yves Citton © *Multitudes*, 2011

D • L'impact écologique de la vitesse

1 • Les transports à grande vitesse

Des associations de protection de l'environnement se sont mobilisées contre les projets de lignes à grande vitesse votés par le conseil régional de la Nouvelle Aquitaine pour les raisons suivantes :

En premier lieu, il y a la nature même de toute LGV qui est conçue pour relier uniquement les grands centres urbains au détriment des villes petites et moyennes situées sur l'itinéraire. Plus précisément, pour le milieu rural, c'est une véritable catastrophe car il n'y a aucun échangeur prévu comme pour les autoroutes. Des villages, des hameaux et des familles seront dorénavant « enclavés » et isolés les uns des autres, sans compter l'impact écologique de ces nouvelles infrastructures linéaires qui ne fera alors que s'ajouter à celui représenté par les autoroutes existantes. Quel que soit le tracé adopté, ce seront de nouveaux espaces naturels et de nouvelles terres agricoles qui vont être sacrifiées une fois de plus sur l'autel du « développement » en dépit des fameux engagements de Grenelle. Faut-il le rappeler ? La LGV comme l'autoroute assèche le milieu rural et exclut les villes et les régions laissées pour compte du « progrès » et qui en plus sont appelées à financer le projet !

[...]

Par ailleurs, les miracles économiques attendus par les villes desservies par le TGV n'ont guère été au rendez-vous. Il suffit pour cela de comparer Bordeaux avec Toulouse qui est une ville très dynamique sur le plan économique par rapport à la première, bien qu'elle soit aujourd'hui à cinq heures de Paris dans la meilleure des hypothèses. Au terme de cette analyse, s'il est incontestable qu'une priorité absolue doit être donnée au rail par rapport à la route et à la voie aérienne pour des motifs d'ordre écologique et social, il n'apparaît pas du tout souhaitable pour la collectivité de donner la priorité à la grande vitesse au détriment du réseau ferroviaire restant, compte tenu des coûts financiers et environnementaux entraînés par la création de ces voies nouvelles.

Mieux vaudrait se contenter d'utiliser les voies existantes en les modernisant, même si cela fait perdre une heure tout les cinq cents kilomètres. Cela est aujourd'hui d'autant plus vrai que les fameux TGV-pendulaires prévus pour la ligne POLT et abandonnés depuis, constituent une réponse technique

►►►

suite

crédible pour des gains de temps raisonnables. Et par-delà les questions posées par ce dossier, il faudra également bien qu'un jour, contraint et forcé, l'homme moderne accepte de voir sa vitesse et sa mobilité limitées, du moins s'il veut encore vivre dans un monde à l'échelle humaine et tenir compte de l'épuisement des ressources naturelles de la planète ! De ce point de vue-là, le grand chantier des LGV devrait être notre dernière vache sacrée à sacrifier sur l'autel d'un vrai progrès.

Simon Charbonneau, « La croissance des TGV n'est pas écologique », *Reporterre, le quotidien de l'écologie*, 24 juillet 2010

2 • La circulation routière

Moment clé de la politique des transports en France venant à la suite de la loi sur l'air et l'usage rationnel de l'énergie (LAURE, 1996) et de la loi solidarité et renouvellement urbain (SRU, décembre 2000), le «Grenelle» a consacré l'objectif du report modal. Pourtant, en comparant la situation de 2015 aux ambitions « transport » du Grenelle de l'environnement, nous sommes loin du compte.

[...]

Le report modal des marchandises de la route vers la voie ferrée et la voie d'eau n'a pas eu lieu. Un plan fret était lancé en 2009, doté de près de 900 millions d'euros de subventions, pour que la part modale de ces deux modes réunis augmente de 22 %. Mais malgré un petit rebond en 2013-2014, le trafic ferroviaire de fret reste de 40 % inférieur à ce qu'il était en 2000.

Pour encourager le report, une taxe poids lourd, « l'écotaxe », devait être instituée sur plus de 15 000 km de routes nationales et départementales, les plus fréquentées par les camions. Ce projet a été abandonné en 2014.

L'acquisition de véhicules électriques ou hybrides était encouragée par des subventions, et des bornes de recharge devaient être rapidement installées sur le territoire. Mais malgré les subventions à l'achat de tels véhicules, les ventes ne dépassent guère 1 % de part de marché.

Les projets du Grenelle ont souffert d'une obsolescence accélérée. Cela ne laisse pas présager d'un grand succès pour la loi sur la transition écologique et énergétique qui lui a succédé. Elle manque d'ambition sur les questions de mobilité à l'exception notable de l'instauration d'une taxe carbone sur les carburants, et du rapprochement progressif des taxes entre essence et diesel. Cela ne signifie pas pour autant que la France soit un mauvais élève en matière d'environnement. Nous sommes plutôt exemplaires du fait des faibles émissions de CO_2 par habitant que permet l'importance de l'énergie nucléaire. Un Français émet chaque année un peu plus de 5 tonnes de CO_2 contre 8,9 pour un Allemand et 17 pour un résident des États-Unis. Dans cet ensemble, le transport représente 39 % des émissions de CO_2 et 29 % de l'ensemble des émissions de gaz (dont le méthane) lesquels proviennent essentiellement du transport routier.

Yves Crozet, « 60 ans de démocratisation de la vitesse : d'un changement d'époque à l'autre », *Transports, infrastructures & mobilités* © EMH éditions, 2016

3 • Le numérique

L'accélération du transfert d'information entraîne la consommation de quantités considérables d'énergie et une très importante pollution.

Les smartphones, tablettes et autres objets connectés auront certainement trouvé une place de choix au pied du sapin. Ils représentent à ce jour entre 6 et 10 % de la consommation électrique mondiale, et près de 3 % de la consommation finale mondiale d'énergie. S'il était un pays, le numérique se classerait au troisième rang des nations les plus consommatrices d'électricité, derrière la Chine et les États-Unis, et devant l'Inde ! Il est responsable de près de 4 % des émissions mondiales de gaz à effet de serre, soit le double de celles de l'aviation civile. À l'heure où la consommation d'énergie doit être réduite et décarbonée pour limiter le réchauffement climatique, la tendance observée pour ce secteur est inverse. Sa part dans la consommation mondiale d'énergie pourrait augmenter de 70 % entre 2013 et 2020 si les tendances actuelles se poursuivent, et ses émissions doubler d'ici à 2025. C'est 4 milliards de smartphones qui sont actuellement en circulation, avec un taux de renouvellement inférieur à deux ans, en particulier dans les pays développés, où ils sont remplacés par des terminaux de plus en plus élaborés. Cela se traduit par une consommation d'énergie accrue, tant lors de l'utilisation que lors du processus de production. Cette tendance est d'autant plus problématique que 90 % de la consommation d'énergie associée a lieu lors de leur fabrication. Cette étape implique l'extraction de métaux comme le cobalt ou l'indium, processus très énergivore et polluant. Ces métaux étant aussi utilisés par les nouvelles technologies de l'énergie, leur consommation totale augmente rapidement. La demande de ces matériaux dits « critiques », du fait de leur importance pour nos systèmes économiques, devrait doubler dans les huit à quinze ans. Notre dépendance vis-à-vis d'eux pose également des problèmes de souveraineté : moins de 3 % sont produits en Europe. La Chine, qui pose de fortes restrictions aux exportations, en est l'un des principaux producteurs. D'autres, comme la République démocratique du Congo, sont instables et leurs mines souvent aux mains de mercenaires sanguinaires. Par ailleurs, le recyclage de ces métaux est très complexe, du fait de leur mélange au sein des composants et de la miniaturisation des objets. Il concerne par exemple moins de 1 % de l'indium, utilisé pour les écrans.

De fait, susciter le besoin de nouveaux bijoux high-tech est loin de correspondre au mode de vie qu'il convient d'adopter pour limiter l'ampleur des chocs énergétiques et environnementaux à venir. D'autant que, parmi les autres présents que nous avons reçus à Noël, il y avait sûrement des vêtements et des équipements électroménagers, dont l'empreinte environnementale n'est pas négligeable. Cela incite à interroger nos besoins, nos pratiques et nos conventions sociales. Ce qui nous fait plaisir, nos attentes réciproques reposent encore trop largement sur l'exploitation de ressources épuisables. Nous avons un travail individuel et collectif à réaliser pour dépasser ces tabous et transformer nos pratiques sociales. Les rires partagés, les sourires échangés, n'est-ce pas ce que nous chérirons le plus, de manière durable ? Il est temps de reconnaître l'essentiel.

Marie Dégremont, « Éloge de la sobriété numérique », *La Recherche* n°543, janvier 2019

Chapitre 5

Impact de la vitesse sur l'art et les valeurs

A • Les arts de la représentation

1 • Incidence du train sur les images artistiques

Les artistes ont été sensibles aux modifications des impressions sensorielles créées par la vitesse des trains, comme le montrent les témoignages littéraires de Nerval ou de Hugo (voir chapitre 2, p. 27) ou les œuvres picturales comme celle de Turner (voir chapitre 2, tableau de Turner, p. 27) ou plus récemment les expériences photographiques de Bernard Plossu.

Bernard Plossu, *Train de Lumière* (2000)

© Bernard Plossu

Les Impressionnistes s'intéressent aux moyens de transport modernes et représentent la gare Saint-Lazare ou le pont ferroviaire qui la surplombe.

– *La Gare Saint-Lazare* de Monet :
https://www.musee-orsay.fr/fr/collections/oeuvres-commentees/recherche/commentaire_id/la-gare-saint-lazare-7080.html?no_cache=1

– *Le Pont de l'Europe*, Caillebotte :
https://www.baudelet.net/val-yerres/gustave-caillebotte/pont-de-l-europe.htm

Ils utilisent le train pour se déplacer en forêt de Fontainebleau, sur les bords de la Marne ou de la Seine, en Normandie ou en Provence ; ils inventent ainsi une nouvelle façon de traiter les paysages ou les scènes de genre comme les parties de canotage.

2 • Intérêt pour la représentation du mouvement

La rapidité de la prise de vue photographique a concurrencé la peinture mais a permis aux artistes de mieux comprendre le mouvement comme le galop du cheval, auparavant difficile à représenter. Géricault, grand amateur de chevaux, s'y était efforcé dans son tableau *Course de chevaux* dit *Le Derby de 1821 à Epsom* (1821) :
https://petitegalerie.louvre.fr/oeuvre/course-de-chevaux-dite-le-derby-de-1821-a-epsom

Les expériences de chronophotographie du Français Marey, perfectionnée par Eadweard Muybridge à l'aide d'une série d'appareils déclenchés par le fil que casse le cheval en passant, ont permis de percevoir la décomposition du mouvement, trop rapide pour être perceptible à l'œil nu.

Eadweard Muybridge, *Cheval au galop* (1887)

Musée d'Orsay

© NGA Images

De nombreux peintres dès lors firent du mouvement leur sujet, comme Marcel Duchamp avec son *Nu descendant un escalier* (1912) ou les futuristes italiens tels Balla ou Boccioni pour qui la vitesse était le symbole d'une modernité qui les enthousiasmait, tout comme les poètes qui leur étaient contemporains, Apollinaire, Larbaud, Cendrars. Marinetti exposa leurs objectifs dans un Manifeste célèbre :

- Giacomo Balla, *Speed of a Motorcycle :* https ://rock-cafe.info/suggest/giacomo-balla-speed-of-a-motorcycle-676961636f6d6f.html
- Les futuristes italiens : http://www.artiste.org/mouvements/futurisme/

Si le Manifeste du futurisme désignait la machine comme symbole par excellence de modernité, il mythifiait les engins de transport rapide : train, bateau et surtout automobile. Pour leur part, les manifestes picturaux préfèrent évoquer le mouvement et son concept, la vitesse. Immergé dans cette dimension, l'homme trouve un accord avec le « dynamisme universel », car « tout bouge, tout court, tout se transforme rapidement ». À partir de cela, on peut analyser deux sortes d'images contiguës. Les unes de type rétinien, dues à la persistance des images : « un cheval au galop n'a pas quatre pattes, mais vingt » (*Le Cavalier rouge*, Carrà, 1912). D'autres, plus abstraites, liées à l'expérience bergsonienne de la durée, intègrent des images fragmentaires inscrites plus ou moins profondément dans le souvenir ; elles assumeront un rôle essentiel dans le procès évolutif du futurisme.

[...]

Les manifestes suscitent rapidement des intérêts nouveaux. L'automobile donne naissance chez Balla et Boccioni à des séries ; mais rien de ce qui paraît propice à l'évocation de la vitesse - train, fiacre, tram, cheval, l'homme lui-même - n'est abandonné. La fureur des émeutes (*Les Funérailles de l'anarchiste Galli*, Carrà, 1911) ou plus prosaïquement des échauffourées (*Rixe dans la galerie*, Boccioni, 1910) permet de conjuguer violence et mouvement.

C. Frontisi, C. Kastler et J-L. Comolli, article « Futurisme » © *Encyclopædia Universalis*, 2017

La rapidité des mouvements de caméra au cinéma, qui s'imposa vite comme le nouveau moyen d'expression incontournable, influença beaucoup la bande dessinée pour les techniques de représentation du mouvement, comme on le voit dans *Astérix aux jeux Olympiques* d'Uderzo et Goscinny.

René Goscinny et Albert Uderzo,
***Astérix aux jeux Olympiques* (1968)**

3 • La vitesse au cinéma,

Le cinéma est issu du désir de faire défiler les images de façon plus fluide que ne le permettaient les systèmes mis au point au XIXe siècle comme la lanterne magique. Déjà art du mouvement, il peut faire sentir la tension représentée par la vitesse avec les cavalcades du western, courses-poursuites en voiture dans les films policiers d'espionnage ou d'aventure. Les techniques d'effets spéciaux permettent aujourd'hui d'accélérer considérablement les images des films d'animation ou des films d'action. L'automobile y tient une place privilégiée ou peut même y jouer un rôle central, comme dans le cas des road-movies ou du film *Mad Max*.

Le premier *Mad Max*, sorti dans son pays en 1979, trouve son origine dans le culte que l'Australie voue à l'automobile. Dans ses entretiens (voir *Positif* n° 298, décembre 1989), Miller a fait le rapprochement entre l'importance de la voiture en Australie et celle des armes à feu aux États-Unis. L'autre élément

►►►

suite

fondateur est la sensation de vertige qui s'est emparée de lui alors que, jeune médecin urgentiste, il voyait défiler dans son cabinet une interminable cohorte de blessés de la route. Qu'aurait-il ressenti s'il avait retrouvé des proches parmi ces victimes ? Il tenait là un embryon de personnage. En faire plutôt un flic lui donnait la possibilité de réagir, le droit de combattre le mal incarné par les hordes hurlantes de chauffards assoiffés de sang, de sexe et de vitesse. Dès lors s'imposait à l'apprenti cinéaste, qui n'avait encore réalisé que des courts métrages amateurs, le style d'un film sans cesse en mouvement qui opposerait un justicier de la route à un gang de meurtriers.

Et la science-fiction dans tout cela ? Miller a très vite compris que son propos était « trop exagéré » pour entrer dans un cadre contemporain. D'où l'idée de situer l'action « quelques années dans le futur ». Cet affranchissement de la réalité immédiate avait en outre pour avantage de styliser l'univers en vidant les routes et bourgades traversées de l'essentiel de leur population. [...]

Depuis le début, Max est associé à son mythique bolide V8 (qu'il doit combattre dans *Fury Road* une fois que l'ennemi l'a récupéré), comme ses opposants font corps avec leurs véhicules. Mais ces bolides sont devenus avec le temps de plus en plus délirants. Héritiers du Ballard de *Crash* et du cinéma de Cronenberg, ils inventent notre futur dans d'improbables unions des corps et des machines célébrés dans de monstrueuses parades tonitruantes. Pour Miller qui dessine voire peint tous ses films avant de les tourner, l'histoire doit d'abord se raconter avec des images. Jusque dans la souplesse des corps tendus, fléchis et asservis par l'action, s'impose une volonté de retrouver la pureté cinétique du cinéma muet, les poursuites du burlesque, le télescopage des images dans un montage que n'auraient renié ni Eisenstein ni Abel Gance. S'y ajoute un travail formidable sur le son (dès le soin particulier accordé au mixage du premier film), à l'exclusion de la parole, perçue comme un frein ou une redite de l'action. Ce mutisme convient autant à l'imagerie romantique du justicier solitaire qu'à la dynamique de films en mouvement où les cris, borborygmes et mugissements divers des assaillants se mêlent aux pétarades de leurs moteurs. Même si les films sont accompagnés d'une partition symphonique, c'est l'esprit heavy métal qui les anime, au point que le titre provisoire du premier volet était *Heavy Metal*. Dans *Fury Road*, le Doof Warrior, guerrier harnaché sur un char équipé d'amplis gigantesques, est armé d'une guitare électrique à double manche qui fait aussi office de lance-flammes.

Quel autre blockbuster propose une imagerie aussi folle ? En passant de la production artisanale du premier *Mad Max* aux millions de dollars de *Fury Road*, Miller n'a rien lâché. Ni son identité australienne ni cet esprit de la série B qui a forgé sa cinéphilie dans son enfance et qui fait souffler sur ses joutes automobiles une frénésie dont trop peu de productions peuvent s'enorgueillir. Or cette fureur de (sur)vivre est ce qui caractérise sa vision du futur. Un monde mouvant en équilibre sur les ruines de son passé où tout reste possible car tout est à reconstruire.

Philippe Rouyer, « Vertige de la vitesse, vestige de la civilisation : éloge de *Mad Max* en quatre films » © *Positif* n°658, décembre 2015

4 • Nouvelle définition de l'objet artistique

Le temps de réalisation et la rareté n'étant plus un critère définissant une image artistique, les artistes du *Pop Art* ou Nouveaux Réalistes, se servirent d'objets tout faits, de procédés rapides comme la compression industrielle ou l'impression d'images pour créer des œuvres. Il en résulta une modification profonde de l'esprit de la création artistique.

La représentation de la vitesse pure est aussi possible désormais grâce à l'informatique : Fraction et Maotik, artiste digital inspiré par l'essayiste Paul Virilio ont créé avec « Dromos » une œuvre immersive qui donne la sensation de l'accélération jusqu'à la catastrophe.
www.maotik.com/dromos1

B • La vitesse et la littérature

1 • L'automobile, thème littéraire

À ses débuts, considérée comme un sport de riches qui écrasent sans vergogne tout ce qui se trouve sur leur passage, l'automobile suscite la verve de pamphlétaires. Ainsi, Octave Mirbeau décrit l'exaltation du conducteur puis le cynisme avec lequel il réagit à l'accident mortel qu'il a créé.

Eh bien, quand je suis en automobile, entraîné par la vitesse, gagné par le vertige, tous ces sentiments humanitaires s'oblitèrent. Peu à peu, je sens remuer en moi d'obscurs ferments de haine, je sens remuer, s'aigrir et monter en moi les lourds levains d'un stupide orgueil... C'est comme une détestable ivresse qui m'envahit... La chétive unité humaine que je suis disparaît pour faire place à une sorte d'être prodigieux, en qui s'incarnent - ah ! ne riez pas, je vous en supplie - la Splendeur et la Force de l'Élément. J'ai noté, plusieurs fois, au cours de ces pages, les manifestations de cette mégalomanie cosmogonique.

Alors, étant l'Élément, étant le Vent, la Tempête, étant la Foudre, vous devez concevoir avec quel mépris, du haut de mon automobile, je considère l'humanité... que dis-je ? l'Univers soumis à ma Toute-Puissance ? Pauvre Élément d'ailleurs, à qui il suffit d'une petite charrette en travers du chemin, pour qu'il s'arrête, désarmé et penaud... Pauvre Toute-Puissance qu'une pierre sur la route fait culbuter dans le fossé !

Il n'importe... il n'importe.

Puisque je suis l'Élément, je n'admets pas, je ne peux pas admettre que le moindre obstacle se dresse devant le caprice de mes évolutions. Non seulement, il n'est pas de la dignité d'un élément qu'il s'arrête, s'il ne le veut pas, mais il est absolument dérisoire et inconvenant qu'une vache, un paysan qui se rend au marché, un charretier qui va livrer à la ville des sacs de farine ou de charbon, que tous ces gens qui accomplissent de basses besognes quotidiennes, l'obligent de ralentir sa marche invincible et dominatrice.

- Rangez-vous... Rangez-vous... C'est l'Élément qui passe !

Et non seulement je suis l'Élément, m'affirme l'Automobile-Club, c'est-à-dire la belle Force aveugle et brutale qui ravage et détruit, mais je suis aussi le Progrès,

▶▶▶

suite

me suggère le Touring-Club, c'est-à-dire la Force organisatrice et conquérante qui, entre autres bienfaits civilisateurs, ripolinise les pensions de famille, perdues au fond des montagnes, et distribue des cabinets à l'anglaise, avec la manière de s'en servir, dans les petits hôtels des provinces les plus reculées.

– Place donc au Progrès !... Place ! Place !

[...]

– Ne vous désolez pas, ma brave femme. Sans doute, ce qui arrive est fâcheux, et, peut-être, eût-il mieux valu que je n'eusse pas tué votre enfant... Je compatis donc à votre douleur... J'y ai d'ailleurs quelque mérite, car, étant assuré, l'aventure, pour moi, est sans importance et sans dommage... Réfléchissez, ma brave femme. Un progrès ne s'établit jamais dans le monde, sans qu'il en coûte quelques vies humaines... Voyez les chemins de fer, les sous-marins... je pourrais vous citer des exemples encore plus concluants... Parlons de ce qui nous occupe... Il est bien évident, n'est-ce pas ?... que l'automobilisme est un progrès, peut-être le plus grand progrès de ces temps admirables... Alors, élevez votre âme au-dessus de ces vulgaires contingences. S'il a tué votre fille, dites-vous que l'automobilisme fait vivre, rien qu'en France, deux cent mille ouvriers... deux cent mille ouvriers, entendez- vous ?... Et l'avenir ?... Songez à l'avenir, ma brave femme ! Bientôt s'établiront partout des transports en commun. Vous verrez des petits pays, aujourd'hui isolés, sans la moindre communication, reliés, demain, à tous les centres d'activité... Vous verrez se produire de nouveaux échanges, surgir de nouvelles sources de richesses, toute une vie inconnue, inespérée, ranimer des régions mortes... Dites-vous bien que votre fille s'est sacrifiée pour cela... que c'est une martyre... une martyre du progrès... Et vous serez tout de suite consolée... Maintenant, je vais prendre votre nom et votre adresse... Dès ce soir, j'écrirai à ma Compagnie d'assurances. C'est une excellente Compagnie... Elle vous offrira une petite indemnité... une indemnité, en rapport, bien entendu, avec votre situation sociale, qui me paraît plutôt médiocre... Enfin, soyez tranquille, elle fera les choses convenablement... Le plus à plaindre, c'est moi... Regardez ma voiture... Il va falloir que je prenne le chemin de fer, pour rentrer à Paris, ce qui est toujours pénible, pour un véritable automobiliste, comme je suis... Moi aussi je m'en console, en me disant que je travaille pour le progrès, et pour le bonheur universel... Adieu !

Je ne voulus pas infliger à un si parfait chauffeur l'humiliation de rentrer à Paris en chemin de fer. Je lui offris une place dans ma voiture.

Et, comme la mère, toujours penchée sur le cadavre de son enfant, continuait de sangloter :

– Ah ! me dit, tristement, cet éminent collègue, en s'installant, près de moi, le plus confortablement possible... nous aurons bien de la peine à inculquer la véritable notion du progrès... à ces pauvres gens-là... Ils ont la tê...

Il n'acheva pas sa phrase, qui devait se compléter ainsi : « Ils ont la tête trop dure ! » Peut-être, craignit-il que la petite paysanne, étendue sur la route, ne lui donnât un trop facile démenti...

Il était temps que je partisse... Depuis que je sentais le sol, sous mes pieds, mes idées d'automobiliste se brouillaient... Et déjà je commençais à me demander, non sans quelque terreur, si, réellement, j'étais bien le Progrès et le Bonheur.

Octave Mirbeau, *La 628-E8*, 1907

Aujourd'hui, l'écrivain James Graham Ballard explore dans *Crash !* (1973) la fascination perverse que suscitent les accidents de la route.

2 • Le sens du goût de la vitesse

Françoise Sagan analyse ce que révèle la recherche du risque lié à la vitesse.

Mais là, nous nous éloignons du plaisir, c'est- à-dire de la vitesse considérée comme un plaisir, ce qui est finalement la meilleure définition. Disons-le tout de suite comme Morand, comme Proust, comme Dumas, ce n'est pas un plaisir trouble, ni diffus, ni honteux. C'est un plaisir précis, exultant et presque serein d'aller trop vite, au-dessus de la sécurité d'une voiture et de la route qu'elle parcourt, au-dessus de sa tenue au sol, au-dessus de ses propres réflexes, peut- être. Et disons aussi que ce n'est pas, justement, une sorte de gageure avec soi-même dont il s'agit, ni d'un défi imbécile à son propre talent, ce n'est pas un championnat entre soi et soi, ce n'est pas une victoire sur un handicap personnel, c'est plutôt une sorte de pari allègre entre la chance pure et soi-même. Quand on va vite, il y a un moment où tout se met à flotter dans cette pirogue de fer où l'on atteint le haut de la lame, le haut de la vague, et où l'on espère retomber du bon côté grâce au courant plus que grâce à son adresse. Le goût de la vitesse n'a rien à voir avec le sport. De même qu'elle rejoint le jeu, le hasard, la vitesse rejoint le bonheur de vivre et, par conséquent, le confus espoir de mourir qui traîne toujours dans ledit bonheur de vivre. C'est là tout ce que je crois vrai, finalement : la vitesse n'est ni un signe, ni une preuve, ni une provocation, ni un défi, mais un élan de bonheur.

Françoise Sagan, *Avec mon meilleur souvenir,* coll. NRF © éditions Gallimard, 1984

3 • La mort accidentelle

La mort accidentelle de stars, surtout jeunes, fascine. Simon Liberati raconte celle de Jayne Mansfield dans *Jayne Mansfield* (1967) (Prix Femina 2011) et Philippe Besson celle de James Dean dans *Vivre vite.* Sous la forme du dernier monologue intérieur de l'acteur suivi de la déposition de l'automobiliste qui a survécu à l'accident, nous vivons le drame du point de vue de chacun des protagonistes.

James Dean

Alec Guinness est un vrai froussard ! il y a une semaine, en me voyant arriver au volant de ma Spyder 550 flambant neuve, que j'ai fait pétarader à ses oreilles, il a eu un brusque mouvement de recul et m'a dit que je n'étais qu'un fou. J'ai éclaté de rire et il a été encore plus terrorisé. Ces Anglais sont décidément impayables ! Et ça m'enchante tellement de lui faire perdre son flegme !

Alec est persuadé qu'on me retrouvera mort un jour prochain dans la carcasse de ma voiture. Il se trompe, bien sûr. Mais au fond, je préférerais une mort comme ça à l'agonie des vieillards. Ce genre de réflexion ne fait pas du tout rire Alec. Il me croit morbide alors que je n'aime que la vitesse. [...]

Nous nous sommes fait arrêter par les flics parce que je roulais trop vite. J'ai écopé d'une contravention. Rolf s'étranglait de rire et j'ai bien cru que

►►►

suite

l'agent allait nous faire des histoires. Mais non, il m'a simplement conseillé de respecter les limitations. À quoi sert d'avoir une Porsche si c'est pour respecter les limites ?

Par le plus grand des hasards, nous avons croisé Lance Reventlow dans une station- service. Je ne l'avais pas revu depuis des mois. D'habitude, je n'aime pas trop les héritiers ni les play-boys, mais lui est un sacré conducteur, et incroyablement précoce avec ça ! Et son coupé Mercedes en jette. Nous nous sommes promis de nous retrouver à Paso Robles pour manger un morceau.

Voilà plus de deux heures que nous roulons. Nous approchons de Cholame. J'aime bien ce bitume sinueux dans les collines. Dès que la route redevient droite, j'en profite pour appuyer sur le champignon. Je m'amuse à causer des frayeurs aux bourgeois qui se traînent dans des voitures pépères.

D'ailleurs, c'est quoi, cette Ford qui se ramène ? Le conducteur n'a pas l'air de savoir où il va. Il a intérêt à nous voir, celui-là.

Donald Turnupseed

Je m'appelle Donald Turnupseed. Je suis l'homme qui a tué James Dean.

J'avais vingt-trois ans, en septembre 1955. J'avais quitté la marine pour reprendre des études à l'Institut technique de San Luis Obispo. Je rentrais chez moi à Tulare, pour le week-end. Ma voiture était un coupé Ford Tudor de 1950, noir et blanc.

Au carrefour des routes 466 et 41, je devais prendre à gauche. J'ai bien vu la Spyder arriver en face, elle descendait des collines, elle avait l'air de rouler à vive allure, mais c'était comme une image imprécise, à cause de la chaleur qui vibrait. Ce qui s'est passé, c'est que j'ai eu un moment d'hésitation. Juste une poignée de secondes. Je n'aurais sans doute pas dû.

En fait, je me suis demandé si j'aurais le temps de tourner avant que la voiture parvienne à ma hauteur. J'ai accéléré pour prendre le virage. J'ai eu peur d'être trop court. Du coup, j'ai freiné. Peut-être trop brutalement. Ma Ford a dérapé. Et puis, je me suis dit : c'est trop bête, j'ai largement le temps. Alors j'ai accéléré à nouveau. Je ne suis pas sûr d'avoir mis mon clignotant. Et je suppose que pour le conducteur d'en face, je devais sembler hésitant.

Après, ça s'est passé très vite. La Spyder m'a heurté par le flanc et m'a envoyé valdinguer dans le décor. Je me souviens parfaitement de la violence du choc. Je me suis crispé sur mon volant, j'ai rentré les épaules, fermé les yeux, j'ai pensé : je vais mourir.

Et je ne suis pas mort.

Quand j'ai rouvert les yeux, la Spyder était de l'autre côté de la route, écrasée contre un poteau télégraphique. Moi, je saignais du nez, j'avais l'impression d'avoir la poitrine enfoncée et mon épaule gauche me faisait mal. J'ai quand même réussi à m'extraire de ma voiture. Le pare-chocs était défoncé, le moteur fumait. Je me suis éloigné, en titubant. J'ai aperçu des voitures qui s'arrêtaient. Un type a couru vers une cabine téléphonique pour appeler la police.

Il y avait un homme étendu sur la chaussée. Plus tard, on m'a expliqué que c'était un mécanicien d'origine allemande. Ils l'ont installé sur une civière pour l'emmener à l'hôpital de Paso Robles. Il avait du sang dans les cheveux.

Le conducteur, lui, était bloqué dans la carcasse.

Philippe Besson, *Vivre vite* © éditions Julliard, 2015

C • La valeur morale de la vitesse

1 Une preuve de virilité ?

Les *rachas,* courses improvisées de nuit dans la rue ou sur des circuits dans l'État du Paraná au Brésil, s'apparentent à un rituel initiatique.

À travers les défis lancés pour *se faire un racha*, la confirmation publique de quelques-unes des valeurs centrales du modèle de la masculinité se (ré) actualise constamment dans la mesure où de telles valeurs doivent être inlassablement prouvées aux yeux des pairs (comme à ceux des filles et de la police). L'importance que l'aspect rituel prend dans les *rachas* peut être pensée en relation avec les difficultés ressenties actuellement par les jeunes dans la construction d'une identité stable, dès lors que leurs parcours de vie sont fluides, flexibles et incertains. La relation entre les pratiques à risque juvéniles et le rôle des rites de passage est fondamentale pour la compréhension de la construction des identités/subjectivités contemporaines.

Deux fonctions principales sont remplies par ces rites de masculinité. La première est la résistance à la routine morne d'une quotidienneté qui transmet aux jeunes un sentiment d'impuissance, notamment face à l'impossibilité de choisir et de contrôler leurs parcours. Le sentiment de puissance éprouvé par les *rachadores* dans la relation homme/machine leur ouvre ainsi la possibilité de s'affranchir, même si c'est momentané, de l'organisation dictée par les règles et les institutions, ainsi que de la surveillance et de la disciplinarisation des corps et des coutumes de la civilisation. En second lieu, cela répond à une quête d'identité et de reconnaissance, telle qu'elle peut être dispensée à travers les réseaux de sociabilité, grâce auxquels sont partagés goûts, préférences et pratiques : « Si je gagne, j'ai un nom, s'il gagne, il a un nom » ; « Je suis connu, quand j'entre sur le circuit, tout le monde me regarde… ».

Dans une société où prévoir le futur devient impératif (Beck *et al.*, 1997), les pratiques des *rachadores*, parce qu'elles sont ancrées dans le présent et ne se préoccupent pas de l'avenir, suscitent la réprobation morale et sont parfois les cibles d'interprétations stéréotypées. Se mettre à l'épreuve au travers d'activités qui permettent d'effectuer un acte héroïque peut être toutefois compris comme une forme ritualisée de construction de l'identité, dans un jeu social qui a, par ailleurs, tendance à priver les jeunes de références stables.

Leila Sollberger Jeolás et Hagen Kordes, « Le corps à risque, machines et vitesse »

Le sens de la vie réside-t-il dans la précipitation, comme le croit le héros de Paul Morand, que sa femme quitte car elle ne peut supporter son rythme de vie ?

« J'ai bien fait de venir, se dit-il. L'Amérique me réussit. Cet automne sec et doré m'aiguillonne.

» J'aime le rythme de ces grands ganglions urbains, l'animation de la circulation et le bondissement de ces ascenseurs au haut des maisons droites

►►►

suite

comme des avenues ; la conductibilité de toute cette matière américaine me met dans un état d'éréthisme bienfaisant.

» La vie est si facile ici ; il y a tant de bonne humeur à tous les étages de cette surexcitation cosmopolite ! Enfin ! Voici un pays où tout vit au rythme de la Bourse. J'échappe à ce crucifiement continuel de l'ancien continent qui me démoralisait. Je tiens ainsi la preuve de ce que j'ai toujours affirmé, que la frénésie peut épouser l'ordre, et la fermeté ne pas contrarier l'emportement. »

Quinze jours passèrent, puis un mois. Pierre ne s'amusait déjà plus.

» Il me semble bien que j'ai épuisé mon admiration pour les motocyclettes démarrantes de la police avec leurs sirènes de priorité, et mon enthousiasme pour l'agrément facile des avenues droites et sans embarras de voitures.

» Je commence à être blasé sur le plaisir de signer partout les additions au lieu de perdre un temps précieux à donner et à recevoir de la monnaie. Est-ce assez triste de voir ainsi pâlir l'attrait des choses nouvelles ? Je ne suis presque plus sensible à la satisfaction de trouver des téléphones dans chaque pièce au lieu « d'avoir le téléphone » comme à Paris... et je ne m'extasie plus sur la commodité, d'ailleurs très relative, qu'il y a à être suivi par des appels interurbains dans mes déplacements de la journée.

» Ni sur le plaisir de voir surgir, comme d'une boîte, dès que je sonne, un boy de la Western Union pour emporter mon télégramme que je ne peux plus rattraper, ce que je regrette aussitôt.

» Oui, tout cela est commode... mais non capital. Simplification du travail quotidien, voilà tout. C'est l'œuvre des immigrés slaves et allemands ; ils ont organisé leur nouvelle patrie suivant des méthodes ultra-rapides, les premiers par paresse et les seconds par technique. Mais ils n'ont pas réussi à donner à l'Américain le sens tragique de la vie, je veux dire celui de sa brièveté. Au juste, les Américains sont des flemmards ; en cela, ils sont restés anglo-saxons. »

Tout ce confortable galopant d'outre-Atlantique, l'homme pressé eut tôt fait, non seulement de ne plus le ressentir mais même de le prendre en pitié.

Au fond, ça ne galopait pas du tout.

Et même un jour vint où l'apathie américaine l'exaspéra encore plus que le désordre français.

« Qui a jamais pensé, avant les Américains, à se reposer ? Tout ici est prétexte à fêtes et à lambinage...

» Les États-Unis sont le plus grand atelier de chômage du monde.

» Vingt heures par jour, c'est dimanche.

» Sans parler de la standardisation qui a atteint une telle perfection que tout s'arrête tout le temps.

» Un New-Yorkais est toujours libre pour les repas.

» Toutes les Américaines se meurent d'ennui. »

Pierre visita Wall Street un lendemain de panique : le marasme des affaires le consterna.

Paul Morand, *L'Homme pressé* © éditions Gallimard, 1941

2 • Le contraire de la sagesse

Ne serait-il pas plutôt à rechercher dans la pondération préconisée par la fable de La Fontaine, illustrée ici par Calvet-Rogniat ?

https://poesie.webnet.fr/lesgrandsclassiques/Poemes/jean_de_la_fontaine/le_lievre_et_la_tortue

Calvet-Rogniat, *Le Lièvre et la Tortue* (1910)

© AKG Images

La littérature nous propose des héros inertes comme l'étudiant de Perec dans *Un homme qui dort* (1967), le copiste passif mis en scène par l'Américain Herman Melville dans *Bartleby le scribe* (1853) ou le paresseux Oblomov de l'auteur russe Gontcharov (1859).

La position allongée n'était pour Ilia Ilitch ni nécessaire, comme pour un malade ou pour un homme qui veut dormir, ni accidentelle, comme pour une personne fatiguée, ni voluptueuse comme chez le fainéant ; c'était son état normal. Quand il était à la maison – et il y était presque toujours – il demeurait couché, et toujours dans cette chambre où nous l'avons trouvé, qui lui servait de chambre à coucher, de cabinet et de salon. Il était rare qu'il mît les pieds dans les trois autres pièces : le matin, et encore, seulement lorsque son valet balayait sa chambre, ce qui n'arrivait pas tous les jours. Dans ces pièces, les meubles étaient recouverts de housses, les tentures étaient baissées.

[...]

N'étaient-ce cette assiette et une pipe fraîchement fumée appuyée contre le lit, ainsi que le maître de maison lui-même qui y reposait, on aurait pu croire la chambre inhabitée, tellement tout était poussiéreux, déteint, dépourvu de toute trace perceptible d'une présence humaine. Pourtant, sur les étagères il y avait bien deux ou trois livres ouverts ; un journal y traînait. Sur le bureau il y avait même un encrier et des plumes. Mais les pages ouvertes des livres étaient poussiéreuses et jaunies. On devinait que personne ne les avait touchées depuis longtemps. Le journal datait de l'année précédente. Quant à l'encrier, si l'on y avait trempé sa plume, il n'en serait rien sorti qu'une mouche effrayée et bourdonnante.

Ivan Gontcharov, *Oblomov*, traduction de Luba Jurgenson © Le Livre de poche, 1859

D • Les réactions critiques

1 • La prise de conscience

Beaucoup prennent conscience que l'acceptation des normes d'efficacité, de rentabilité et de la pression de l'urgence les asservit et leur fait perdre de vue l'essentiel. Le temps demande à être considéré dans sa valeur d'usage et non sa valeur d'échange. La lenteur apparaît alors comme une forme de dissidence créatrice. On valorise les vertus de la flânerie, de l'attente, de la rêverie, de l'écriture. La marche a ses adeptes et ses chantres comme le montrent les ouvrages d'Antoine de Baecque, *Anthologie des écrivains randonneurs* (2013) ou de David Le Breton, *Éloge de la marche* (2000), *Marcher. Éloge des chemins et de la lenteur* (2012).

On en débat sur les divers médias :
Podcast : http://simoneetlesphilosophes.fr/la-lenteur-peut-elle-nous-liberer/
https://www.franceculture.fr/conferences/palais-de-la-decouverte-et-cite-des-sciences-et-de-lindustrie/eloge-de-la-lenteur

2 • La mode du slow

On assiste de plus en plus à des tentatives de décélération fonctionnelle : il s'agit de ralentir pour être plus efficace ou plus productif. Mais au-delà, la mode du « slow »se répand, souvent couplée avec la réflexion écologique : la *slow fashion* préconise de s'affranchir de la dictature de la mode ; les adeptes du *slow food* sont quasi militants.

> Les concernés aujourd'hui avancent que le *slow food* s'attache à former le palais à la nourriture vraie, qui aide les agriculteurs bio à mettre en avant leurs produits garantis sans pesticides ni OGM, et qui veulent protéger les traditions culinaires et la gastronomie contre ce que l'on appelle aujourd'hui la « malbouffe » ou la « junk-food » mondialisée.
>
> Sans être de réels activistes, les militants du *slow food* se veulent pédagogues.
>
> Ils tentent de former des consommateurs citoyens qui sont de plus en plus nombreux à adopter la *slow food attitude.*
>
> Leurs objectifs :
> - Rechercher un goût authentique des aliments
> - Avoir conscience des responsabilités écologiques de l'agriculture
> - Maintenir des relations équitables avec les petits producteurs.
>
> Gina Tarlayan, « La mode du slow food », *Avantages*, Novembre 2011

La critique porte même, avec le *slow sex*, sur les relations sexuelles qui, prises dans le flux de la rapidité, s'apparentent à une transaction économique et génèrent déceptions physiques et psychologiques.

3 • Les partis pris idéologiques

Les études universitaires et la réflexion politique, particulièrement des courants écologistes, portent de plus en plus sur le sujet de l'ambivalence de la vitesse, sur ses effets pervers, destructeurs sur le plan psychologique, économique, social, environnemental.

Voici quelques mois, l'un de mes amis postait sur un fameux réseau social la maxime : « Mon réveil a une fâcheuse tendance à sonner à des moments inopportuns, notamment quand je dors ». Au-delà de la boutade et de l'aspect anecdotique de cet aphorisme, n'y aurait-il pas matière à réflexion ?

En effet, lequel d'entre nous ne déclare-t-il pas régulièrement : « je n'ai pas le temps », « je suis si fatigué », « je suis stressé », « vivement les vacances ! » ? Nul n'osera nier l'impression irrépressible de l'accélération de la fuite du temps entre nos doigts au fur à et mesure du développement d'outils numériques censés nous rendre la vie plus douce. À telle enseigne que quatre types de littérature se développent de façon exponentielle, du plus sérieux au plus futile :

- les travaux scientifiques. Ils mettent, notamment, en lumière, les dégradations du lien social engendrées, par exemple, par des horaires de travail atypiques et l'augmentation de la précarité ;
- les travaux syndicaux. Ils alertent sur la hausse rapide de la prévalence des souffrances psychiques, mentales engendrées par la souffrance au travail. La nécessité pour un grand nombre de salariés de produire toujours plus avec des moyens de plus en plus limités au détriment de la qualité du produit, de la dégradation du service rendu, d'une relation humaine chaleureuse et épanouissante ;
- les livres, caracolant souvent en tête des classements des meilleures ventes, des ouvrages sur les techniques permettant, du moins théoriquement, de parvenir au bonheur, à l'épanouissement personnel, de reprendre le contrôle de sa propre existence ;
- les magazines de toutes sortes, qui à l'approche de l'été, mettent à leur une les marronniers indiquant comment maigrir sans effort, suivre une « cure de détox », se reposer…

Ce modèle de société, écartelé entre deux injonctions antinomiques (être performant sans affiche de failles et nécessité de prendre soin de sa personne) s'avère absolument terrifiant. Qui pourrait expliquer cette frénésie de plus en plus prégnante ? À quoi cela nous sert-il de vouloir aller de plus en plus vite, d'accumuler de plus en plus « d'expériences vécues », d'adopter, au nom de ce productivisme insidieux, sans consacrer quelques instants pour y penser, des habitudes harassantes et délétères ?

Et si le premier pas d'un développement véritablement durable résidait dans la réaffirmation vigoureuse et sans faille que l'économie et l'organisation de la société doivent viscéralement concourir à l'émancipation de l'être humain ? Si écouter ses rythmes biologiques, les messages envoyés par nos corps et nos esprits constituait une étape absolument cruciale de toute tentative plus élaborée de développement ?

« Quelle naïveté ! C'est impossible ! Nous revoici ramenés aux temps des utopies socialistes ! Tout ceci est vrai mais comment y parvenir ? » Pas besoin d'être grand clerc pour entendre toutes les critiques que susciteront, à n'en pas douter, ces quelques lignes. Qu'y répondre ? De nombreux articles publiés dans *Développement Durable et Territoires*, depuis sa création, tentent de répondre, plus ou moins directement, à ces questions.

Frédéric Chavy, « Ode à la lenteur », *Développement durable et territoires*, vol. 8, n°2, juillet 2017

Une prise de conscience semble actuellement se faire.

En réponse à ces impacts, la compréhension fine du lieu de vie est l'enjeu prioritaire pour échapper à une fuite trop exclusive dans l'immédiateté et au contraire promouvoir un aménagement singulier et personnalisé. Malgré ses limites, le terme de durable (en anglais « soutenable ») prend de l'importance et est un bon atout pour décaler une philosophie « positiviste » qui vampirise beaucoup la vie quotidienne. Si l'on accepte le principe que la vie n'est pas uniquement une réalisation personnelle et qu'elle implique un minimum d'implications sociales, un moyen d'action est de consacrer une part de son existence à des enjeux plus généraux et de longue durée, précisément marqués par le territoire. « Le temps n'est pas derrière nous, il est sous nos pieds ». Ce formidable proverbe africain traduit sans doute le mieux la nécessité de bâtir des repères solides, de se réapproprier des lieux et d'aménager sur le temps long, de construire une société intégrant le souci des générations futures. Ainsi, la multiplication des projets de territoires est une réponse très directe à ces attitudes de fuite, cette fuite dans une pensée indivisible, ces problèmes d'évitement ou ces logiques de déracinement, parfois perçues comme « modernes » ou « rentables ». La variété des lieux doit devenir « le mobile des mobiles » et la finalité de notre quête. La reconnaissance précise de la diversité des lieux - ce qui implique la reconnaissance de la diversité des cultures et des langues - est un axe déterminant pour construire le devenir des sociétés humaines, pour aménager en connaissance de cause et compléter certaines temporalités « économistes » de croissance, de rentabilité... par des équations enrichies, plus exactes.

Ainsi, en utilisant précisément les vitesses (notamment les vitesses numériques qui permettent à chacun de participer à la création de valeurs collectives), la remise en question de certaines mystifications et la redécouverte de la variété des lieux est un outil central. En effet, on nous présente souvent l'individu moderne comme un être « immatériel », « libre », « déconnecté des lieux », « constamment branché ». Toutefois, lorsqu'il se déconnecte d'Internet, l'individu reprend naturellement le cours de sa vie dans un territoire local, avec des gens qui sont autour de lui, dans une rue piétonne ou un pays qui le ramène à la réalité du quotidien. En utilisant justement les connaissances acquises sur le réseau, en tirant profit des expériences externes, les capacités d'actions sur le territoire local sont aujourd'hui démultipliées. Il existe donc un double levier de construction et de mondialisation, d'ouverture et de concrétisation, qui permet à la vitesse de fertiliser les temporalités moyennes et longues, précisément inscrites dans les territoires. Il faut contrer la vitesse par la vitesse. L'enjeu est d'une part d'utiliser un réseau enfin plus ascendant, plus glocal, pour dénoncer largement les manipulations mensongères, piocher et diffuser de l'information stratégique. Il s'agit d'autre part de réinvestir le territoire de proximité pour y actionner de façon très concrète des leviers permettant de renforcer l'équité et la démocratie.

Le concept d'identité territoriale est alors central pour ne pas sombrer dans la vitesse pour elle-même, pour ne pas déraper dans un élan dévastateur. Connaître les lieux est l'outil pour garder « les pieds sur terre » et argumenter à partir de temporalités spatialisées donc durables.

Jean Ollivro, *Quand la vitesse change le monde* © éditions Apogée, 2006

Sujet 1

Les aspects positifs de la vitesse

A • Synthèse de documents (40 points)

Vous rédigerez une synthèse concise, objective et ordonnée des documents suivants.

Document 1 : Victor Hugo, Lettre à son épouse Adèle Foucher, 22 août 1837.
Document 2 : Filippo Tommaso Marinetti, « La nouvelle religion-morale de la vitesse », *L'Italie futuriste*, 11 mars 1916.
Document 3 : Jean-Claude Casalegno, « Le Temps de l'Action. Vitesse ou lenteur ? Éloge de l'accélération choisie ! », *4tempsdumanagement.com*, ESC Clermont.
Document 4 : Sébastien Dumoulin, « La méthode Pixmania pour livrer plus vite », *Capital.fr*, 21 mars 2012.

B • Écriture personnelle (20 points)

L'augmentation de la vitesse représente-t-elle un progrès ?
Vous répondrez à cette question d'une façon argumentée, en vous appuyant sur les documents du corpus, vos lectures de l'année et vos connaissances personnelles.

Document 1

Extrait d'une lettre de Victor Hugo

Anvers, 22 août 1837, 4 heures du soir.

Je suis réconcilié avec les chemins de fer : c'est décidément très beau. Le premier que j'avais vu n'était qu'un ignoble chemin de fabrique. J'ai fait hier la course d'Anvers à Bruxelles et le retour. Je partais à quatre heures dix minutes et j'étais revenu à huit heures un quart, ayant dans l'intervalle passé cinq quarts d'heure à Bruxelles et fait vingt-trois lieues de France.

C'est un mouvement magnifique et il faut l'avoir senti pour s'en rendre compte. La rapidité est inouïe. Les fleurs du bord du chemin ne sont plus des fleurs, ce sont des taches ou plutôt des raies rouges ou blanches ; plus de points, tout devient raie ; les blés sont de grandes chevelures jaunes, les luzernes sont de longues tresses vertes ; les villes, les clochers et les arbres, dansent et se mêlent follement à l'horizon ; de temps en temps, une ombre, une forme, un spectre debout paraît et disparaît comme l'éclair à côté de la

►►►

suite

portière ; c'est un garde du chemin qui, selon l'usage, porte militairement les armes au convoi. On se dit dans la voiture : c'est à trois lieues, nous y serons dans dix minutes.

Victor Hugo, Lettre à son épouse Adèle Foucher, 22 août 1837

Document 2

Après la destruction de l'antique Bien, et de l'antique Mal, nous créons un nouveau Bien : la vitesse, et un nouveau Mal : la lenteur.

Vitesse = synthèse de tous les courages en action. Agressive et guerrière.

Lenteur = analyse de toutes les prudences stagnantes. Passive et pacifiste.

Vitesse = dépassement des obstacles, désir du neuf et de l'inexploré; modernité, hygiène.

Lenteur = arrêt, extase, adoration immobile des obstacles, nostalgie du déjà-vu, idéalisation de la fatigue, et du repos, pessimisme à propos de l'inexploré. Romantisme rance du poète voyageur et sauvage, et du philosophe chevelu, à lunettes, et sale.

Si prier veut dire communiquer avec la divinité, courir à grande vitesse est une prière. [...]

L'ivresse de la grande vitesse en automobile n'est que la joie de se sentir fusionner avec l'unique *divinité*. Les *sportsmen* sont les premiers catéchumènes de cette religion. Prochaine destruction des maisons et des villes, pour former des grandes réunions d'automobiles et d'aéroplanes.

Lieux habités par le divin : les trains, les wagons-restaurants (manger en vitesse). Les stations ferroviaires ; spécialement celles de l'Ouest américain, où les trains lancés à cent à l'heure passent, buvant sans s'arrêter l'eau dont ils ont besoin, et les sacs postaux. Les ponts et les tunnels. La place de l'Opéra de Paris. Le Strand de Londres. Les circuits automobiles. Les films cinématographiques. Les stations radiotélégraphiques. Les grandes conduites qui précipitent des colonnes d'eau alpestre pour arracher à l'atmosphère l'électricité motrice. Les grands couturiers parisiens qui, grâce à l'invention rapide des modes, créent la passion de la nouveauté et la haine du déjà-vu. La cité la plus moderne et active comme Milan qui selon les Américains a du *punch* (coup net et précis, avec lequel le boxeur met son adversaire *knock out*). Les champs de bataille, les mitrailleuses, les fusils, les canons, les projectiles sont divins. Les mines et les contre-mines rapides. Faire sauter l'ennemi AVANT qu'il ne vous fasse sauter.

Filippo Tommaso Marinetti, « La nouvelle religion-morale de la vitesse »,
L'Italie futuriste, 11 mars 1916

Document 3

Donnez du rythme à votre existence

Avez-vous pensé au temps perdu lorsque votre place d'avion ou de train se trouve à l'arrière ou dans les derniers wagons ? En réservant votre place dans les voitures 1 et 2 d'un train, vous serez beaucoup plus proches de la sortie de la gare et ainsi vous arriverez les premiers pour prendre le taxi. De même en avion en réservant vos places à l'avant, vous êtes plus proches de la sortie.

Selon le choix également du moyen de transport, vous pouvez également regagner du temps. Aller de Lyon à Amiens en voiture ou en train n'aura pas les mêmes conséquences en termes de gain ou de perte de temps. Dans la deuxième solution, il sera possible d'utiliser votre ordinateur et d'avancer tranquillement sur certains dossiers alors qu'avec la première, votre énergie sera entièrement absorbée par la conduite.

Les réunions seront d'autant plus rapides qu'elles auront été bien préparées et structurées avant leur réalisation. Un ordre du jour bien séquencé pris en charge par un gardien du temps qui soutiendra l'animateur de la réunion permettra également une meilleure maîtrise.

Dans une journée, les situations qui permettent de gagner du temps ou d'en perdre sont finalement nombreuses. L'art de la gestion du temps ne se limite donc pas seulement à la manière de planifier les activités mais dépend aussi du rythme dans lequel on peut choisir de les vivre. Cette alternance d'accélération ou de lenteur choisie donnera une saveur plus intense au vécu de la journée. Là aussi c'est un exercice de discernement... et peut-être une forme de micro-libération...

Demain, quelles sont les activités que vous allez accélérer et quelles sont celles où vous pourriez ralentir ?

Jean-Claude Casalegno, « Le Temps de l'Action. Vitesse ou lenteur ? Éloge de l'accélération choisie ! », *4tempsdumanagement.com* © ESC Clermont

Document 4

L'an dernier, le site a traité 20 000 commandes quotidiennes en moyenne – avec des pics à 80 000 à la période de Noël – en proposant trois formules de livraison : en moins de cinq jours, en moins de soixante-douze heures ou le jour même (uniquement en région parisienne). Montant facturé pour ces options : jusqu'à 30,99 euros. Même avec ces délais express, Pixmania affiche un taux de ponctualité flatteur de 95 %. À tel point que des géants comme Celio ou Carrefour lui sous-traitent la logistique de leurs sites d'e-commerce.

Pour réussir à livrer en temps et en heure ses 10 millions de clients dans 26 pays, Pixmania a commencé par emménager en 2005 dans l'entrepôt neuf, ultrasécurisé et surtout extensible, de Brétigny-sur-Orge, au sud de Paris. Le site a triplé de surface depuis, pour couvrir 70 000 mètres carrés. Objectif : disposer en stock de la quasi-totalité des 100 000 références du catalogue, soit 3 millions de produits au total, du disque dur au matelas king size. Coûteux. Mais Pixmania n'a pas le choix : une référence indisponible met plusieurs jours à être livrée à l'entrepôt par le fournisseur. L'internaute le sait et préférera acheter sur un autre site.

►►►

suite

Précieuses minutes. Dans les rayonnages, plus de chariots pour compléter les commandes rayon par rayon. Affectés à une catégorie de produits bien précise - électroménager, high-tech ou textile -, les 250 opérateurs remplissent des bacs munis d'identifiants électroniques qui circulent sur un tapis roulant à un débit soutenu. Pour gagner de précieuses minutes, les logisticiens maison ont organisé les zones en fonction du poids des produits et de leur encombrement. Plus difficiles à manipuler, les articles de plus de 3 kilos ou dont le diamètre dépasse 30 centimètres disposent de leur circuit propre pour ne pas ralentir toute la chaîne. Et les articles plus petits sont rangés en fonction de leur taux de rotation. Les best-sellers - lecteurs MP3, tablettes numériques ou le dernier jeu vidéo *Call of Duty* - se trouvent ainsi à portée de l'opérateur. Sur son moniteur, ce dernier voit les commandes s'afficher selon trois niveaux de priorité. Celles ne contenant qu'un produit sont traitées à part, pour ne pas rester bloquées par les bacs en attente de plusieurs articles. Et, sur ce circuit rapide, les colis à livrer pour le soir même passent avant tous les autres.

Chaque geste compte. Les salariés sont priés de soumettre des suggestions d'amélioration dans des groupes de travail réunis tous les quinze jours. Dernière proposition en date : faire pivoter légèrement les armoires où sont rangés les bacs des commandes prêtes à partir, afin qu'elles soient face aux opérateurs. Comme cette idée s'appliquait à des gestes répétés plusieurs centaines de fois par jour, son impact a été considérable. Des aménagements accomplis dans d'autres domaines ont aussi contribué à raccourcir les délais. Pour éviter que les produits ne bougent à l'intérieur des colis pendant le transport, la direction a investi dans une machine qui plie les cartons au centimètre près, suivant la taille des articles. Surprise : l'engin a également permis d'accélérer l'étape de l'emballage.

Sébastien Dumoulin, « La méthode Pixmania pour livrer plus vite » © *Capital.fr*, 21 mars 2012

Sujet 1 • Corrigé

A • Synthèse rédigée

L'augmentation de la vitesse semble avoir toujours été une préoccupation, comme le montrent des témoignages privés ou publics d'écrivains du XIXe siècle contenus dans une lettre de Victor Hugo à son épouse datant de 1837, et un article de l'écrivain italien Marinetti reprenant les idées de son *Manifeste du futurisme*. Des articles économiques plus récents montrent que la vitesse est une préoccupation encore plus obsédante aujourd'hui. Quels domaines concerne-t-elle ? Quelles transformations nécessite-t-elle et pour quels effets ?

Les auteurs les plus anciens, Victor Hugo et Filippo Tommaso Marinetti, évoquent essentiellement les modes de transport modernes (train, automobile, avion) au service du déplacement des personnes, du courrier ou des marchandises. Ce dernier secteur connaît une accélération majeure à laquelle contribuent des entreprises comme Pixmania décrite par Sébastien Dumoulin dans un article du magazine *Capital*.

La vitesse affecte aussi la transmission de l'information avec l'invention du radiotélégraphe au début du XXe siècle.

Elle dynamisa l'activité économique comme en attesta alors le développement de Milan. C'est toujours le cas avec la croissance fulgurante de Pixmania, depuis une dizaine d'années, qui compte 10 millions de clients dans 26 pays.

La vitesse est la caractéristique de l'activité de secteurs comme la mode ou l'armement ainsi que le note cyniquement Filippo Tommaso Marinetti.

Selon Marinetti, les signes de cette accélération générale sont la captation de nouvelles sources d'énergie, les nombreuses transformations de l'espace par la construction de ponts, de tunnels, complétés aujourd'hui par l'extension de la surface des entrepôts.

Il faut y ajouter les aménagements techniques permettant hier aux trains à vapeur de ne plus s'arrêter pour se charger en eau, ou aujourd'hui chez Pixmania de faciliter l'accessibilité et l'emballage de 3 millions de produits différents.

Il faut aussi procéder à une révolution mentale. Le manager, selon le centre de formation, doit changer ses habitudes pour mieux travailler, recourir à des astuces pour gagner du temps dans les transports, structurer et cadrer les réunions, comme le conseille l'école de Management, échanger avec un personnel spécialisé dans sa fonction pour améliorer l'ergonomie des tâches comme à Brétigny-sur-Orge et accepter des investissements considérables.

Les effets de l'augmentation de la vitesse ainsi obtenue sont multiples. L'expérience faite par Victor Hugo eut raison de ses réticences vis-à-vis du chemin de fer. Il se déclara séduit par la beauté de la machine, mais surtout par la métamorphose du paysage en tableau vivant où l'homme s'efface.

La vitesse est aussi source de satisfactions physiques : l'hygiène s'accroît ainsi que l'élégance pour l'écrivain italien ; les voyages sont moins fastidieux comme le souligne admirativement le poète. Le manager qui sait réguler la vitesse de ses activités selon Jean-Claude Casalegno augmente l'agrément de sa vie. La vie sociale devient plus plaisante grâce à l'animation des cœurs des grandes métropoles européennes.

La vitesse génère aussi une sensation de puissance selon Marinetti, ressentie par le bon manager, effleurant même Hugo quand le train est salué militairement par le chef de gare ou ravissant les innombrables clients qui reçoivent quasi instantanément l'objet de leur désir.

Enfin, Marinetti assimile même la vitesse au nouveau Bien moral qui doit balayer la philosophie de la prudence, le conservatisme, l'intellectualisme et le pacifisme. Il l'associe au courage, au dynamisme, à l'audace, à l'esprit d'aventure et à l'agressivité que ces qualités impliquent.

Les documents, quelles que soient leur époque et la spécialité de leur auteur, balayent vite les résistances à la vitesse ou les caricaturent. Ils expriment un enthousiasme qui peut parfois sembler naïf dans l'idéalisation de ce trait de société, tant sur le plan personnel que social, économique ou moral. Faut-il en déduire que la vitesse est un progrès absolu ?

B • Écriture personnelle

L'augmentation de la vitesse représente-t-elle un progrès ?

L'augmentation de la vitesse représente-t-elle un progrès incontestable comme le déclarent les documents étudiés ? Passé l'émerveillement devant la nouveauté technique et les sensations nouvelles qu'elle suscite, une fois habitués aux améliorations du quotidien, que conservons-nous de sa magie ?

Vite blasé, le consommateur veut toujours voir diminuer le temps des activités considérées comme contraignantes : cuisiner, entretenir son environnement, se déplacer, se ravitailler. Il rêve d'un temps libéré mais on constate vite que l'électroménager a permis de multiplier les tâches domestiques qui prennent donc toujours autant de temps. Faites donc vous-même pour aller plus vite vos cartes de visite, le plein de votre véhicule, les travaux de bricolage, la comptabilité et le secrétariat de votre petite entreprise. Cet encouragement écouté, un même individu se retrouve à faire seul ce qu'auparavant plusieurs personnes réalisaient pour lui. Achetez une automobile pour vous déplacer plus vite ! Vous allez donc habiter plus loin de votre travail et perdre le temps gagné, voire plus, dans les embouteillages.

L'économie, elle, ne peut que se réjouir de l'accélération. Elle fournit toute la technologie nécessaire, la fait évoluer à une cadence qui rend les produits obsolètes très rapidement. Elle entretient, par la publicité, la mode du dernier cri et voit ses ventes et ses profits monter en flèche. La rapidité des transports permet de faire fabriquer au bout du monde au meilleur prix et maximise les profits. L'invitation au voyage se fait à l'oreille d'un nombre sans cesse croissant de touristes puisqu'atteindre les antipodes ne nous demande plus que quelques heures.

Il est très difficile de résister à ce courant général, même quand on prend conscience de l'épuisement des ressources individuelles, collectives et naturelles qu'il engendre. Arrivé à ce point, on regarde l'affirmation de la valeur absolue de la vitesse avec un recul certain.

Sujet 2

Les effets négatifs de la vitesse

A • Synthèse de documents (40 points)

Vous rédigerez une synthèse concise, objective et ordonnée des documents suivants.

Document 1 : Xavier Desjardins, « La ville lente : utopie, audace ou régression ? Réflexions libres autour d'écrits de Marc Wiel », *Carnets de géographes*, n° 8, septembre 2015.
Document 2 : Charlie Chaplin, *Les Temps modernes*, 1936.
Document 3 : Hartmut Rosa, *Aliénation et accélération. Vers une théorie critique de la modernité tardive*, traduit de l'anglais par Thomas Chaumont, La Découverte, 2012.
Document 4 : Samra Bonvoisin, « Cinéma : *Tout s'accélère* de Gilles Vernet », *cafepedagogique.net*, 21 avril 2016.

B • Écriture personnelle (20 points)

Quels sont les dangers collectifs les plus menaçants auxquels nous expose l'accélération généralisée ? Vous répondrez à cette question d'une façon argumentée, en vous appuyant sur les documents du corpus, vos lectures de l'année et vos connaissances personnelles.

Document 1

Pour que les tramways circulent rapidement, il faut leur créer des couloirs spécifiques dans les rues. Pour permettre une circulation rapide aux automobiles, il est plus facile et moins dangereux de prévoir des axes interdits aux piétons, aux cyclistes ou aux utilisations des véhicules agricoles ou de chantier. Cela s'appelle des autoroutes. La rapidité des circulations est facilitée par la « séparation des flux ». L'autobus lui-même, dont le succès initial était lié à sa capacité à se faufiler dans la circulation urbaine contrairement au tramway, se voit doté de voies dédiées pour être « à haut niveau de service ». Bref, pour assurer à chacun des modes de transport son efficacité maximale, la séparation des circulations est promue (Passalacqua, 2010). Cela renforce donc les effets de coupure. Pourquoi ? Parce que l'espace urbain devient lacéré par de grands sillons d'infrastructures ferroviaires ou routières. Pour permettre d'aller plus vite, on ne rend plus possible les liaisons entre les habitants qui habitent de part et d'autre d'un boulevard périphérique ou d'une

►►►

SUJETS CORRIGÉS

suite

voie ferrée… Les transports ne sont pas les seuls à en créer dans les villes, il y a également les grandes emprises des cimetières, des usines ou des casernes. L'effet de coupure créé par les infrastructures ne concerne pas seulement la perte de connectivité des réseaux de proximité, il est renforcé par le bruit créé par ces grands axes qui, souvent, nuit à la vie locale à leurs abords (Héran, 2011).

Par ailleurs, la vitesse renforce les inégalités. À mesure que l'accessibilité offerte par les moyens de transport les plus performants - et donc souvent les plus chers - s'améliore, les écarts d'accessibilité s'accroissent entre les plus riches et les plus pauvres. Le pauvre lui-même va plus lentement : son parcours est ralenti par les coupures créées par les grandes infrastructures et l'espace se reconfigurant pour les privilégiés, les services de base reculent à mesure qu'il s'adapte à la généralisation de la motorisation. Comme le dit Sylvie Fol : « Le processus qui lie étalement urbain et automobilité génère de nouvelles formes d'inégalités en matière d'accès aux ressources urbaines, qui pèsent particulièrement sur les ménages non motorisés et donc, en particulier, sur les ménages pauvres. »

En façonnant l'espace à sa mesure, le transport motorisé industriel construit les conditions de la perpétuation du besoin qu'il a engendré. C'est le « monopole radical » créé par la vitesse dans les déplacements et décrit par Ivan Illich il y a quatre décennies dont nous pouvons citer ce court extrait : « Dès que la vie quotidienne dépend du transport motorisé, l'industrie contrôle la circulation. Cette mainmise de l'industrie du transport sur la mobilité naturelle fonde un monopole bien plus dominateur que le monopole commercial de Ford sur le marché de l'automobile ou que celui, politique, de l'industrie automobile à l'encontre des moyens de transport collectifs. Un véhicule surpuissant fait plus : il engendre lui-même la distance qui aliène. À cause de son caractère caché, de son retranchement, de son pouvoir de structurer la société, je juge ce monopole radical. » (Illich, 1976 : 46)

Bref, la vitesse, qui permet à la ville de fonctionner, apparaît également comme pernicieuse. Séparer les fonctions, dé-densifier la ville et avoir des infrastructures propres à chaque mode de transport : ce qui était le programme du mouvement moderne et de son héraut, Le Corbusier, peut devenir réalité par la banalisation de la vitesse.

Xavier Desjardins, « La ville lente : utopie, audace ou régression ? Réflexions libres autour d'écrits de Marc Wiel » © *Carnets de géographes*, n°8, septembre 2015

Document 2

Charlie Chaplin, *Les Temps modernes* (1936)

© ChristopheL

Document 3

L'accélération de la société surcharge systématiquement les cadres temporels de la nature environnante. Ainsi, nous épuisons les ressources naturelles, comme le pétrole et les sols, à des rythmes bien supérieurs aux vitesses de leur renouvellement, et nous nous débarrassons de nos déchets toxiques à un tempo beaucoup trop élevé pour que la nature puisse les traiter. Le réchauffement de l'atmosphère terrestre n'est lui- même rien d'autre qu'un processus d'accélération physique causé socialement : par notre consommation de l'énergie stockée dans le pétrole ou le gaz, nous accélérons littéralement les molécules de l'atmosphère en les chauffant, car la chaleur est la cause et l'effet du mouvement moléculaire rapide. D'un autre côté, il se pourrait bien que le corps et le psychisme humains soient eux aussi surchargés par le tempo rapide de la société. Ainsi, des auteurs tels qu'Alain Ehrenberg ou Lothar Baier ont expliqué que l'augmentation spectaculaire du nombre de dépressions et de *burn-out* semblait être une réaction à la surcharge temporelle ou aux niveaux de stress en augmentation de la société moderne. En effet, les gens qui tombent en dépression vivent un changement soudain dans leur perception du temps ; ils tombent d'un temps dynamique et mouvementé vers un bourbier temporel où le temps semble ne plus avancer, mais plutôt rester immobile. Tout lien signifiant entre passé, présent et avenir semble totalement brisé.

Hartmut Rosa, *Aliénation et accélération. Vers une théorie critique de la modernité tardive*, traduit de l'anglais par Thomas Chaumont © La Découverte, 2012

SUJETS CORRIGÉS

Document 4

La démarche de Gilles Vernet séduit d'abord par sa méthode originale. Après son expérience de la vitesse des transactions financières, du vertige provoqué par une existence professionnelle trépidante, il choisit de changer complètement de vie, une décision déclenchée par la mort programmée de sa mère atteinte d'une maladie incurable. Il se tourne vers l'écriture et l'enseignement poussé par son goût de la transmission et une obsession : réfléchir à cette accélération qui touche tous les aspects de notre vie et met à mal la nature et l'environnement. Comme il a instauré, dans sa classe de CM2, l'habitude d'une initiation à la réflexion philosophique, à raison d'une séquence hebdomadaire, il décide d'en faire le sujet de l'année scolaire 2011. Il permet aussi aux élèves de se l'approprier à travers une chanson dont ils composent le texte et des questions filmées qui nourrissent les interpellations faites aux intervenants présents au fil du documentaire.

Des représentants de différentes disciplines apportent ainsi leur éclairage. Étienne Klein, physicien, souligne la diachronie temporelle entre les pays développés, pris dans les excès de la vitesse, et les pays émergents enfermés dans une lenteur non voulue. Nicolas Hulot témoigne de son expérience de l'urgence écologique et des déséquilibres planétaires. Nicole Auber, psychosociologue, analyse les effets dévastateurs de l'idéologie de la vitesse et de la rentabilité sur les relations sociales dans l'entreprise. Jean-Louis Beffa, fort de son expérience de chef d'entreprise à la tête de Saint-Gobain dénonce l'emballement d'un système financier fondé sur l'endettement. Et Hartmut Rosa, philosophe et auteur de l'ouvrage *Accélération* à l'origine du documentaire, explique le rôle moteur de ce facteur dans la modernité.

Devant la multiplicité des angles, le foisonnement des points de vue sur la « croissance exponentielle », Gilles Vernet paraît pris au piège d'un propos trop ambitieux. Heureusement, les élèves s'emparent avec joie de l'espace que le maître leur offre et leurs réflexions, issues d'expériences concrètes, font souffler un vent salutaire d'optimisme. L'un constate le renouvellement continuel des ordinateurs tout en constatant qu'on ne prend plus le temps de « réaliser » les objets. Un autre souligne l'envie des nations d'avoir toujours plus de puissance et de force, dans un temps toujours plus court. Un autre s'interroge sur la différence entre la croissance (et le taux de croissance d'un pays) et le fait de grandir pour un enfant. Un autre encore remarque l'abondance et la multiplication des achats de choses dont on n'a pas besoin. Celui-ci critique ainsi le consumérisme tandis que celui-là décrit ceux qui veulent toujours plus d'argent « comme si l'argent leur mangeait le cerveau »… sans compter cette petite fille évoquant la griserie de la vitesse dans les « montagnes russes » de la foire au point qu'on en ne pense plus au temps, on en oublie le danger et la mort.

Samra Bonvoisin, « Cinéma : *Tout s'accélère* de Gilles Vernet » © *cafepedagogique.net*, 21 avril 2016

Sujet 2 • Corrigé

A • Plan détaillé de la synthèse

Attention ! La rédaction de la synthèse d'examen ne doit pas mentionner les éléments notés en bleu qui n'apparaissent ici que pour souligner l'organisation du plan.

Introduction
Thème de la documentation : La documentation présente une analyse critique des effets de la vitesse sur la société.
Caractérisation des documents : Elle est constituée de deux extraits de travaux universitaires récents et de deux documents en rapport avec le cinéma : une critique d'un film documentaire de 2016 et un photogramme des *Temps Modernes* de Charlie Chaplin, tourné en 1936.
Plan : La vitesse, quand elle est celle des montagnes russes, enchante une élève filmée par Gilles Vernet dans son documentaire *Tout s'accélère* mais inquiète de nombreux intellectuels qui en étudient les conséquences dans les contextes économiques, sociopolitiques et psycho-sociologiques.

Développement

I. Les conséquences économiques

A) Les effets de la mécanisation et de l'automatisation
La vitesse affecte le milieu industriel depuis l'automatisation déjà dénoncée au début du xxe siècle par Charlie Chaplin. Cette accélération de la production entraîne mécaniquement un réchauffement du climat et un épuisement des ressources naturelles comme le signale le philosophe sociologue Hartmut Rosa, inspirateur du documentaire de Gilles Vernet.
Il note aussi comme Nicolas Hulot et les enfants de CM2 interrogés par Gilles Vernet les dégâts du consumérisme qui produit une masse inabsorbable de déchets.

B) Les effets sur les flux financiers
L'entreprise est aussi structurellement affectée par l'accélération. J.-L. Beffa expose l'emballement de l'endettement. Le réalisateur a pu constater aussi dans son ancien métier de trader celui des transactions boursières.

C) Les effets sur l'urbanisme
La géographie urbaine est aussi perturbée : pour des raisons d'efficience et de sécurité, les axes de circulation sont spécialisés. Ceux réservés aux circulations rapides ne peuvent être traversés et génèrent une importante pollution sonore. Ces différents réseaux séparent les utilisateurs et cloisonnent les zones résidentielles.

II. Les conséquences sociopolitiques

A) Déséquilibre mondial
Sur le plan global, la sensibilité des enfants fait écho aux remarques du physicien

Étienne Klein : il montre que s'accroît l'écart entre les rythmes de développement des pays selon leur niveau technique et leur richesse. Ils notent aussi une exacerbation de la volonté de puissance des nations.

B) Déséquilibre sociétal

Sur le plan local, les inégalités sociologiques se creusent dans les villes selon le géographe Xavier Desjardins. Elles se configurent pour ceux qui ont les moyens financiers suffisants pour se procurer les moyens de transport les plus rapides. La ville s'étale et son espace se cloisonne, les services s'éloignent accroissant l'inconfort et les difficultés des habitants les plus modestes.

III. Les conséquences psychologiques

A) Sentiment de dépossession

La situation burlesque de Charlot, englouti par la machine censée alléger les tâches manuelles que symbolisent les outils qu'il tient en main mais qui le dépasse par son gigantisme et le réduit à l'état de matière première, révèle l'angoisse sociale latente dès le début du XXe siècle.

B) Difficultés au travail

Nicole Aubert souligne les ravages actuels de l'obsession de la rentabilité sur les relations sociales ce que confirme l'abandon par Gilles Vernet de son premier métier.

C) Angoisse et dépression

Hartmut Rosa montre que le tempo accéléré de la vie dans tous les domaines entraîne une surcharge du corps et de l'esprit. Les dépressions se multiplient, conséquences du stress et d'un dérèglement de la perception du temps qui semble osciller entre frénésie et inertie. Les enfants eux-mêmes notent l'écart qui s'est creusé entre le rythme de la croissance physique resté constant et celui de la vie sociale qui ne cesse de se précipiter.

Conclusion

La vitesse, nouvel impératif absolu qui s'impose au nom de la modernité, inquiète ceux qui prennent le temps du recul. Ils notent que ses progrès largement encensés se paient de dégâts moins visibles. Elle est l'instrument d'un fonctionnement économique déraisonnable, nuisible sur le plan environnemental, inégalitaire et destructeur pour tous ceux qui ne peuvent suivre la cadence imposée par les plus puissants.

B • Écriture personnelle

Les éléments en bleu ne doivent pas apparaître dans la rédaction de l'examen.

Question Quels sont les dangers collectifs les plus menaçants auxquels nous expose l'accélération généralisée ?

Introduction

La vitesse est une valeur phare de la modernité. Chacun se réjouit quotidiennement de la possibilité instantanée de communiquer avec n'importe qui dans le monde, d'accéder à l'information, d'acheter et de recevoir des produits. On ne sait plus ce qu'étaient les déplacements interminables et inconfortables d'autrefois. Cependant, on entend de plus en plus souvent parler de dangers collectifs de la vitesse.

Développement

I. Les accidents dans les transports

Apparemment, le principal danger de la vitesse est les accidents qu'elle occasionne dans les transports individuels et collectifs. Les pamphlétaires, au début du XXe siècle, s'insurgeaient contre le carnage occasionné par les automobiles. Il a fallu codifier la circulation, aménager les voies, réglementer les vitesses sans pour autant parvenir à supprimer les décès et les handicaps graves dus aux accidents de la circulation. Ils restent encore très nombreux malgré les efforts de la prévention routière et des associations de familles de victimes. La contenance en nombre de voyageurs de paquebots, comme le Titanic, ou d'avions de ligne modernes a pour revers un nombre bien plus important de morts en cas de catastrophe.

II. L'épuisement

Cependant au niveau de la vie quotidienne, d'autres critiques peuvent être faites : l'épuisement dû à la durée et à la saturation des transports auquel s'ajoute celui des cadences de travail est mis en lumière aujourd'hui par la multiplication des « *burn-out* ». L'automatisation des tâches humaines accroît le chômage, générateur de dépression et de toxicomanie. La vitesse se paie ici d'un coût social très élevé.

III. Les déséquilibres mondiaux

Moins apparents mais plus graves sont les déséquilibres mondiaux que la vitesse engendre. Les optimisations qu'elle permet ne sont accessibles qu'aux pays les plus riches. La dépendance des plus pauvres, qui sont le plus souvent fournisseurs des matières premières nécessaires, s'en trouve accrue. L'accélération croissante de la consommation et l'universalisation du consumérisme sont enfin les principales causes de l'épuisement des ressources naturelles et du réchauffement climatique qui menace l'humanité.

Conclusion

La vitesse fournit donc à chacun individuellement de nombreux avantages. Mais sa gestion collective est complexe et difficile à réguler. Elle est un enjeu économique et politique désormais mondialisé devant lequel les préoccupations écologiques ne pèsent encore que peu.

Sujet d'entraînement

Augmenter la vitesse des activités humaines ?

À vous de jouer. C'est l'occasion d'appliquer les méthodes vues précédemment en vous entraînant seul, sans corrigé, sur ce troisième sujet.

A • Synthèse de documents (40 points)

Vous rédigerez une synthèse concise, objective et ordonnée des documents suivants.

Document 1 : Albert Londres, « Les Forçats de la route », *Le Petit Parisien*, 27 juin 1924.
Document 2 : Milan Kundera, *La Lenteur*, éditions Gallimard, 1995.
Document 3 : Hervé Didier, « Manger trop vite fait-il grossir ? », *L'Express.fr*, 2 septembre 2015.
Document 4 : Thierry Hillériteau, « La revanche des pianistes chinois », *Le Figaro.fr*, 18 mars 2011.

B • Écriture personnelle (20 points)

La vitesse d'exécution d'une tâche doit-elle être le critère essentiel de son évaluation ?
Vous répondrez à cette question d'une façon argumentée, en vous appuyant sur les documents du corpus, vos lectures de l'année et vos connaissances personnelles.

Document 1

Le Tour de France

Les Pélissier et leur camarade Ville abandonnent.
Beeckman gagne la troisième étape.

(De notre envoyé spécial)
Coutances, 27 juin.
[…]

– Vous n'avez pas idée de ce qu'est le Tour de France, dit Henri, c'est un calvaire. Et encore le chemin de croix n'avait que quatorze stations, tandis que le nôtre en compte quinze. Nous souffrons du départ à l'arrivée. Voulez-vous voir comment nous marchons ? Tenez.

De son sac, il sort une fiole :

►►►

suite

– Ça, c'est de la cocaïne pour les yeux, ça c'est du chloroforme pour les gencives.

– Ça, dit Ville, vidant aussi sa musette, c'est de la pommade pour me chauffer les genoux.

– Et des pilules ? Voulez-vous voir des pilules ? Tenez, voilà des pilules.

Ils en sortent trois boîtes chacun.

– Bref ! dit Francis, nous marchons à la « dynamite ».

Henri reprend :

– Vous ne nous avez pas encore vus au bain à l'arrivée. Payez-vous cette séance. La boue ôtée, nous sommes blancs comme des suaires, la diarrhée nous vide, on tourne de l'œil dans l'eau. Le soir, à notre chambre, on danse la gigue, comme saint Guy, au lieu de dormir. Regardez nos lacets, ils sont en cuir. Eh bien ! ils ne tiennent pas toujours, ils se rompent, et c'est du cuir tanné, du moins on le suppose. Pensez ce que devient notre peau ! Quand nous descendons de machine, on passe à travers nos chaussettes, à travers notre culotte, plus rien ne nous tient au corps.

– Et la viande de notre corps, dit Francis, ne tient plus à notre squelette.

– Et les ongles des pieds, dit Henri, j'en perds six sur dix, ils meurent petit à petit à chaque étape.

– Mais ils renaissent pour l'année suivante, dit Francis.

Et, de nouveau, les deux frères s'embrassent, toujours par-dessus les chocolats.

– Eh bien ! tout ça – et vous n'avez rien vu, attendez les Pyrénées, c'est le *hard labour*, – tout ça nous l'encaissons. Ce que nous ne ferions pas faire à des mulets, nous le faisons. On n'est pas des fainéants, mais, au nom de Dieu, qu'on ne nous embête pas. Nous acceptons le tourment, nous ne voulons pas de vexations ! je m'appelle Pélissier et non Azor ! J'ai un journal sur le ventre, je suis parti avec, il faut que j'arrive avec. Si je le jette, pénalisation. Quand nous crevons de soif, avant de tendre notre bidon à l'eau qui coule, on doit s'assurer que ce n'est pas quelqu'un, à cinquante mètres qui la pompe. Autrement : pénalisation. Pour boire, il faut pomper soi-même. Un jour viendra où l'on nous mettra du plomb dans les poches, parce que l'on trouvera que Dieu a fait l'homme trop léger. Si l'on continue sur cette pente, il n'y aura bientôt que des « clochards » et plus d'artistes. Le sport devient fou furieux.

– Oui, dit Ville, fou furieux.

Un gosse s'approcha

– Qu'est-ce que tu veux, mon petit ? fait Henri.

– Alors, monsieur Pélissier, puisque vous n'en voulez plus, qui va gagner maintenant ?

Albert Londres, « Les Forçats de la route », *Le Petit Parisien*, 27 juin 1924

SUJET D'ENTRAÎNEMENT

Document 2

La vitesse est la forme d'extase dont la révolution technique a fait cadeau à l'homme. Contrairement au motocycliste, le coureur à pied est toujours présent dans son corps, obligé sans cesse de penser à ses ampoules, à son essoufflement ; quand il court il sent son poids, son âge, conscient plus que jamais de lui-même et du temps de sa vie. Tout change quand l'homme délègue la faculté de vitesse à une machine : dès lors, son propre corps se trouve hors du jeu et il s'adonne à une vitesse qui est incorporelle, immatérielle, vitesse pure, vitesse en elle- même, vitesse extase.

Curieuse alliance : la froide impersonnalité de la technique et les flammes de l'extase. Je me rappelle cette Américaine qui, il y a trente ans, mine sévère et enthousiaste, sorte d'apparatchik de l'érotisme, m'a donné une leçon (glacialement théorique) sur la libération sexuelle ; le mot qui revenait le plus souvent dans son discours était le mot orgasme ; j'ai compté : quarante-trois fois. Le culte de l'orgasme : l'utilitarisme puritain projeté dans la vie sexuelle ; l'efficacité contre l'oisiveté ; la réduction du coït à un obstacle qu'il faut dépasser le plus vite possible pour arriver à une explosion extatique, seul vrai but de l'amour et de l'univers.

Milan Kundera, *La Lenteur*, coll. NRF © éditions Gallimard, 1995

Document 3

Avaler votre repas en quatrième vitesse ferait grossir. Nous vous guidons pour mieux comprendre le lien entre prise de poids et alimentation trop rapide.

Notre mode de vie stressant, nos responsabilités professionnelles et nos obligations personnelles concourent à favoriser le grignotage et raccourcir nos temps de repas.

En mangeant vite, la plupart des personnes ont tendance à manger plus. Cela vient du fait qu'elles n'ont physiologiquement pas le temps de ressentir la satiété. Les diététiciens considèrent que ce n'est qu'au bout de 20 minutes que l'organisme commence à envoyer des signaux pour indiquer que l'on n'a plus faim. Ce phénomène a fait l'objet d'une étude scientifique en 2009, publiée dans The Journal of Clinical Endocrinology & Metabolism. Elle démontrait que les risques d'obésité augmentent chez les personnes qui prennent des repas trop rapides, car ont tendance à augmenter leurs apports énergétiques.

À ce constat physiologique s'ajoute un autre constat plus culturel. Repas rapides riment souvent avec mauvaise qualité nutritionnelle. Les plats à emporter ou à manger sur le pouce sont souvent trop gras, trop saturés en sodium et trop pauvres en éléments nutritifs véritablement intéressants.

Manger trop vite aura donc tendance à faire manger plus, et à orienter vers une alimentation trop riche. Quand on sait que selon une moyenne de l'INSEE, les salariés français consacrent 22 minutes à leur déjeuner, on se dit qu'on a tout intérêt à faire mieux que la moyenne.

►►►

suite

Pour allonger la durée de vos repas, n'hésitez pas à poser votre fourchette de temps à autre, à prendre une gorgée d'eau ou à faire une petite pause pour profiter de la conversation. Ainsi, manger lentement vous permettra de mieux apprécier la qualité de votre alimentation, et de savoir si vous avez réellement encore faim ou pas. En évitant de passer par les contraintes de la case « régime », vous mangerez alors moins et mieux.

Hervé Didier, « Manger trop vite fait-il grossir ? » © *L'Express.fr*, 2 septembre 2015

Document 4

Cette fascinante faculté des Chinois à pouvoir tout jouer plus vite que les autres, Pierre Réach la connaît bien. Le concertiste et pédagogue français est professeur *honoris causa* au conservatoire de Shanghaï. Il a constaté que le niveau technique moyen n'y était pas meilleur que partout ailleurs ; aussi ne croit-il pas à une invasion massive de pianistes chinois sur la scène internationale. « En revanche, constate-t-il, lorsqu'un élève se détache du lot, son niveau technique et artistique est cent fois supérieur à celui des plus brillants élèves des autres pays. On peut dire ce qu'on veut d'un Lang Lang, mais que ses excentricités agacent ou pas (quand il joue en concert le *Vol du bourdon* sur iPad, par exemple) il surpasse bon nombre d'interprètes en rapidité d'exécution et vivacité d'esprit. » Il y voit trois explications. D'abord la langue : « D'une rare subtilité sonore, elle développe l'audition et la faculté de mémorisation. » Puis les conditions de travail sur place, parfois épiques : écoles de musique surpeuplées, classes minuscules et souvent vétustes, instruments chinois fabriqués à la chaîne et de qualité discutable. Ces facteurs favoriseraient une plus grande rapidité d'adaptation. Il y a enfin leur capacité de travail : « Ce sont des bêtes de somme, avoue-t-il. J'ai connu un garçon de neuf ans qui travaillait cinq heures par jour au conservatoire, et encore trois heures chez lui. Ces enfants consacrent leur vie au piano : ils n'ont pas de vie à côté, mais c'est un sacrifice qu'ils sont prêts à accepter dès le plus jeune âge. »

Thierry Hillériteau, « La revanche des pianistes chinois » © *Le Figaro.fr*, 18 mars 2011

3 • Thème 2
De la musique avant toute chose ?

Chapitre 1

Les mots-clés

A • La « musique », le mot et la chose

« De la musique avant toute chose » : l'énoncé de ce thème au programme de Culture générale est une citation d'un célèbre vers du poète Verlaine qui souligne l'importance de la musique, familière à chacun d'entre nous. Ce mot très courant a pourtant des acceptions différentes et est fréquemment employé de façon figurée.

1 • Définition du dictionnaire

MUSIQUE

subst. fém.

I. A. Combinaison harmonieuse ou expressive de sons.

B. Interprétation d'œuvre(s) musicale(s).

C. Notation écrite d'une œuvre musicale ; partition.

D. Ensemble d'instrumentistes.

II. Par analogie

A. Littér. Suite de sons plus ou moins agréables à l'oreille faisant penser à la musique.

B. LING., STYL. Harmonie par rapport au rythme et aux sonorités des mots ; effets musicaux. Musique d'une phrase, d'une période, d'un vers, d'un poème.

C. *Musique intérieure, musique de l'âme. Rien ne nous avait préparés à cette musique de l'âme, dont chaque note est un sentiment ou un soupir du cœur humain.*

D. Loc. fig. pop. et fam.

Faire de la musique, une musique. Émettre des protestations, des récriminations véhémentes.

C'est toujours la même musique. Il(s), elle(s) dit(disent) toujours la même chose. Synon. *chanson, histoire.*

Changer de musique. Parler d'autre chose, changer de sujet de conversation. Synon. *disque, refrain.* (Dict. XIXe et XXe s.).

C'est une autre musique. C'est un autre avis, une opinion différente. Synon. *son de cloche* (au fig.).

Connaître la musique. Être au fait d'une affaire dans tous les détails, ou être au courant de la routine. Synon. *connaître les ficelles du métier.*

(C'est de la) petite musique (péj.). C'est de la broutille, une chose négligeable, méprisable.

Site internet du *Trésor de la langue française*, 2020, http://stella.atilf.fr/

Le terme nous est familier mais le champ qu'il recouvre est cependant si vaste qu'il faut recourir aux encyclopédies pour le cerner. Diverses disciplines posent la question de la nature de la musique.

2 • Une approche philosophique

Selon le philosophe Francis Wolff auteur de *Pourquoi la musique ?* (Fayard, 2015), la qualification la plus simple de la musique est l'art des sons.
Qu'est-ce qu'un son ? Il est l'effet du mouvement d'un corps ou d'un objet ; il représente donc une menace possible qui met notre instinct en alerte. Tout être vivant y est sensible pour des raisons de survie. Il est aussi produit par de nombreuses espèces animales et constitue alors un signal d'alerte de menace ou de séduction. Mais l'espèce humaine est la seule à avoir élaboré un art des sons.

Au niveau élémentaire, on a longtemps distingué les sons dits musicaux, relativement simples, sinon purs, produits par des instruments spécialisés, appelés instruments de musique, et les bruits, de nature complexe et d'origine quelconque. La recherche de sonorités simples et pures, seules susceptibles de perception claire et de notation précise, a d'abord été l'objectif principal des musiciens. Un tel état d'esprit a subsisté chez les théoriciens jusqu'à la fin du XIXe siècle, et Littré donne de la musique cette définition : « Science ou emploi des sons qu'on nomme rationnels, c'est-à-dire qui entrent dans une échelle dite gamme »... Et pourtant, depuis toujours, sans doute, les musiciens ne s'étaient pas privés de recourir à des sons « sauvages » qui ne pouvaient entrer dans aucune gamme connue à leur époque : les partitions d'opéras, en particulier, abondent en exemples de bruitages intégrés à la musique. Berlioz, contemporain de Littré, pouvait écrire en 1843 dans son *Grand Traité d'instrumentation et d'orchestration modernes* : « Tout corps sonore utilisé par le compositeur est un instrument de musique. »

Entre le son (relativement) pur d'une hétérodyne ou d'un diapason et le son « sale » d'un jet de vapeur échappé d'une marmite, il y a des différences de degrés dans la complexité et non pas de nature. Les principes fondamentaux de l'harmonie, qui sont si facilement applicables à des sons simples, peuvent également s'appliquer à des sons plus complexes, selon des modalités évidemment différentes. Si la musique occidentale n'a fait pendant longtemps qu'un usage discret des sons « impurs », c'est sans doute parce que son processus de création passe traditionnellement par le stade de l'écriture, et que ce genre de sons se prête mal à son type de notation.

Ce n'est donc pas la nature du son qui distingue la musique du bruit, mais l'usage qu'en fait le compositeur. Une tache sonore composée d'un mélange informel de sons « musicaux » est proprement un bruit, tandis qu'un concert d'assiettes, de verres, de bouteilles, de casseroles et de moulins à café, convenablement organisé, peut prétendre à la qualité d'œuvre musicale.

Pierre Billard, Michel Philippot, © *Encyclopædia Universalis*, article « Musique »

3 • Une approche anthropologique

Cet art des sons semble aussi vieux que l'espèce humaine. On en trouve la preuve avec des vestiges préhistoriques d'instruments de musique.

Le plus vieil instrument de musique identifié...

En septembre 2008, dans la grotte de Hohle Fels (dans le Jura souabe en Allemagne) ont été découverts les fragments d'une flûte en os de vautour. Elle mesure 22 cm et comporte cinq trous. Elle est datée (par la méthode du Carbone 14) de plus de 35 000 ans !

« C'est sans ambiguïté le plus vieil instrument de musique dans le monde ! » a déclaré l'archéologue Nicholas Conard lors de la publication de la découverte dans la revue *Nature* (en juin 2009).

Trois flûtes ont en fait été mises à jour par les chercheurs. La seconde est en ivoire de mammouth et la dernière en os de cygne.

www.hominides.com

Cet art des sons, aussi vieux que l'humanité est aussi présent partout dans le monde. Au-delà de la diversité apparente des musiques dans le monde, il existe des invariants mis en évidence par des chercheurs en neurosciences : toute musique organise, dans le temps, des sons de hauteurs inégales qui se répètent de façon cyclique, ce qui constitue des gammes. Celles-ci sont de type variable.

4 • Une approche psycho-physiologique

Cette capacité de produire de la musique relève donc d'une aptitude physiologique de l'espèce humaine proche de celle qui permet le développement du langage, inscrite dans le corps depuis la gestation.

Déjà *in utero*, le bébé perçoit les rythmes physiologiques du corps de sa mère. Son propre rythme cardiaque bat plus vite et résonne en contrepoint de celui du cœur maternel. Des sons externes le renseignent sur l'alternance du jour et de la nuit. Les voix, les musiques émaillent son univers quotidien.

À la naissance, il semble doté d'une capacité extraordinaire : celle de discriminer des sons à la seconde près. Par exemple, pour différencier le son « ba » du son « pa » qui se distinguent par le rythme des attaques de la voix, il se montre capable d'estimer des temps de l'ordre de quelques fractions de secondes.

C'est aussi par le rythme, durées plus ou moins longues entre sons et silence, que le petit va saisir la différence entre les paroles qui reviennent, rituelles et répétitives, et celles jamais entendues auparavant. Ce rythme auditif se double du rythme gestuel par lequel, souvent, les adultes s'expriment en parlant, comme pour compléter ou préciser ce que les mots seuls ne disent pas. Cette partition visuelle et sonore favorise l'intégration et l'appropriation par l'enfant de syllabes, mots, onomatopées qu'il reprendra peu à peu dans son propre babil. Au rythme ressenti par les mouvements de son propre corps, gestes des mains, balancements ou rebondis de son corps dès que la station assise le lui permet, il associe toutes sortes de sons vocaux, intonations, murmures, bruitages expressifs. Le son produit n'est jamais séparé du corps, tant au niveau de la perception que de la production. Le bébé entend les sons et en perçoit physiquement les vibrations. Vocaliser, c'est donc pour lui s'entendre et éprouver les sensations que cette voix lui procure.

▶▶▶

suite

Il explore sa respiration en vocalisant sur l'expire et l'inspire, il s'étonne parfois de chanter fort ou longtemps, ce qui implique qu'il s'appuie sur une pression supplémentaire des abdominaux. Il expérimente aussi des sons plus doux qui marquent un apaisement. Son quotidien est jalonné de moments où la voix l'accompagne, le stimule, le berce.

La voix est pour l'enfant une source infinie de découverte et d'exploration de son propre corps. Cela passe par les jeux de souffle, d'onomatopées, de tension et de détente musculaire, de rythmes, de placement de la voix et de mise en résonance. Et cela commence dès que les parents s'adressent au nouveau-né d'une voix chantante, s'adaptent à son regard, ses mimiques, aux mouvements de ses bras ou de ses pieds, et très vite ont envie de lui chanter des comptines. Véritables petits messages culturels, elles répondent à l'évolution de son développement, en même temps qu'elles lui permettent de se sentir très vite acteur.

Chantal Grosléziat, « Le corps en musique », *Spirale,* 2010, n° 56

Cette aptitude au chant et à la danse, bases de l'art musical, est peut-être le résultat de l'évolution de l'espèce humaine. Certains chercheurs ont une autre hypothèse : il pourrait aussi s'agir d'une invention mais dont la pratique a fini par modifier les facultés cérébrales des humains.

5 • Une approche mythique

La musique est présente dans de nombreux mythes et légendes du monde entier : par exemple, le dieu Bragi des civilisations nordiques préside à la poésie, à l'interprétation des runes (écritures secrètes) et joue de la harpe.

L'Antiquité grecque considère aussi la musique comme l'apanage des dieux :

- **Pan** entraîne son cortège de **Satyres** au son de sa flûte mais c'est **Apollon,** représenté avec sa lyre, qui l'incarne le plus précisément. Trois des neuf muses qui l'accompagnent président à des formes particulières de musique : Euterpe, la joueuse de flûte, est la muse de la musique instrumentale, Terpsichore celle de la poésie lyrique et de la danse, Erato celle du chant nuptial.
- Mais c'est un héros, le poète **Orphée**, qui l'incarne de la façon la plus saisissante. Ovide raconte que le son de sa voix accompagné de sa lyre charmait les humains, les animaux sauvages et même les puissances infernales à la rencontre desquelles il s'aventura pour les supplier de redonner la vie à son épouse Eurydice, tuée par un serpent. Il obtint d'eux de la ramener à la lumière à condition de ne pas la regarder durant le voyage du retour. Mais il transgressa cet interdit et elle disparut. Revenu seul à la lumière, désespéré de l'avoir à nouveau perdue, il se retira dans la nature. Les **Ménades**, femmes déchaînées par le culte de Dionysos, furieuses de son indifférence le mirent en pièces. Cette histoire emblématique inspira de nombreux auteurs et compositeurs. Elle est le sujet du premier opéra composé par Monteverdi au début du XVIIe siècle.

La musique est encore associée à la mort dans le mythe des **Sirènes** affrontées par Ulysse dans *L'Odyssée* ou au supplice de Marsyas lié à l'invention de la flûte.
https://mythologica.fr/grec/marsyas.htm

6 • Une approche physique

Parallèlement, dès l'Antiquité, les philosophes grecs ont rapproché la musique et les phénomènes naturels. Pythagore (580-495 av. J.-C.) considérait que les lois harmoniques de la musique étaient le reflet de l'ordre du monde naturel. Sa pensée fut transmise tout au long de l'Antiquité et du Moyen Âge. Ainsi la musique était-elle enseignée au cours du cycle du quadrivium en même temps que l'arithmétique, la géométrie et l'astronomie dans les universités médiévales.
La science de la Renaissance ne remit pas en cause cette théorie de la musique des sphères que l'astronome Johannes Kepler (1571-1630) modifia par la loi qui porte son nom ; elle énonce que la hauteur du son émis par une planète est proportionnelle à la vitesse de son déplacement. Il représente sur une portée les sons émis par les planètes au cours de leur déplacement qu'il considère comme un hymne cosmique à la gloire du Créateur.

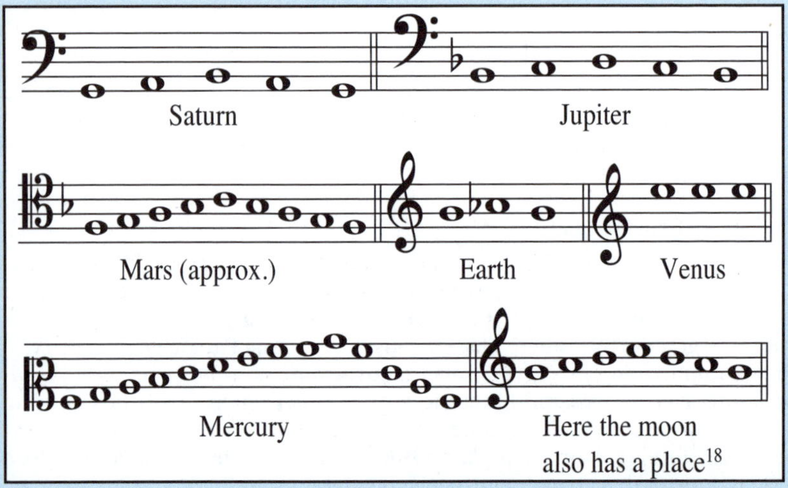

Partition planétaire de Kepler, originale et transposée suivant les usages modernes
Source : http://culture.uliege.be

La physique moderne renonça à cette théorie qui connaît aujourd'hui un rebond insolite. On a découvert que les étoiles émettent des vibrations qui fournissent de nombreuses informations sur leur nature.

Dossier « Le chant des étoiles, la nouvelle musique stellaire » :
https://www.futura-sciences.com/sciences/dossiers/univers-chant-etoiles-nouvelle-musique-stellaire-1857/

B • La problématique et les mots-clés

Le thème de culture générale pour les sessions 2020 et 2021 « De la musique avant toute chose » est ainsi présenté dans le Bulletin Officiel :

Problématique

La musique accompagne nos vies : dès le plus jeune âge, avant même la naissance semble-t-il, l'être humain est sensible au son, au rythme, à l'harmonie et au silence. La musique est source de plaisir, d'enthousiasme, de sensations fortes qui marquent notre mémoire. Très présente dans notre quotidien, elle est liée à la fête et à la danse, aux rites, mais aussi aux moments plus douloureux de l'existence. Elle peut offrir un refuge, voire nous isoler du monde. On l'écoute avec attention à l'occasion d'un concert, parfois elle passe plus inaperçue : musique d'ambiance entendue par hasard, presque par accident, émission de radio suivie distraitement. Il arrive aussi qu'elle agresse et provoque des réactions de rejet et d'exaspération.

La musique est un art exigeant, qui demande habileté technique et connaissances théoriques. Elle impose souvent une formation longue, difficile, parfois même éprouvante, puis un entraînement sans fin. Pour autant, les logiciels de création musicale la rendent aujourd'hui plus accessible. La musique requiert également l'investissement de ceux qui l'écoutent : temps, disponibilité, sensibilité, culture. Cependant, les critères d'appréciation sont multiples, à l'instar de la diversité des musiques.

Aujourd'hui, les outils numériques facilitent l'accès à des millions d'œuvres. Pourtant, que l'on soit en France ou n'importe où dans le monde, on a tendance à écouter les mêmes musiques, les mêmes chansons ; on vibre aux mêmes rythmes, on adule les mêmes stars. Magie de la communication moderne qui facilite la circulation des biens culturels et le partage, ou standardisation qui fait disparaître les singularités nationales et régionales, la richesse et la diversité ? Comment même créer sa « play list », alors que les algorithmes sont capables d'anticiper nos choix ?

En tant qu'œuvres d'art, le morceau, la pièce ou la chanson peuvent aussi revêtir une dimension sociale ou politique. Hymnes nationaux, chants révolutionnaires, chansons engagées, morceaux emblématiques d'une génération, la musique prend différentes formes qui l'amènent à servir une cause. Elle devient dans ce cas la référence d'un groupe social, d'une époque, la clé d'un événement historique. Doit-on alors l'appréhender comme un art essentiellement fédérateur ? La mode, la pression du collectif et de la norme laissent-elles encore une place à la singularité des goûts musicaux ?

Bulletin officiel, Éducation nationale, 12 mars 2020

Le programme propose aussi, pour guider l'étude, une série de termes et d'expressions qui peuvent être classés selon les catégories logiques de la façon suivante :

Mots-clés

– Son, voix, instrument, silence, bruit, harmonie, dissonance, accord, note, chanson, morceau, composition, scie, danse, euphonie, cacophonie, polyphonie, contrepoint, tube, refrain, rengaine, leitmotiv, rythme, tempo, cadence, variations, mélodie.

►►►

suite

- Musique classique, musique électronique, symphonie, musique populaire, variétés, musique folklorique, musique funèbre, musique sacrée, musique religieuse, requiem, musique de chambre, chant, opéra, comédie-ballet, opérette, musique militaire, musique de film, bande originale, jingle, jazz, rock'n'roll, rap, slam, comédie musicale, reggae, musique zen, musique sérielle, dodécaphonisme, hymne, comptine, berceuse, musique d'ambiance, musique d'ascenseur, musique de supermarché, musique pour spots publicitaires, etc.
- Musicien, compositeur, interprète, maître, chanteur, cantatrice, rock star, beat-box, groupe, mélomane, orchestre, fanfare, chorale, chœur, maîtrise, musique d'harmonie.
- Concert, festival, récital, bal musette, rave party, karaoké, musicothérapie, musique de jeu vidéo, concours de chant, télé-crochet musical.
- Conservatoire, académie, partition, solfège, gamme, improvisation, musique assistée par ordinateur.

Expressions

La musique adoucit les mœurs ; mettre un bémol ; ne tirez pas sur le pianiste ! ; travailler en musique ; réglé comme du papier à musique ; se mettre au diapason ; en avant la musique ! ; aller plus vite que la musique ; c'est toujours la même chanson ; on connaît la musique, etc. ; changer de refrain ; c'est du pipeau ! ; accordez vos violons ; emboucher la trompette de la Renommée ; sans tambour ni trompette ; un concert de louanges ; à cor et à cri ; aller crescendo ; faire crincrin ; pousser la chansonnette ; toucher la corde sensible ; avoir des trémolos dans la voix, etc.

C • Le plan de cet ouvrage

Après cette présentation de la notion de musique et de la problématique définie par le programme, la question est étudiée de la façon suivante :
Le chapitre 2, **Musiques et cultures** s'intéresse à la diversité des formes musicales et aux différents types de relation qu'elles entretiennent.
Le chapitre 3, **Pratiques musicales**, envisage les différentes façons de faire de la musique, les spécificités des métiers liés à la musique et la fascination qu'exercent aussi bien ces artistes que l'art qu'ils servent.
Le chapitre 4, **Musique et pouvoirs**, examine les effets de l'écoute de la musique sur les individus et les groupes qui incitent à l'utiliser pour dominer ou pour résister.
Le chapitre 5, **Musique et économie**, met en évidence l'influence des évolutions sociales et techniques sur la création et la consommation musicale, et souligne les aspects contemporains de ce secteur économique.

Chapitre 2

Musique et cultures

La musique est universelle mais elle fait partie de ce qui caractérise une culture. Il y en a donc autant que de cultures. Cette diversité rapproche et sépare.

A • La musique sacrée

Les formes les plus anciennes de musique accompagnaient les cultes et les rituels.

1 • Dans les sociétés animistes et polythéistes

La musique accompagne tous les moments essentiels de la vie auxquels chaque culture associe des rituels religieux spécifiques. Elle est de fait très largement utilisée par les sociétés animistes comme moyen de contact avec les esprits, sollicités à l'occasion des moments clés de l'existence : naissance, mariage, mort, exorcisme, rituels de passage et d'initiation, départ en guerre, etc.

Dans le *candomblé,* un culte afro-brésilien pratiqué à Bahia mais aussi ailleurs au Brésil, la musique et la danse sont des moyens efficaces de représentation du sacré en vue de la transmission de contenus religieux ; elles sont indispensables à l'établissement de liens entre le monde profane et la sphère spirituelle des *orixás*[1] (ou *santos*). [...] La musique ordonne et structure tout le déroulement du rite. Pendant la réclusion des novices (*abiã*) dans le *roncó2,* la progression cyclique des moments rituels est marquée par la musique. Des *cantigas* particulières sont entonnées le matin, d'autres l'après-midi ou au crépuscule. D'autres encore sont interprétées avant les repas, au moment des ablutions, et ainsi de suite. Étant donné qu'il est interdit de parler pendant ce temps dans le *roncó,* ces chants représentent le moyen de communication le plus sûr pour les novices en réclusion.

L'ordre que la musique impose au déroulement temporel et à la succession des événements est bien illustré par la séquence des chants destinés aux divinités lors du rite public dans le *barracão3*. Cette séquence des *orixás* invoqués (*xirê*) ordonne la cérémonie : les invocations musicales, les formules rythmiques qui les accompagnent au tambour, les salutations verbales, la danse et la représentation sont autant d'éléments qui, vus en rapport avec ce qui se passe directement dans le *barracão,* donnent, sous une forme de spectacle total, une image de la personnalité de tel ou tel *orixá*. Bien que la séquence des *orixás* invoqués lors du *toque4* peut varier d'une congrégation à l'autre, il existe un certain consensus faisant que l'on commence toujours avec les chants adressés à *Exu,* suivis par ceux

►►►

suite

appelant *Oxóssi*, *Ossaim* ou *Omolu*, l'invocation à *Oxalá* terminant la série. Les invocations musicales s'adressant aux autres divinités - une quinzaine en tout - y sont insérées. Le principe organisateur de la musique dans le temps sacré du rite engage toute l'assemblée des fidèles, comme l'illustre la fréquence de remarques du genre : « Tu es juste à temps, le *toque* en est encore à *Ogun* ».

1. divinité.
2. pièce secrète du lieu de culte.
3. salle principale.
4. rythme.

Tiago de Oliveira Pinto, « La musique dans le rite et la musique comme rite dans le candomblé brésilien », traduction d'Isabelle Schulte-Tenckhoff, *Cahier d'ethnomusicologie* n° 5, 1992 Dossier « Musiques rituelles »

Les mythologies du paganisme antique utilisaient la musique dans les cultes rendus à Apollon ou à Dionysos. Dans ce dernier cas, la musique et la danse étaient associées au vin pour créer un état de délire orgiaque. Ces scènes sont représentées sur un vase destiné à recevoir du vin dont la description et l'analyse peuvent être lues sur le site suivant :
http://www.polyxenia.net/le-culte-de-dionysos-p1323180

Aujourd'hui encore, la musique est utilisée pour créer un état de transe nécessaire à l'entrée en contact avec les puissances surnaturelles dans le vaudou ou le chamanisme.

2 • Le judaïsme

Des récitatifs, des chants et des morceaux musicaux joués par les lévites ponctuaient les cérémonies à l'occasion des grandes fêtes des Hébreux. Les psaumes rassemblés dans la Bible sont des hymnes à la gloire de Dieu. Ils étaient accompagnés de musique, ce que montre l'article suivant :
https://www.iemj.org/fr/contenuen-ligne/articles-de-fond/musiques-liturgiques/psaumes-et-psalmodie

3 • Le christianisme

La musique est essentielle dans les cultes chrétiens. Au Moyen Âge, le chant grégorien pratiqué par les moines était la principale forme de la prière ; cette musique spirituelle était le soutien de l'adoration.
Moines de l'abbaye de Solesmes, messe de la Chandeleur (chant grégorien) :
https://www.youtube.com/watch?v=lowPQdcKsG4

Puis la musique devint l'accompagnement de toutes les cérémonies religieuses. Des messes furent commandées aux plus grands compositeurs par l'Église catholique et les princes jusqu'à la fin du XIXe siècle pour toutes sortes d'occasions. Elles sont de style et de tonalité très variées. Par exemple, pour la *messe de minuit de la fête de Noël*, le compositeur Marc-Antoine Charpentier (1643-1704) utilisa des thèmes de chansons populaires pour les différentes parties de l'office.
Marc Antoine Charpentier, *Messe à 4 chœurs* :
https://www.youtube.com/watch?v=-oiBhzKgphU

Des *Te Deum* (chant d'actions de grâce), des *Requiem* (prières pour les morts), des psaumes étaient aussi mis en musique. Ceux de Mozart, de Verdi et de Fauré sont particulièrement célèbres.
Mozart, *Requiem* : https://www.youtube.com/watch?v=Dp2SJN4UiE4

Le culte catholique actuel est accompagné de musiques plus simples et en langue vernaculaire pour favoriser la participation et la communion des fidèles.
Au moment de la Réforme (début du XVIe siècle), la musique a été diversement intégrée dans les cultes protestants. Mal reçue par les calvinistes, elle occupa une place importante dans l'Église luthérienne comme en témoigne le nombre de pièces composées par Jean-Sébastien Bach (1685-1750) pour les offices, parmi lesquelles trois cent cantates.
Jean-Sébastien Bach, chœur final de la *Passion selon Saint Jean* :
https://www.youtube.com/watch?v=s0NZJhVuQwY

Le protestantisme s'implanta largement aux États-Unis. Les negro spirituals fédérant, la communauté des esclaves noirs au XVIIIe siècle, donnèrent naissance au gospel hymns et aux gospels songs dans les églises baptistes et pentecôtistes.
Aujourd'hui le succès de l'Église protestante évangélique repose particulièrement sur la place de la musique, rythmée et festive, dans le culte.

4 • L'Islam

Le Coran n'évoque pas directement la musique mais certaines lectures y trouvent une allusion dans un verset.

> Le verset en question est le 6e de la sourate 31 : « Tel homme ignorant se procure des discours futiles pour égarer les autres hors du chemin de Dieu et prendre celui-ci en dérision. Voilà ceux qui subiront un châtiment ignominieux ». (Traduction de Denise Masson, 1967).
>
> Depuis le IXe siècle, deux courants de pensée s'affrontent sur le sens de ce passage. Si certains y voient une référence à la musique, d'autres penchent plutôt pour une allusion aux religions polythéistes. Mais la question n'a jamais été tranchée en termes d'interdit, car dans l'Islam, est désigné comme « haram » (impur en arabe) ce qui est explicitement écrit dans le Coran. Ce qui est le cas pour l'alcool par exemple, mais pas pour la musique.
>
> Pourtant la musique est très présente dans l'Islam. Inutile de rappeler toute la richesse de la culture arabo-musulmane qui est là pour témoigner de plusieurs siècles de tradition musicale.
>
> « Quelle est la place de la musique dans l'islam ? », www.francemusique.fr, 7 décembre 2015

Les mystiques soufis voient, à l'inverse, dans la musique et la danse un moyen d'entrer en contact avec Dieu.

> D'une manière générale, on désigne ces mystiques sous le nom de « soufis ». Certains ont transmis leur connaissance à leurs disciples ; d'autres sont décédés sans avoir jamais enseigné, mais l'énergie divine (*baraka*) qui
>
> ►►►

THÈME 2 : DE LA MUSIQUE AVANT TOUTE CHOSE ?

suite

émanait de leur personne leur a valu d'être vénérés et imités longtemps après leur mort. C'est ainsi que sont nées les confréries (*tarîqa*), les voies diverses du soufisme.

Au fil des siècles, les techniques et les œuvres des saints fondateurs se sont perpétuées, traversant avec plus ou moins de succès de dangereuses périodes de censure et de répression, pour donner ce patrimoine poétique et musical que nous connaissons aujourd'hui.

Une des pratiques fréquemment associée aux méthodes du soufisme est ce qu'on appelle le *sema* ou *samâ*, l'audition mystique, dont le but est de « faire surgir ce qui est dans le cœur » : à la recherche d'un état intérieur, le fidèle a une attitude plutôt passive et réceptive. Puis vient le *zikr* ou *dhikr*, rituel plus actif de remémoration et d'invocation. La confession de foi – *« La ilaha illa Allah, il n'y a de Dieu que Dieu »* – éveille chez le croyant la conscience de l'être unique. Par sa répétition chantée, psalmodiée, murmurée, parfois presque silencieuse, ou au contraire montant de la gorge et grondant comme une vague, l'esprit glisse de l'invocation sonore à la contemplation silencieuse, de l'éphémère à l'éternel.

Vincent Zanetti, « La musique pour se rapprocher du divin », www.rts.ch, septembre 2017

À la même époque, en Orient, se développe le bouddhisme tibétain dont la musique emprunte beaucoup au chamanisme.

B • La diversité des musiques profanes

1 • La diversité géographique

Un grand nombre de musiques dans le monde sont restées attachées à leur fonction magique, ce qui les a figées dans une forme traditionnelle. À l'inverse, la musique profane a pu se développer et se diversifier dans les différentes régions du monde occidental.

[À l'inverse de ce qui s'est produit dans certaines cultures] la musique occidentale s'est donnée pour un jeu gratuit, indemne de toute justification, un art laïque sans finalité religieuse, morale ou métaphysique. Pour elle, tous les sons se valent : un son n'est ni un dieu, ni une vertu, ni un symbole, ni un talisman ; il n'est ni mâle ni femelle. Il est tout simplement un phénomène physique défini par sa durée et sa hauteur. À l'aube des temps modernes, la constitution du système musical occidental est une des plus étonnantes conquêtes de l'esprit rationnel. Cela ne signifie nullement qu'une œuvre musicale ressortissant à ce système ne puisse avoir une signification religieuse, morale ou métaphysique, mais l'acte musical proprement dit y a perdu son caractère sacré. Le concert est une cérémonie qui crée sa propre liturgie. La tradition occidentale est probablement la seule qui admette qu'un homme impur puisse créer des sons purs.

Pierre Billard, Michel Philippot, © *Encyclopædia Universalis*, article « Musique »

La musique occidentale varie selon les lieux. Le violoniste Yehudi Menuhin le remarqua au cours de sa longue carrière itinérante.

> Si une vie entière de voyage m'a appris quelque chose, c'est que la musique reflète la société, le paysage, et jusqu'au climat et la géologie du pays où elle voit le jour. Prenez Brahms par exemple : produit des paysages brumeux de l'Allemagne du Nord, ses œuvres sont pleines de mystère de rêverie, d'introspection. La brume donne une impression d'infini car elle peut aussi bien couvrir la terre entière que se dissiper à un mètre de là. Pas moyen de le vérifier ; et dans cet infini de brume insondable et incertain, on rentre en soi même en quête de son âme. Ce n'est pas par hasard si les gens de Hambourg et de Brême comprennent Brahms comme nul autre public, ni si Toscanini, formé à la dure et pure lumière d'Italie ne sut pas occuper les espaces paisibles de cette musique
>
> Yehudi Menuhin, *Voyage inachevé : autobiographie,* Le Seuil, 1979

Il observa aussi que l'attitude des publics pendant un concert diffère selon les usages des pays.
De plus, à l'intérieur de chaque culture spécifique, on remarque la cohabitation de divers types de musiques écoutées et pratiquées par des catégories sociales différentes.

2 • La distinction entre musique savante et populaire

Outre sa fonction religieuse, la musique accompagnait tous les moments de la vie laborieuse ou festive. À partir du Moyen Âge, en Europe, parallèlement aux musiques populaires apparaît une musique de cour composée par les troubadours et les trouvères. La société de cour se répand à partir de la Renaissance et est à l'origine du développement d'une musique spécifique destinée à diverses formes de spectacles qui y sont donnés : concerts, ballets, théâtre musical et opéra.

> Comment imaginer aujourd'hui – à une époque qui se croit drôle et se veut, comme elle dit, « libérée », mais qui ne semble pas gaie dans les alentours du pouvoir –, comment concevoir que, parce qu'on va danser, le château de Saint-Germain ou le palais du Louvre se transforment en ruche et se trouvent ainsi, chaque hiver, agités d'un branle-bas général, d'un va-et-vient chaque jour plus fiévreux, de maîtres-à-danser et de grands seigneurs répétant leur rôle, de costumières et de princesses fourbissant leurs atours et affinant leurs entrechats, dans une agitation au moins égale aux grands jours d'effervescence (quand la cour s'en va en Flandre, et que trois mille personnes font leurs bagages) ou aux grands moments de la politique ou de la guerre ?
>
> C'est pourtant bien ainsi qu'il faut se représenter les choses : les documents le disent, entre leurs lignes sèches. Ils nous affirment qu'on répète le ballet pendant deux mois, que vers la fin il y a trois répétitions par jour, dédoublées parfois en plusieurs lieux du château, qui s'est rempli de répétiteurs et de violons brusquement promus maîtres de l'emploi du temps et du
>
> ►►►

suite

protocole. À l'exception de la messe, tout plie : lever, dîner, coucher, cérémonial [...]

Quand on touchera aux derniers jours avant la première, pour les générales (on en compte huit, dont quatre en costume !), il faudra ajouter le bataillon des figurants, la cohorte des tailleurs et de leurs garçons, des habilleuses et des petites mains, l'escouade des plumassiers, des perruquiers et des coiffeurs, plus les fabricants de masques (on danse masqué) et d'escarpins, les marchands de bas et les fournisseurs de rubans, plus les mouches du coche. Tous ces gens-là, sauf les derniers, sont notés dans les documents et dans les comptes. Encore faut-il ajouter les décorateurs et les machinistes, les charpentiers et les moucheurs de chandelles. Le 6 février 1661, par la faute de l'un d'eux, alors qu'on avait travaillé toute la nuit à construire les décors et les machines du Ballet de l'Impatience, la galerie du Louvre fut détruite par le feu.

Philippe Beaussant, *Le Roi-Soleil se lève aussi*, Gallimard, 2015

Un clivage croissant entre cette forme de musique et la musique populaire se met en place. Une hiérarchie des musiques, des chants et des danses découle de ce phénomène ancien. On oppose musique vulgaire et musique distinguée, musique facile et musique savante et le rapport à la musique devient une marque d'appartenance sociale dans toutes les cultures.

Le sociologue Pierre Bourdieu (1930-2002) expliqua que le goût musical est un outil de distinction sociale. Les classes dominantes prétendent qu'apprécier l'art est une affaire de goût inné alors que cela résulte d'une éducation. Certaines institutions spécialisées dans la « grande » musique comme la Maîtrise de Radio France tentent de dépister dans les milieux populaires les enfants doués qui pourraient bénéficier de leur formation en chant dans une forme de musique très peu connue de leur milieu.

3 • La musique comme pratique mondaine

Au XIXe siècle, la haute société écoute des orchestres philharmoniques jouer ses symphonies, des concertos, organise concerts et bals privés, loue des loges à l'Opéra pour y assister à des spectacles de musique et de danse classique. Mais le spectacle est aussi dans la salle où chacun se montre et observe les autres comme l'ont représenté plusieurs peintres impressionnistes comme Mary Cassatt (*Dans la loge*, 1878).

4 • Les usages populaires de la musique

Pendant ce temps, à la même époque, le peuple chante des airs populaires diffusés par les marchands de chansons tels que les représente Xavier Leprince, à l'occasion de banquets ou de fêtes (*Le marchand de chansons*, 1825).

https://art.rmngp.fr/fr/library/artworks/auguste-xavier-leprince_le-marchand-de-chansons_peinture-a-l-huile_1825

Les fêtes rurales sont animées par la musique et les chants du folklore régional.

Les milieux petits bourgeois ou populaires urbains fréquentent guinguettes, bals, cabarets... que les Impressionnistes ont également beaucoup représentés. Plus tard, ils aimeront les cafés-concerts et les music halls.

Toulouse-Lautrec, *La Danse au Moulin-Rouge*, également appelé *Au Moulin-Rouge : La Danse ou Dressage des nouvelles par Valentin-le-Désossé,* 1890, musée d'art de Philadelphie

Il existe encore de nombreuses associations de pratique musicale populaire qui défilent dans les rues à l'occasion des festivités publiques : orphéons, harmonies, fanfares. Elles sont liées au lieu, au métier, aux écoles supérieures comme celles des Beaux-Arts, des Arts et métiers (Gadz'Arts). Elles furent souvent créées sur le modèle des ensembles militaires.

5 • La musique générationnelle

Un nouveau clivage se fait à l'époque moderne. Dans les années 60, la France est un important relai dans la diffusion de la musique populaire américaine. Le 19 octobre 1959, la radio Europe 1 lance une émission quotidienne de musique de variété destinée aux jeunes, *Salut les copains*.

L'émission présente l'actualité musicale avec un hit-parade et de fréquents appels aux auditeurs pour qu'ils écrivent et fassent connaître leurs préférences. La chanson « chouchou de la semaine » est diffusée trois fois au cours de chacune des cinq émissions de la semaine ; le « coup de chapeau » fait entendre à la suite plusieurs versions d'un même titre… L'émission est en complète connivence avec les maisons de disques, qui tiennent scrupuleusement compte des positions au classement de *Salut les copains* et parfois même consultent l'équipe d'Europe 1 sur leurs nouvelles signatures.

►►►

suite

Car *Salut les copains* est complice de la naissance du rock français, avec Richard Anthony, Danyel Gérard, Danny Boy, Rocky Volcano ou la chanteuse Gélou… Et, malgré l'hostilité au départ du patron de la programmation d'Europe 1, Lucien Morisse, *Salut les copains* sera la machine de guerre de Johnny Hallyday, ainsi que des Chaussettes Noires et de toute la génération d'artistes qui éclosent à partir de 1960 et 1961. [...]

Au printemps 1962, l'émission se prolonge par un magazine, *Salut les copains*, dont certains numéros se vendent à un million d'exemplaires. Pour fêter son premier anniversaire, l'hebdomadaire organise, le 22 juin 1963, un concert gratuit place de la Nation. La formule, pour être à peu près inédite à Paris, est simple : une scène et une grosse sono en plein air, dos à la place, face au Cours de Vincennes, avec au programme Richard Anthony (c'est lui la tête d'affiche), Sylvie Vartan, Johnny Hallyday. On attend 15 000 personnes, mais il en viendra au moins dix fois plus. La police, la RATP, l'organisation, tout le monde est évidemment débordé. Il en résulte quelques bagarres et dégâts au mobilier urbain…

La presse se déchaîne : « Salut les voyous ! », titre Paris Presse. Mais, dans *Le Monde* daté des 6 et 7 juillet, le sociologue Edgar Morin parle de cette génération comme de yé-yé, en s'inspirant du « yeah » américain que les jeunes amateurs de rock emploient abondamment. Il évoque la « formation d'une nouvelle classe d'âge ». De sa subtile analyse des évolutions de la jeunesse, les Français retiendront un mot : yé-yé.

Mais *Salut les copains* va peu à peu se laisser distancer, rater les virages d'une époque où la musique connait plusieurs révolutions par an. L'émission disparait dans l'indifférence, peu avant Mai 68, sans même atteindre dix ans d'existence. Elle est remplacée par *Campus*, qui relaiera, amplifiera et incarnera les révoltes d'une partie jeunesse plus politique que les yé-yé. *Salut les copains* s'installera au rayon des souvenirs enchantés, symbole de l'épopée souriante des premiers rockers français.

Bertrand Dicale, https://musique.rfi.fr, 18 octobre 2019

Ceci marque l'émergence de la jeunesse comme catégorie autonome dans le paysage social et comme nouvelle cible pour les stratégies de marketing.

6 • Le sectarisme musical

Au sein de chacun de ces groupes, il peut exister des chapelles intolérantes les unes aux autres.

Les débats existent dans la musique savante entre conservateurs et modernistes. Au XVIIIe siècle, la querelle des Bouffons opposa les défenseurs de l'opéra bouffe italien à ceux de l'opéra français. Au XIXe siècle, Baudelaire publia en 1861 un ouvrage pour défendre la musique de Wagner perçue comme hérétique par une partie des mélomanes *cf.* p. 178-179.

Le 2 décembre 1954, un morceau très novateur de Varèse introduit dans le programme d'un concert au Théâtre des Champs-Élysées créa un scandale dont il reste un enregistrement.

Écoutons quelque peu ce fameux enregistrement… La salle applaudit. L'orchestre commence à jouer. Pendant que les sonorités stridentes de la première partie orchestrale sont égrenées une à une, rien ne se passe. Arrive la première interpolation de son organisé. Pendant 1 minute 20, peu à peu, quelques bavardages épars se font entendre. Un rire fuse alors qu'un son sourd de scie circulaire sort des haut-parleurs, puis quelques sifflets, discrets, se font entendre. La bande diffuse une série de sons aigus mêlés des sonorités de friction, de percussion, des sirènes de bateaux, à des roulements de tambour, des crissements, des sifflements. C'est alors qu'un homme hurle : « À l'asile ! », tandis que d'autres insultes, issues manifestement de bouches différentes, fusent : « Bande de salauds ! », « C'est un scandale !, « Décadence ! ». Des « chut ? » répétés ramènent péniblement le calme alors que l'orchestre succède aux sons synthétiques. Calme relatif durant 4 minutes et 32 secondes. Lorsque les deux clarinettes (doublées par les timbales) entrent en scène pour jouer plusieurs fois de suite deux notes rapprochées, à contretemps, paraissant ainsi imiter le chant d'une poule, un homme crie : « Arrêtez, quoi ! ». Un brouhaha s'ensuit, des gens s'insultent (« connards ! », « merde ! », « c'est une honte ! », certains crient, quelques timides vagues d'applaudissements tentent de submerger le tumulte puis tout se calme un peu (l'intensité sonore de la musique étant devenue plus douce). Le guiro effectue, peu après, un petit solo, accompagné des blocs chinois et des tambours, et c'est une volée de rires qui les accueille. Chaque apparition de sonorités issues de percussions « exotiques » aboutit au même résultat. Lors de la deuxième interpolation de sons organisés, dont l'intensité sonore est poussée à l'extrême (Pierre Henry ayant poussé les potentiomètres « à fond »), certains membres de l'auditoire tentent d'imiter les sons étranges qu'ils entendent en les assimilant à des cris d'animaux : l'un caquète, l'autre siffle pendant qu'un dernier aboie, le tout agrémenté de rires féroces. Le scandale s'installe alors : un auditeur s'exclame, par exemple : « Pendez-le ! », beaucoup s'invectivent, discutent ferme de l'utilité d'écouter une telle musique. Lors du retour de l'orchestre, un court passage d'une tonalité assez douce (la troisième partie orchestrale est, dans sa seconde moitié, globalement piano) ramène un calme tout relatif dans la salle. Enfin, lorsque les sons agressifs de la troisième interpolation résonnent dans les haut-parleurs, ce sont des cris, des hurlements, des applaudissements qui, au fur et à mesure, couvrent presque la bande magnétique, jusqu'au retour de l'orchestre (qu'on entend à peine) et l'achèvement de l'œuvre, salué par un mélange « apocalyptique » (selon le terme de Iannis xenakis) de sons humains tendant soit vers l'injure, soit vers l'ovation quelque peu forcée.

Julien Mathieu, « Un mythe fondateur de la musique contemporaine : le "scandale" provoqué en 1954 par la création de "Déserts" d'Edgar Varèse », *Revue d'histoire moderne et contemporaine*, janvier-mars 2004

La musique populaire connaît aujourd'hui les mêmes phénomènes d'intolérance chez les spécialistes du jazz, du rock, de la pop ou du rap qui érigent leur goût en appréciation de valeur universelle pour les goûts du grand public. Le sectarisme de la critique important dans les années quatre-vingt semblait s'être atténué dans les années 2000 mais il reste des oppositions indépassables. Dans « Let's Talk About Love », le critique canadien Carl Wilson fait l'effort de chercher à comprendre ce phénomène en enquêtant sur le succès de Céline Dion qu'il déteste. Un article de *Libération* rend compte de sa démarche d'analyse de la critique musicale.

> Mais il est manifestement des justices qu'elle ne peut rendre, parce qu'elle ne trouve aucun moyen sensé de le faire dans le cadre esthétique dans lequel elle continue peu ou prou de s'inscrire. C'est le cas pour la musique de Céline Dion : aucun critique, en dépit des récents témoignages de sympathie d'un réalisateur québécois en vue, ne s'est risqué à la défendre. ««C'est la star la plus détestée que je connaisse», affirmait déjà le sociologue Simon Frith dans une interview de 2002. [...] «Je doute qu'on la réhabilite un jour.»» Si le goût critique contemporain est devenu fuyant, plus difficile à cerner, plus conscient aussi de ses limites dans l'afflux des musiques nouvelles, présentes et passées, Céline Dion offre au moins un repère négatif enraciné et stable : elle cristallise son dégoût.
>
> À l'époque du mégatube oscarisé, le « Céline bashing » prend des proportions telluriques. [...]
>
> Maxim classe son tube dans sa liste des « pires chansons de tous les temps », tandis qu'une émission spéciale de la BBC précise en 2006 qu'il s'agit en fait de la plus suprêmement irritante. Enfin - et entre autres gentillesses - dans *A Massive Swelling*, l'écrivaine Cintra Wilson décrit la diva comme « la femme la plus entièrement répugnante qui ait jamais chanté des chansons d'amour ». À se demander qui pouvaient bien être les millions de fans de ce cauchemar vocal, cet odieux public capable d'être ému par une telle « fadeur monotone mâtinée d'une grandiloquence atroce ».
>
> Mais de même que Carl Wilson prend ses distances avec la posture élitiste d'un mépris de classe envers les fans, son livre n'a rien de la méchanceté et de la mauvaise foi gratuite - fût-elle parfois réjouissante - d'un énième bashing. Plutôt qu'à réitérer les signes d'exclusion, l'expérience consiste à tenter de s'éloigner délibérément de sa propre esthétique, à entrer pas à pas dans les origines, la sensibilité, l'esprit général de la musique de Céline Dion et à en tirer une image qui soit au moins lisible, car le dégoût naît aussi de l'incapacité du critique à déchiffrer l'objet musical en question.
>
> Agnès Gayraud, https://next.liberation.fr, 18 avril 2016

L'intolérance est telle que la diffusion de musique classique dans les lieux publics est parfois utilisée pour faire fuir des groupes jugés indésirables ! Pourtant l'étanchéité des univers musicaux devrait tendre à se restreindre grâce aux technologies nouvelles et particulièrement au streaming qui facilite considérablement l'écoute de morceaux très variés.

C • Le phénomène d'acculturation dans la musique

L'acculturation désigne les différents types d'échanges qui se produisent quand des cultures différentes entrent en contact. La réaction la plus fréquente est de n'estimer que la musique de sa propre culture.
Toutefois, au fil du temps, les événements historiques (guerres, migrations) et les relations économiques (colonisation, impérialisme, soft power) ont établi des

relations de types très variables entre les cultures et donc entre les musiques qui les caractérisent.

1 • L'incompréhension et le rejet

Il y a souvent une forte résistance aux musiques inhabituelles pour nos oreilles et nos codes culturels C'est une réaction fréquente chez les Occidentaux par rapport aux musiques orientales. Des efforts doivent être faits pour élargir nos goûts. À Lorient par exemple, l'association Lorientales milite pour une meilleure connaissance de l'Orient et de sa musique :
http://www.lorientales.com/?mode=musiques

L'expérience insolite du père de la romancière Amélie Nothomb, nommé consul de Belgique au Japon en 1967, rapportée dans un de ses romans, illustre humoristiquement les tentatives d'ouverture. Enhardie par son enthousiasme, son interprète prend un risque.

Elle l'emmena donc au sein d'une vénérable école de *nô* du Kansai, dont le maître était un Trésor vivant. Mon père eut l'impression de se retrouver mille ans en arrière. Ce sentiment s'aggrava quand il entendit le *nô* : au premier abord, il crut que c'étaient des borborygmes issus du fond des âges. Il éprouva le genre de malaise hilare qu'inspirent les reconstitutions de scènes préhistoriques dans les musées.

Peu à peu, il comprit que c'était le contraire, qu'il avait affaire à la sophistication même et qu'il n'y avait pas plus stylisé et civilisé. De là à trouver cela beau, il y avait un pas qu'il ne pouvait encore franchir.

Malgré ces décibels étranges qui l'effaraient, il conserva l'expression avenante et charmée d'un vrai diplomate. Au terme de la mélopée, qui bien entendu s'étendit durant des heures, il n'afficha pas l'ombre de l'ennui qu'il avait ressenti.

Entre-temps, sa présence avait provoqué la perplexité de l'école entière. Le vieux maître de *nô* finit par venir au-devant de lui pour lui dire :

– Honorable hôte, c'est la première fois qu'un étranger pénètre ces lieux. Puis-je solliciter votre opinion sur les chants que vous avez entendus ?

L'interprète fit son office. Confondu d'ignorance, mon père hasarda de gentils clichés sur l'importance de la culture ancestrale, la richesse du patrimoine artistique de ce pays et autres sottises plus touchantes les unes que les autres.

Consternée, l'interprète décida de ne pas traduire une réponse aussi bête. Cette Japonaise lettrée substitua donc son propre avis à celui de l'auteur de mes jours et l'exprima en des mots choisis. Au fur et à mesure qu'elle « traduisait », le vieux maître écarquillait les yeux de plus en plus. Quoi ! Ce Blanc ingénu, qui venait à peine de débarquer et qui écoutait du *nô* pour la première fois, avait déjà compris l'essence et la subtilité de cet art suprême !

En un geste invraisemblable de la part d'un Nippon, *a fortiori* d'un Trésor vivant, il prit la main de l'étranger avec solennité et lui dit :

– Honorable hôte, vous êtes un mage ! Un être exceptionnel ! Vous devez devenir mon élève !

Amélie Nothomb *Métaphysique des tubes*, Albin Michel, 2000

2 • L'interaction des musiques entre elles

La musique séfarade des Juifs chassés d'Andalousie en 1492 par les rois catholiques et obligés d'émigrer vers le Maghreb ou l'empire ottoman, s'est modifiée au contact de celles des pays d'accueil.

Le terme sefardim désigne les Juifs qui vivaient dans la péninsule Ibérique jusqu'à leur expulsion d'Espagne en 1492 et du Portugal en 1497. Après la publication de l'Édit d'expulsion, ils s'exilèrent en grande majorité dans les pays méditerranéens voisins de l'Afrique du Nord (Tétouan, Tanger, Oran) et, plus particulièrement, dans l'Empire ottoman (Istanbul, Salonique, Izmir, Edirne, Rhodes, Safed, Jérusalem), emportant avec eux une langue et une culture qu'ils allaient conserver jalousement. Les marranes soupçonnés de crypto-judaïsme quittèrent le Portugal et la péninsule ibérique après le milieu de XVIe siècle pour s'installer d'abord à Londres, Amsterdam, Hambourg en passant par Bayonne, Bordeaux ou Anvers. Certains émigrèrent ultérieurement à venise, Livourne et Ferrare, ainsi qu'aux Amériques (New York, Philadelphie ou Curaçao). Tout au long de ces cinq siècles, la culture judéo-espagnole a été exposée aux nombreuses influences des pays traversés et des terres d'accueil. Dans son acception moderne, le concept de musique séfarade s'est développé à une période où les communautés implantées dans les régions méditerranéennes et en Europe occidentale depuis leur expulsion d'Espagne avaient radicalement changé du fait de leurs déplacements et des processus de sécularisation et de modernisation. Dans ces nouveaux espaces, les modifications subies par la musique traditionnelle ont inévitablement touché tant son contenu, que les contextes dans lesquels elle était jouée et sa signification sociale. Dans ce contexte, la musique judéo-espagnole se présente comme une mosaïque où le sacré coexiste avec le profane, les thèmes juifs avec les thèmes non juifs, l'Orient avec l'Occident, l'ancien avec le nouveau

Sami Sadak, « Transculturalité et identité musicale dans les répertoires judéo-espagnols », *Cahiers d'ethnomusicologie*, Vol. 20, *Identités musicales*, 2007

Aujourd'hui, des échanges pacifiques se font aussi entre des cultures musicales très différentes comme celles de la Chine moderne et de l'Occident. Depuis une vingtaine d'années, sur les traces du Japon, la Chine se passionne pour la musique occidentale.

« L'engouement pour le répertoire baroque est l'un des phénomènes les plus remarquables des dix dernières années », souligne Zhu Jing [directrice de l'auditorium de la Cité interdite]. « Sa vigueur rythmique, la vitalité de ses mélodies séduisent, et dans un pays où le chant lyrique fleurit, sa virtuosité souvent mélismatique trouve des échos peut-être plus profonds avec notre propre répertoire vocal que l'épanchement romantique. Le registre de contre-ténor exerce une véritable fascination. Les images d'Épinal de l'Europe du Grand Siècle et des Lumières y participent bien sûr, en particulier celle de versailles. » On aimerait, là aussi, que les Européens aient la même curiosité pour la musique de cour du règne de Kangxi, le brillant contemporain de

►►►

suite

Louis XIV. En attendant, les Pékinois poursuivent leur exploration de la musique occidentale. Principale vitrine pour les formations internationales lors de sa fondation en 2005, le Festival de Musique de Pékin, qui a lieu tous les ans en octobre avec le soutien du groupe Poly, ose depuis l'ouverture du NCPA une programmation davantage tournée vers le XXe siècle, créant *in loco* les symphonies de Mahler et les opéras de Britten.

Vincent Agrech, *Diapason*, février 2020

Quelques compositeurs européens du XIXe siècle comme Debussy, Puccini, Ravel, Bartok... ont tenté d'intégrer dans leurs œuvres des éléments du langage musical chinois. Certains compositeurs chinois tentent aujourd'hui le travail inverse. C'est le cas du compositeur Tan Dun qui réalise une synthèse entre musique occidentale et orientale.

https://www.youtube.com/watch?v=Gbol6pvCXK0

3 • L'apparition de nouveaux types de musique

En Amérique du Nord, on note dans les zones occupées par les Français (Canada et Louisiane), l'apparition de musiques assez proches, cadien et cajun, issues l'une et l'autre du métissage entre musiques des colons et musique des esclaves.

Le mixage n'a pas eu lieu de la même façon dans les zones de colonisation anglaise qui pratiquaient l'apartheid. Le Jazz, issu de musiques spécifiquement noires, a conquis la population blanche du sud des États-Unis au début du XXe siècle. Son développement considérable a été permis par l'invention du disque et de la radio.

Aujourd'hui le jazz a perdu toute identification culturelle ou ethnique. Il a voyagé à travers le monde, de l'Europe au Japon, et a été approprié par tant d'artistes qu'on en oublie finalement ses origines. Mais des saloons de la Nouvelle-Orléans ou des clubs de Harlem, il garde ce souffle insolent, mauvais garçon. [...]

Le jazz n'a que cent ans : comparé à l'histoire globale de la musique, il est jeune, finalement. Et pourtant il a déjà eu mille vies : d'abord improvisé dans les clubs et cabarets, puis musique d'orchestre pour faire danser, il a aussi été bop, cool et free.

Il se régénère, parce qu'il est menacé. Si le bebop naît dans les années 1940, c'est par exemple en réaction à la discipline qui règne parmi les orchestres big band. Les musiciens be bop, tels que le pianiste Thelonious Monk et le saxophoniste Charlie Parker, veulent lâcher prise, revenir aux sources de leur musique.

Près de vingt ans plus tard, le mouvement free jazz repousse encore davantage les limites structurelles du jazz. Rythmes et modes harmoniques sont totalement bouleversés par les jeux d'Ornette Coleman, Cecil Taylor ou Charles Mingus.

Ce renouvellement propre au jazz n'est pas uniquement musical, il l'est aussi dans ses inspirations et lieux de diffusion. Dès les années 1930, les tournées européennes de Louis Armstrong et Duke Ellington consacrent le genre en Europe, et notamment à Paris, où il est presque plus favorablement perçu qu'aux États-Unis, poussé par des figures telles que le producteur Hugues Panassié.

Par Nathalie Moller, « Qu'est-ce que le jazz ? », www.francemusique.fr, 13 juillet 2017

Le monde entier aujourd'hui connaît et apprécie le Jazz. Cette musique populaire est l'objet de nombreuses publications d'amateurs très spécialisés et passionnés comme le dessinateur Cabu. Ses dessins rendant un hommage plein d'humour aux grands jazzmen ont été à l'origine d'une exposition.

Dessin Cabu : © V. Cabut

Affiche d'exposition au Palais des congrès de Juan-les-Pins en 2015

La musique des pays colonisés a pris des formes très variables de par le monde. Cela explique qu'elle ait pu être le sujet d'un colloque à la Philharmonie de Paris.

Présentation du colloque
« Coloniser/décoloniser par la musique »

Invitation au voyage, simple divertissement ou utopie de la rencontre, l'exotisme musical recouvre souvent des rapports de domination entre les peuples et les États. Comment écoute-t-on la musique de l'autre ? Longtemps restreinte à l'analyse d'emprunts formels marquetés dans le répertoire ou au rôle du « pittoresque » dans la naissance de l'ethnographie musicale, cette question fait aujourd'hui l'objet de recherches novatrices sous l'impulsion, notamment, des *cultural studies*. Quels ont été les usages et les significations attribuées à la musique dans les contextes coloniaux et postcoloniaux ? La musique a-t-elle été un vecteur de l'idéologie coloniale ? Inversement, quel rôle a-t-elle joué dans les mouvements d'émancipation et quelle place

▶▶▶

suite

occupe-t-elle aujourd'hui dans le processus de décolonisation des régimes de représentation et d'expression ?

En parallèle de l'exposition *Jamaica Jamaica* ! consacrée aux musiques jamaïcaines, profondément marquées par la problématique coloniale, cette journée envisage les transferts culturels qui ont opéré au sein du domaine musical dans les processus coloniaux et décoloniaux, dans l'Atlantique noir et au-delà. L'expérience de la musique de l'autre en colonie, son intégration au sein d'une culture coloniale déclarée ou souterraine, ses méthodes d'exposition - voire de monstration - ou de préservation, restent également à sonder pour l'Empire français.

Parce que la musique, et plus généralement les arts, sont aujourd'hui au cœur des revendications de décolonisation des imaginaires, ils se font instruments de contestation des rapports de domination, de réappropriation des territoires, mais aussi lieux d'articulation politique de nouvelles identités collectives.

https://philharmoniedeparis.fr, 21 avril 2017

4 • La cohabitation du local et du global

La mondialisation a facilité les rapprochements entre des musiques du monde dérivant de la même tradition spécifique, la culture celtique. Le festival interceltique par exemple propose chaque année des spectacles et des événements avec chaque année un invité d'honneur celte, *cf.* p. 178.
www.festival-interceltique.bzh

www.festival-interceltique.bzh

On constate aussi aujourd'hui que les musiques du monde cohabitent avec la musique mondialisée d'origine américaine.

La world music se réinvente

Le paradoxe de la world music est qu'elle peut être planétaire dans la mesure où elle ose être locale, mais elle risque de se couper de ses racines si elle se laisse emporter dans le tourbillon mondial. Elle peut donc y perdre davantage qu'elle n'espère y trouver. Le risque est évident si l'on compare, par exemple, les CD à dominante électronique de Salif Keita avec ses premiers enregistrements, d'une puissance particulière, avec le groupe malien Les Ambassadeurs. Et Nusrat Fateh Ali Khan semble bien perdre de son originalité lorsqu'il se fait accompagner d'instruments électroniques au lieu de tambours et d'harmonium. En revanche, on ne peut que se féliciter qu'un joueur de synthétiseur aussi sensible que Brian Eno ait produit Exil, de l'artiste ougandais en exil Geoffrey Oryema, en 1990. Impossible, donc, de généraliser.

Ce n'est évidemment pas un hasard si les musiciens de jazz et de rock sont justement les pionniers de l'exploration des formes musicales du monde entier, puisqu'ils sont eux-mêmes le produit de fusions musicales réussies. Le jazz, en particulier, est l'exemple même d'une musique née de la rencontre des rythmes amenés d'Afrique par les esclaves noirs, des standards de la variété américaine et de la tradition musicale classique avec laquelle les jazzmen firent ensuite connaissance en Europe.

S'il fallait tirer une leçon globale de la world music, ce serait ce constat simple, que les cyniques qualifieraient peut-être de naïf : l'humanité est cohérente. Par-delà nos différences religieuses, nationales et culturelles, nous formons malgré tout une grande famille, qui a l'obligation de prendre soin de chacun de ses membres. Personne n'a exprimé cette cohésion plus joliment que le poète et mystique soufi Jalâl ud-Dîn Rûmî, qui vécut de 1207 à 1273, mais dont les poèmes sont encore chantés par des musiciens du monde comme Nusrat Fateh Ali Khan et Mohamed Reza Shajarian. Rûmî affirmait n'être ni chrétien, ni juif, ni musulman, ni hindou, ni bouddhiste, ni soufi, ni zen, mais « simplement ce souffle qui est l'homme ».

Dans cette perspective, la world music ne se résume pas à l'introduction à un autre peuple et un autre pays, à une première rencontre avec une culture étrangère. Elle est surtout une confrontation avec nous-mêmes, avec des zones encore inconnues de notre corps et de notre âme. Elle est capable de déplacer les frontières du monde comme nos propres frontières. Elle peut nous enseigner que le monde et bien plus grand et plus riche que nous ne l'imaginions, et nous aussi.

Christian Braad Thomsen, www.courrierinternational.com, Copenhague, www.cultures.dk, 2009

Chapitre 3

La pratique de la musique

La pratique de la musique diffère selon les époques, les types de culture mais aussi en fonction du statut de ceux qui l'exercent. Objet de fascination elle attire mais son exigence peut mettre en difficulté le musicien. L'emprise qu'elle est susceptible d'exercer interpelle les autres formes d'art.

A • Les différentes modalités de la pratique musicale

1 Une pratique réservée à certains

Pendant longtemps les sociétés déléguèrent la création et l'exécution de la musique instrumentale et du chant à un nombre restreint d'individus appartenant à une caste particulière, sédentaire comme celle des griots africain ou nomades comme les Langas ou les Manganiars au Rajasthan dont seraient peut-être issus les tsiganes, peuple musicien. Au Moyen Âge, les troubadours, comme les antiques aèdes, chantaient leurs poèmes. Cette culture orale se transmettait d'individu à individu. La musique sacrée, elle, se composait, s'enseignait et se pratiquait dans les abbayes. On connait par exemple les nombreux hymnes religieux que l'abbesse bénédictine Hildegarde de Bingen (1098-1179), composa en marge de son œuvre naturaliste et médicale, destinés à sa communauté.
Hildegarde de Bingen « O frondens virga » :
https://www.youtube.com/watch?v=QGXXrUvNzec

Les femmes laïques se transmettaient de génération en génération des chants accompagnant les activités quotidiennes et tous les moments forts de la vie : naissance, mariage, mort… Dans les cultures où elles étaient confinées au foyer comme celle des Juifs espagnols, elles développèrent un répertoire très riche. Certaines femmes particulièrement douées devenaient quasi-professionnelles.

Les chanteuses professionnelles, les *tahaderas*, que l'on invitait à toutes les cérémonies, connaissaient non seulement le répertoire musical, mais toutes les coutumes liées au mariage. Elles prenaient la direction des événements, en surveillaient les moindres détails, étaient chargées de mener les différents cortèges (les cadeaux du fiancé à la fiancée, l'exposition du trousseau, le bain et les apprêts de la fiancée). Quant à la naissance, elle était parfois célébrée avant le terme, dès le début de la grossesse. La naissance d'un garçon a toujours suscité une grande joie. La mère et le nouveau-né figuraient au centre de festivités qui commençaient avec la naissance et se poursuivaient avec la circoncision. Les femmes de la famille ainsi que les amies et les voisines restaient nuit et jour à leurs côtés en chantant des chants spécialement destinés à la jeune mère.
►►►

suite

Les thèmes tournaient autour de la douleur de l'accouchement. Lors de la circoncision, autour d'un rituel très marqué, on chantait des chants en judéo-espagnol qui parlaient de la circoncision du prophète Elie. En chantant les nanas (berceuses), les femmes transmettaient leurs nostalgies, leurs plaintes et leurs rêves. Dans ces chants destinés à endormir les enfants, on peut trouver des thèmes non attendus comme la jalousie intense d'une femme contre un mari qu'elle soupçonne de revenir de chez une rivale ni plus belle ni plus noble qu'elle-même, des conseils d'hygiène corporelle pour des jeunes filles, des conseils d'études pour les jeunes garçons, etc. Les femmes accompagnaient leurs travaux ménagers avec des *kantigas* pour exprimer leurs souffrances et la pénibilité de leur existence due à la contrainte de vivre sous le même toit que leur belle-mère, ou leurs espoirs d'une vie meilleure. Soulignons également au passage l'aptitude des femmes à chanter des lamentations et des *endechas* (chants de deuil), sans doute grâce à cette qualité de créer le lien symbolique qui unit la naissance à la mort. La cérémonie de *cortadura de mortaja* (la coupe et la confection du linceul) est une tradition particulière propre aux Juifs des Balkans. Elle était organisée quand un homme atteignait ses soixante ans, pour le préparer sereinement à l'idée de la mort.

Sami Sadak « Transculturalité et identité musicale dans les répertoires judéo-espagnols », *Cahiers d'ethnomusicologie*, Vol. 20, Identités musicales, 2007

2 • La pratique en amateur

À partir de la Renaissance une pratique en amateur du chant de la danse ou d'un instrument se développa dans les classes élevées. Elle se répandit de la cour aux milieux aristocratiques puis bourgeois. Au XIXe siècle, la pratique de la musique ou de la danse de loisir était considérée comme un élément important de l'éducation des jeunes filles. Aujourd'hui, le développement des techniques et la démocratisation des loisirs ont ouvert très largement l'accès à la pratique musicale. Elle fait partie des programmes scolaires et de nombreuses familles inscrivent leurs enfants à des cours de danse, de chant ou de musique de tous styles pendant leur temps libre. Les parents trouvent de nombreux avantages à l'apprentissage d'une discipline liée à la musique : un enrichissement culturel, le développement d'aptitudes variées, le plaisir d'une pratique artistique et la valorisation sociale qui l'accompagne et parfois l'accès à d'une carrière. Longtemps centré sur la musique et la danse classique dans les catégories sociales élevées, l'apprentissage concerne maintenant des domaines beaucoup plus diversifiés et se pratique dans tous les milieux.

Beaucoup de jeunes continuent de pratiquer des activités musicales comme loisir ou ambitionnent d'en faire leur métier, attirés par la célébrité et la fortune des grandes stars.

3 • La formation professionnelle traditionnelle

Au cours du Moyen Âge, la musique occupa une place croissante dans la vie profane. Les instruments et les compositions musicales ne cessant de se diversifier et de se complexifier, la professionnalisation devint nécessaire. Elle se faisait souvent au sein d'institutions spécifiques.

À venise, l'*Ospedale della pietà* accueillait les filles orphelines qui vivaient cloitrées comme des religieuses. Le chant et la musique leur étaient enseignés par des musiciens professionnels. Les plus douées pouvaient se produire à l'extérieur et se marier. Les meilleures d'entre elles enseignaient aux autres. Ces musiciennes avaient un niveau remarquable et leurs concerts publics étaient très appréciés. Vivaldi, engagé comme maitre de violon à l'*Ospedale*, composa à leur intention de nombreuses œuvres exigeant une réelle virtuosité vocale.

https://www.francemusique.fr/emissions/petites-histoires-et-grandes-musiques/antonio-vivaldi-et-les-jeunes-filles-de-la-pieta-63711

Les princes attachaient à leur cour des orchestres, des compositeurs, des chanteurs. Des familles de musiciens cherchaient à bénéficier de ce mécénat.

Quand la musique est une affaire de famille

Dans l'histoire de la musique, les exemples ne manquent pas. À commencer par le plus célèbre d'entre eux, celui de la prolifique dynastie Bach, qui fit la fierté de Leipzig. Le fils de Mozart, Franz Xaver Wolfgang, pianiste de son état, eut moins de chance et ne sortit pas de l'ombre prodigieuse qui s'étendait sur lui. Sa vie durant (1791-1844), il resta le fils d'un père qu'il n'avait pas connu… La dynastie Philidor a donné, sur deux générations, 14 musiciens, dont 9 compositeurs ! Les talents du hautboïste Michel Danican étaient très appréciés de Louis XIII, qui l'avait surnommé « Filidori » en référence au virtuose italien. C'est son petit-fils, François-André Danican (1726-1795), dont le nom est gravé sur la façade du palais Garnier, qui est aujourd'hui le plus connu : il composait, jouait de la flûte, du hautbois et… excellait aux échecs ! Beethoven était, lui aussi, issu d'une lignée de musiciens. Comme chez les Bach, la musique était le gagne-pain de la famille depuis plusieurs générations. Louis, le grand-père, était maître de chapelle du prince-évêque de Bonn. Également musicien, mais alcoolique notoire, le père de Beethoven projeta ses ambitions musicales frustrées sur son fils, à qui il enseigna très tôt le piano avec rigueur et sévérité. Autrefois, si les parents décidaient que leurs enfants seraient musiciens, ils l'étaient. Aujourd'hui, la musique est un choix personnel.

Suzanne Gervais, www.lalettredumusicien.fr, 27 septembre 2016

Dans ce contexte, il était aisé de déceler des talents précoces pour la composition.

Londres, juin 1765. Le juge Barrington rend visite à la famille Mozart avec sous le bras quelques partitions inédites que le petit Wolfgang, fort de plusieurs triomphes suspects dans la capitale, ne peut connaître. L'enfant les déchiffre à la vitesse du vent. Barrington lui demande alors d'improviser un air d'amour sur le mot *Affetto*. Exécution. Un air de rage sur le mot *Periido*. Idem. Le bout de chou compose à vue en « fouettant son clavecin comme un possédé », Léopold ne notait-il pas en arrivant à Londres : « Mon fils sait, à huit ans, tout ce qu'on peut attendre d'un homme de quarante » ?

En effet, le fils n'est plus un débutant. Ses premières pièces pour clavier remontent à ses cinq ans. Question précocité, le voici pourtant battu par Camille Saint-Saëns, trois ans et quatre mois quand il dessine ses premières

►►►

suite

croches, lui-même devancé d'un mois par le baronnet Frederick Ouseley, suivi de près par le « petit Mozart canadien » André Mathieu, quatre ans...

Mais sortons de ce jeu. Nous ne cherchons pas à démêler entre Barber, Saint-Saëns, Enesco, Britten, Richard Strauss (*Winterreise* à sept ans, beaucoup d'orchestre à treize), Chostakovitch (irrésistible *Scherzo op.* 1) et Messiaen (*La Dame de Shalott*, neuf ans), qui fut plus petit Mozart que le petit Mozart. Compositeur ou interprète, la précocité serait plutôt la règle que l'exception. L'esprit enfantin bouillonne sans retenue. Bébé Glenn Gould se croyait compositeur. Quand, à treize ans, il brossait un *Don Sanche* dans le style d'Auber, Franz Liszt se voyait un avenir au théâtre. Tant de promesses ! Parfois tant d'impatience. Demandez au prodige des prodiges, Wolfgang... Korngold, ainsi prénommé dans le but justement de reproduire le miracle. « Je ne voulais pas composer. Je ne l'ai fait que par la volonté de mon père », avouera-t-il ; puis, amer malgré son sceptre à Hollywood : « cinquante ans, c'est très vieux pour un enfant prodige. »

Ivan A. Alexandre, *Diapasons* n° 679, mai 2019

Il était plus difficile pour les enfants de milieu modeste et non musicien d'apprendre la musique. Pascal Quignard imagine les efforts du futur compositeur et musicien à la cour de Louis XIV, Marin Marais, pour recevoir les leçons du violiste Monsieur de Sainte-Colombe dans son roman *Tous les Matins du monde* dont Alain Corneau fit un film (1991).

La bande-annonce du film :
http://www.allocine.fr/video/player_gen_cmedia=18806205&cfilm=1918.html

4 • La formation actuelle

La formation individuelle est restée l'apanage des familles les plus aisées ou les plus motivées comme celle du violoniste Yehudi Menuhin qui se consacra à trouver pour leur fils les meilleurs maitres, des musiciens et compositeurs célèbres quand, à 4 ans, il déclara, à l'issue d'un concert, qu'il voulait être le violoniste qu'il venait d'entendre. Il donna son premier concert à 10 ans en 1927, comme il le raconte dans son autobiographie *Voyage inachevé* (1976).

Le film de Gérard Corbiau, *Le maître de Musique* (1988) construit une fiction autour de l'entraînement au chant dispensé par un baryton qui achève sa carrière, à une jeune élève pour la lancer.
https://www.cinergie.be/film/maitre-de-musique-le

Pour démocratiser la formation musicale, la Révolution française créa le Conservatoire de Paris, l'actuel CNSMD (Conservatoire national supérieur de musique et de danse).

Et avant ? L'Académie royale de musique, aujourd'hui Opéra de Paris, assurait également, depuis sa naissance en 1669, la formation des jeunes chanteurs, musiciens et danseurs. Mais le poids de ses activités de spectacles, comme son hostilité aux esthétiques étrangères, l'avaient rendue insuffisante au fil du XVIIIe siècle. Seul l'enseignement de la danse s'était véritablement structuré au sein de l'Opéra, avec l'ouverture en 1713 de l'École du ballet, qui existe toujours.

►►►

suite

Les disciplines vocales durent attendre 1784 leur École royale de chant et de déclamation, les instruments 1792 une École de musique non pas nationale, mais municipale, et d'abord tournée vers les fanfares militaires. L'année suivante, un Institut national de musique unissait déjà les deux établissements. La loi du 16 thermidor an III (3 août 1795) préférait au nom d'institut celui de conservatoire. Il francisait le *conservatore* en usage en Italie depuis le milieu du XVIe siècle. Mais, paradoxe pour une jeune république, cultivait l'assonance avec l'école gardienne du temple, plutôt que champ de Mars des innovations. Autre contradiction apparente, c'est la monarchie restaurée qui achèverait l'œuvre jacobine, installant son conservatoire parisien au sommet d'une pyramide vers lequel devaient converger tous les talents de France. Entre 1822 et 1846, cinq écoles municipales de musique récemment ouvertes (Lille, Toulouse, Metz, Marseille et Nantes) étaient promues succursales du Conservatoire de Paris. Elles seraient au nombre de vingt-trois en 1930, épaulées par une vingtaine d'écoles secondaires.

La décentralisation est passée par là, pour le meilleur et pour le pire. Le meilleur : un encouragement aux initiatives venues du terrain et à une plus grande proximité, qui a permis au réseau des conservatoires de s'étendre jusqu'à dénombrer aujourd'hui 376 écoles.

Vincent Agrech, *Diapason* n° 682, septembre 2019

Le peintre Edgar Degas (1834-1917) a beaucoup représenté les jeunes élèves de l'école de l'Opéra de Paris.

Hachette Livre

Edgar Degas, *La Classe de danse*, 1874, huile sur toile, musée d'Orsay

Pour atteindre un niveau professionnel et accéder à une carrière où le recrutement se fait par concours, les disciplines musicales exigent des acquisitions techniques mais aussi la force de caractère, l'endurance et l'esprit de compétition indispensables dans un milieu très concurrentiel. Ainsi, la dureté du milieu de la danse a été montrée dans les films américains comme *Fame* (1980) d'Alan Parker ou *Chorus line* (1986) de Richard Attenborough.

La compétition est également forte pour faire carrière dans la musique de variété : là encore il existe des familles d'artistes (Chedid, Higelin, Halliday...). Les jeunes qui rêvent d'une carrière tentent leur chance dans des concours de chant, de danse, de pratique instrumentale organisés par les radios ou les télévisions. Des émissions télévisées comme the Voice, Pop star, Danse avec les stars... rencontrent un grand succès. Une émission de télévision de France 2 organise aussi un concours de jeunes instrumentistes, danseurs ou chanteurs classiques justement intitulé « Prodiges ».

Mais récemment les réseaux sociaux ont changé la donne et l'on trouve sur en ligne de nombreuses vidéos d'enfants virtuoses postées par des parents ambitieux. De nombreux artistes essaient de se faire connaître par leurs propres moyens. On trouve sur des forums, des blogs, des vidéos des conseils plus ou moins empiriques de marketing musical.

Les quatre règles d'or de la nouvelle industrie musicale

Rappelez-vous... Dans les années 80 et 90, la plupart des musiciens avaient pour objectif de devenir des rockstars en signant en maison de disque, pour enfin tourner et être diffusé en radio et en télé. Dans l'inconscient collectif, « signature » était égal à « succès ».

C'est ce rêve que l'industrie musicale nous a vendu pendant des décennies avant la démocratisation du Web 2.0. La signature en label étant le sésame incontournable pour réussir dans la musique à cette époque. Les artistes n'espéraient qu'une chose : se faire repérer par une maison de disque afin de pouvoir se consacrer intégralement à leurs œuvres.

Le souci c'est que (pour bien des raisons) ce système ne marche plus.

Les labels ont changé. Les fans de musique ont changé. La vente de musique a changé. Les règles ont changé. Et vous devriez aussi.

Si vous êtes un artiste ou un groupe de musique émergent et que vous souhaitez pérenniser votre carrière, vous devez intégrer les règles d'or de la nouvelle industrie musicale et arrêter de regarder en arrière.

- Règle d'or n° 1 : Agir comme une start-up
- Règle d'or n° 2 : Tout miser sur sa stratégie de contenu
- Règle d'or n° 3 : Privilégier la quantité et l'authenticité à la « qualité »
- Règle d'or n° 4 : Mettre le fan au centre de tout

https://marketingmusical.fr/

B • Les aléas des carrières musicales

1 • Des femmes longtemps exclues

Longtemps, les femmes se heurtèrent à la misogynie du milieu de la musique classique. Elles n'accédaient qu'aux carrières du chant et de la danse sans être reconnues comme compositrices ou instrumentistes de haut niveau. Aujourd'hui, des femmes

virtuoses sont célèbres comme la violoniste américaine Hilary Hahn qui débuta publiquement à 11 ans en 1996 ou la pianiste française d'origine géorgienne Khatia Buniatishvili. Le métier de chef d'orchestre est le dernier bastion de résistance. Une pionnière, Claire Gibaud, s'est mobilisée pour vaincre ce dernier obstacle : elle a créé un concours « La Maestra » réservé aux femmes pour devenir chef d'orchestre.
https://www.youtube.com/watch?v=HwmA4lv6-wY

De même, dans la musique populaire, si on connait des chanteuses célèbres depuis les débuts de la musique enregistrée, c'est relativement récemment que des auteures compositeures ont accédé en nombre à la célébrité.

2 • Les abandons de carrière

Les carrières musicales suscitent souvent beaucoup de rêves et d'espoirs qui sont loin de tous aboutir. Quelques-uns sont assez fortunés ou influents pour s'imposer malgré leur absence de talent, comme Florence Foster Jenkins qui a inspiré plusieurs pièces de théâtre, un film à Xavier Giannolli, *Marguerite* (2015) et un documentaire à Stephen Frears en 2016.

Marguerite : Catherine Frot, bouleversante Castafiore

Dans *Marguerite*, […] cette Castafiore est la seule à croire, malgré sa cascade de fausses notes qu'elle n'entend pas, qu'elle a un talent vocal, alors que tous les autres évidemment n'y croient pas, mais font semblant d'y croire. Cette fois, ce sont tous les autres qui sont des imposteurs, la pauvrette étant la seule à faire preuve de sincérité. Mais le pacte tient, le malentendu aussi (par lequel marche le monde, écrivait Baudelaire), le quiproquo, et à peine croyable, tout l'entourage perpétue la mascarade.

N'importe quoi, direz-vous ! Allez donc regarder du côté de Florence Foster Jenkins, le modèle de *Marguerite* et de Catherine Frot qui, avec sa performance bouleversante de dindon de la farce ingénu, met déjà une option sur les Césars 2016. Giannoli a eu la bonne idée de transposer toute l'histoire dans le Paris des années 1920 où perce le dadaïsme, entiché de ces beautés cassées, tordues et dissonantes, qui fleurirent sur les décombres de la barbarie de la Première Guerre mondiale.

François-Guillaume Lorrain, www.lepoint.fr, 15 septembre 2015

Les insuffisances, la malchance font avorter beaucoup de tentatives. Le renoncement à une carrière peut entrainer des regrets comme pour le personnage du film de Jacques Audiard *De battre mon cœur s'est arrêté* (2005).
D'autres végètent aux marges du milieu musical comme Vernon Subutex, le héros du roman de Virginie Despentes adapté en série télévisée par Cathy Verney en 2019. Elle raconte la déchéance d'un personnage devenu disquaire après avoir sans succès participé à un groupe de musique rock dans sa jeunesse.

3 • Les déceptions

Un succès mais relatif laisse souvent un goût amer, aiguisé par la forte hiérarchisation du milieu musical que souligne le contrebassiste du roman de Patrick Süskind.

(...) un orchestre, c'est et ça doit être un organisme strictement hiérarchisé, reflétant dans cette mesure la société elle-même. Non pas telle ou telle société, mais la société humaine en général : Planant très haut au-dessus de tout le monde, il y a d'abord le chef, directeur général de la musique. Puis vient le premier violon, puis le premier second violon, puis le deuxième premier violon, puis les autres premiers et seconds violons, les altos, les violoncelles, les flûtes, les hautbois, les clarinettes, les bassons, les cuivres... et tout à la fin la contrebasse. Après nous, il y a juste encore le percussionniste avec ses timbales ; mais ce n'est que théorique, parce que lui est seul et en hauteur, si bien que tout le monde le voit. Quand il intervient, ça s'entend jusqu'aux derniers rangs et chacun se dit : tiens, les timbales. Quand c'est à moi, personne ne dit : tiens, la contrebasse ; parce que, n'est-ce-pas, je me perds dans la masse. C'est pourquoi, pratiquement, le percussionniste vient avant le bassiste. Bien qu'à strictement parler la timbale ne soit pas un instrument, avec ses quatre notes, Mais il y a des solos de timbale, par exemple dans le cinquième concerto pour piano de Beethoven, fin du dernier mouvement. Alors tous les gens qui ne regardent pas le pianiste regardent le percussionniste, et dans une grande salle ça fait bien douze à quinze cents personnes. Ils ne sont pas autant à me regarder dans toute une saison. N'allez pas croire que c'est la jalousie qui me fait parler. La jalousie est un sentiment que je ne connais pas, car je sais ce que je vaux. Mais j'ai le sens de la justice et, dans le monde de la musique, il y a des choses totalement injustes. Le soliste a droit à des avalanches d'applaudissements, le public aujourd'hui se sent brimé si on ne le laisse pas applaudir tout son soûl ; le chef récolte des ovations ; puis il se tourne vers le premier violon et lui serre la main au moins à deux reprises ; parfois, l'orchestre tout entier se lève. Quand vous êtes contrebassiste, vous ne pouvez même pas vraiment vous lever. Quand vous êtes contrebassiste, vous êtes - pardonnez-moi l'expression - ni plus ni moins que de la crotte ! Voilà pourquoi je dis que l'orchestre est un reflet de la société. Car d'un côté comme de l'autre, ceux qui déjà se tapent le sale boulot sont en plus méprisés par tout le monde. C'est même bien pire dans l'orchestre, parce que dans n'importe quelle société j'aurais (je parle en théorie) l'espoir de grimper un jour ou l'autre dans la hiérarchie et de me trouver au sommet de la pyramide et de regarder de très haut toute cette vermine grouillante... Je dis que je pourrais avoir cet espoir. (il baisse la voix)... Mais dans l'orchestre, il n'y a pas d'espoir. Il y règne l'implacable hiérarchie des capacités, l'atroce hiérarchie des choix irrévocables, l'horrible hiérarchie du talent, la hiérarchie inébranlable dictée par les lois de la physique, qui détermine les sonorités et les fréquences, n'entrez jamais dans un orchestre !...

Patrick Süskind, *La Contrebasse*, Fayard, 1984

Nina Berberova explore dans *L'Accompagnatrice* l'ambiguïté des sentiments de la pianiste d'une cantatrice célèbre comme le montre l'analyse de son œuvre.

Ce n'est pas tellement un sentiment de jalousie qu'elle éprouve envers cette femme si parfaite, mais plutôt un sentiment d'injustice. C'est pourquoi elle rêve d'un règlement de compte avec elle, comptes que seul Dieu pouvait

▶▶▶

suite

acquitter. Elle rêve de la trahir un jour, elle avec toute sa beauté et sa voix, pour lui prouver qu'il y a des choses plus puissantes qu'elle-même, qu'il y a des choses qui peuvent la faire pleurer, qu'il y a des limites à son invulnérabilité. Sonetchka a parfois les yeux d'une personne décidée à mettre le feu à la maison. Elle sent que la mèche fumante est peut-être déjà serrée dans sa grande main pâle et noueuse. De plus, elle envie Maria Nikolaevna qui aime et est aimée alors que elle n'a rien connu de tel *« Je me rappelai mon existence - Evguéni Ivanovitch qui était parti et n'est pas revenu, un visage tendre et à peine connu dans un wagon entre Pétersbourg et Moscou, que je n'ai pas revu, mon étudiant de première année à Rostov dont Maria Nikolaevna s'est tellement moquée, et c'était tout. »*

Rosanna Delpiano, http://rdelpiano.org/Berberova.htm

4 • La folie générée par la musique

La dureté de la contrainte imposée par l'ambition déçue de parents tyranniques peut parfois se rapprocher de la maltraitance. La victime devient à son tour tortionnaire comme dans *La pianiste,* le film de Haneke (Grand Prix du Jury au Festival de Cannes en 2001) réalisé à partir du roman d'Elfriede Jelinek (1983). L'héroïne amputée de son émancipation sexuelle développe une perversion sadique et autodestructrice.

Erika la recluse, prisonnière de ses partitions et de sa mère tyrannique ne sachant que critiquer ses fausses notes. Mère avec qui elle vit toujours à presque 40 ans et avec qui elle entretient une étrange relation entre haine et passion fusionnelle.

« L'enfant est l'idole de la mère qui ne lui demande en retour qu'un modeste tribut : sa vie. La mère veut pouvoir exploiter elle-même la vie de l'enfant. »

Au fil des chapitres, Elfriede Jelinek entreprend donc de nous présenter l'entité Erika, ce logiciel de musique baroque programmé pour gagner et qui pourtant a perdu. « Depuis sa plus tendre enfance Erika est sous le joug de ce système de notation. Depuis qu'elle pense, ces cinq lignes règnent sur elle. Elle ne doit penser à rien d'autre qu'à ces cinq lignes noires. (...) ce système de grilles l'a ficelée dans un filet indéchirable de prescriptions, d'ordonnances, de commandement précis, telle un jambon désossé bien rose au crochet d'un charcutier. »

Erika, la prof psycho-rigide qui couvre de ridicule ses élèves : « Un instant fugace, elle éprouve le besoin d'attraper la tête de l'élève par les cheveux et de la flanquer dans le ventre du piano, jusqu'à ce qu'un magma sanglant de tripes et de cordes à boyaux gicle et s'échappe en hurlant par le couvercle. » L'enfant Erika réduite « à l'état de pelote informe et humide », casanière planquée devant la télé, qui dort toujours dans le lit maternel et se fait gifler lorsqu'elle fait péché de coquetterie en s'achetant une nouvelle robe...

La femme Erika qui se mutile et se punit le corps à coup de rasoirs et de pinces.

Alexandra Galakof, www.buzz-litteraire.com

Black Swan (2011), le film de Darren Aronofsky reprend, dans le milieu de la danse classique, le même type d'effets d'une carrière inaboutie vécue par une femme immature.

5 • Des musiciens à la destinée malheureuse

Le succès lui-même est parfois chèrement payé : l'alcool est intimement mêlé au milieu des jazzmen comme le montre le roman de Christian Gailly, *Un Soir au club*. Guéri par l'abandon de sa carrière de musicien célèbre avec l'aide de la sollicitude de son épouse, il rechute à l'occasion d'une soirée imprévue dans un club de Jazz. Les effets brutaux de la fortune et de la célébrité, les excès de consommation de drogues ont fauché ou poussé au suicide toute une série de jeunes artistes répertoriés par la chanson de Gainsbourg *Ex fan des sixties*.

Jane Birkin chante *Ex fan des sixties* :
https://www.youtube.com/watch?v=tXvgdtbzNyc

Les destins dramatiques de ces idoles sont le thème de nombreux biopics américains de qualité inégale et parmi lesquels la revue les *Inrocks* fait une sélection.

À l'occasion de la sortie du raté *Bohemian Rhapsody*, sélection de sept biopics musicaux autrement plus intéressants.

Ce mercredi sortait en salle *Bohemian Rhapsody*, le biopic, aux allures de page Wikipédia illustrée, consacré à Freddie Mercury. Fruit d'une gestation chaotique, cette hagiographie sans saveur signée Bryan Singer – et largement pilotée par les membres restants du groupe –, manque cruellement de vertige, et se contente de retracer, avec paresse et opportunisme, les grands jalons de la carrière du leader de Queen. Si l'exercice du biopic musical s'avère souvent périlleux, quelques grands films ont su faire de la carrière d'un musicien ou d'un groupe mythique, un formidable matériau cinématographique. Illustration en sept biopics.

En route pour la gloire de Hal Ashby (1976).

Film méconnu d'un cinéaste trop souvent oublié, *En route pour la gloire* retrace la vie de Woody Guthrie, chanteur et guitariste folk dans une Amérique rongée par la Grande Dépression. Sorte de héros steinbeckien, Guthrie fut le porte-voix des pauvres et des opprimés, des ouvriers et des minorités raciales, dans des terres sinistrées par la crise de 1929. Traçant la route en véritable hobo, il deviendra plus tard la figure, mythique et tutélaire, du renouveau folk des années 1960, né dans les sillage de la Beat Generation, et les volutes de Greenwich Village. Pur produit du Nouvel Hollywood, Hal Ashby s'attaque à son sujet avec déférence mais ne tombe jamais dans le lyrisme pamphlétaire. En prenant des libertés avec la vie de Guthrie, le cinéaste signe un métrage à la croisée des genres ; à la fois road-movie élégiaque, film social véhément et biopic fantasmé. C'est David Carradine, alors connu pour son rôle d'expert en arts martiaux dans la série Kung Fu, qui prête ses traits placides à Woody Guthrie, et signe une partition remarquable.

Léo Moser, www.lesinrocks.com, 3 novembre 2018

Les six autres recommandations des *Inrocks* :
https ://www.lesinrocks.com/2018/11/03/cinema/actualite-cinema/7-biopics-musicaux-moins-nuls-que-bohemian-rhapsody/

C • Des destinées fascinantes

1 • Stars et fans

Les musiciens, chanteurs, danseurs, compositeurs d'exception couverts de gloire et d'argent ont toujours suscité dans le public une admiration sans borne rappelée par des cinéastes. Gérard Corbiau, dans *Farinelli* (1994) raconte la vie d'un célèbre castrat du XVIIIe siècle, *cf.* p. 185-186. Bernard Rose, dans *Le Violoniste du diable* (2013) retrace une partie de la carrière du compositeur et musicien virtuose, Paganini.
Les danseuses et les chanteuses étaient des maitresses prisées par les hommes de la haute société comme le mettent en scène de nombreux romans du XIXe siècle. Ainsi, dans *La Chartreuse de Parme* (1839) de Stendhal, en quête du « véritable amour », Fabrice séduit la Fausta, célèbre cantatrice très convoitée.
Depuis le milieu du XXe siècle, les idoles de la musique populaire, des yéyés aux rockers et aux rappeurs déchainent l'hystérie de fans dont l'enthousiasme envahissant et les passions déraisonnables compliquent souvent la vie des vedettes tout en constituant le fondement de leurs gains exceptionnels.
Mais le statut exceptionnel des stars les rend parfois exaspérants ; ils sont alors caricaturés impitoyablement.

Caricature de Berlioz, 1846, collection privée

2 • Romans biographiques de musiciens

Les biographies de musiciens ou de compositeurs sont une source d'inspiration pour de nombreux écrivains. Ainsi la mort de Mozart suscita des hypothèses dont s'emparèrent écrivains et cinéastes.

En 1830, 39 ans après la mort de Wolfgang Amadeus Mozart (1756-1791), Alexandre Pouchkine (1799-1837) poète et dramaturge russe écrivait une pièce en deux actes, *Mozart et Salieri*.

Face à face des deux musiciens, de l'élève et du maître, la pièce se termine sur l'assassinat de Mozart par Salieri (1750-1825). Alexandre Pouchkine s'est donc emparé de la rumeur concernant un empoisonnement « physique » de Mozart par Salieri : « petite tragédie » où l'envieux professeur se croit investi de la mission de supprimer le génial compositeur occupé à réduire tous ses confrères au silence.

150 ans plus tard, Milos Forman (et avant lui la pièce de Peter Shaffer dont le film est inspiré), présente dans le splendide et dramatique *Amadeus* (1984) un Salieri empoisonneur « moral » de Mozart.

Comme l'écrit très justement Jean-Pierre Pisetta dans sa postface : « Peter Shaffer n'aurait peut-être jamais écrit sa pièce – qui n'aurait alors jamais conduit au triomphe du film de Forman – s'il n'avait eu connaissance des deux petites scènes écrites par le poète un siècle et demi plus tôt. »

Ce texte méritait de paraître enfin dans un volume qui lui fût entièrement consacré. Les commentaires de Jean-Pierre Pisetta qui accompagnent sa (nouvelle) traduction s'efforcent de démêler le vrai du faux sur la thèse de l'empoisonnement ainsi que d'informer le lecteur sur la pièce elle-même et son auteur.

Jean-Marc Warszawski, www.musicologie.org, 20 septembre 2006

Jean Echenoz, dans *Ravel* (2006) approche la personnalité obsessionnelle du compositeur et les circonstances de la composition du morceau *Boléro*, créé en 1928, qui deviendra un succès mondial. Ce morceau étrange a été utilisé d'innombrables fois dans les contextes les plus divers comme le montre un documentaire diffusé sur la chaine Arte.

Le *Boléro* de Ravel : Arte célèbre le refrain du monde
https://www.franceinter.fr/emissions/l-instant-m/l-instant-m-02-janvier-2020

3 • Réflexion philosophique sur le génie artistique

Diderot imagine un dialogue, *Le Neveu de Rameau*, avec un musicien raté et parasite, neveu du grand compositeur Rameau. Il s'intéresse à la fonction sociale du génie de l'oncle illustre.

Au XIXe siècle, le génie musical passionne les romanciers. Balzac avait pour ami Rossini, Liszt, Berlioz et Auber. Dans le cadre d'une réflexion philosophique sur la pensée et l'art, il écrivit deux nouvelles centrées sur la musique : *Gambara* (1837) l'envisage sous l'angle de la composition et *Massimila Doni* (1837) sous celui de l'exécution. Dans la seconde, un opiomane et un médecin parlent de deux passionnés de musique et évoquent le compositeur fou Gambara, héros de la première nouvelle.

Oui, cher Emilio, lui répondit Vendramin en l'emmenant chez lui. Ces deux hommes appartiennent à la légion des esprits purs qui peuvent se dépouiller ici-bas de leurs larves de chair, et qui savent voltiger à cheval sur le corps de la reine des sorcières, dans les cieux d'azur où se déploient les sublimes merveilles de la vie morale : ils vont dans l'Art là où te conduit ton extrême amour, là où me mène l'opium. Ils ne peuvent plus être entendus que par leurs pairs. Moi de qui l'âme est exaltée par un triste moyen, moi qui fais tenir cent ans d'existence en une seule nuit, je puis entendre ces grands esprits quand ils parlent du pays magnifique appelé le pays des chimères par ceux qui se nomment sages, appelé le pays des réalités par nous autres qu'on nomme fous. Eh ! bien, le duc et Capraja, qui se sont jadis connus à Naples, où est né Cataneo, sont fous de musique.

– Mais quel singulier système Capraja voulait-il expliquer à Cataneo ? demanda le prince. Toi qui comprends tout, l'as-tu compris ? Oui, dit Vendramin. Capraja s'est lié avec un musicien de Crémone, logé au palais Capello, lequel musicien croit que les sons rencontrent en nous-mêmes une substance analogue à celle qui engendre les phénomènes de la lumière, et qui chez nous produit les idées. Selon lui, l'homme a des touches intérieures que les sons affectent, et qui correspondent à nos centres nerveux d'où s'élancent nos sensations et nos idées ! Capraja, qui voit dans les arts la collection des moyens par lesquels l'homme peut même en lui-même la nature extérieure d'accord avec une merveilleuse nature, qu'il nomme la vie intérieure, a partagé les idées de ce facteur d'instruments qui fait en ce moment un opéra. Imagine une création sublime où les merveilles de la création visible sont reproduites avec un grandiose, une légèreté, une rapidité, une étendue incommensurables, où les sensations sont infinies, et où peuvent pénétrer certaines organisations privilégiées qui possèdent une divine puissance, tu auras alors une idée des jouissances extatiques dont parlaient Cataneo et Capraja, poètes pour eux seuls. Mais aussi, dès que dans les choses de la nature morale, un homme vient à dépasser la sphère où s'enfantent les œuvres plastiques par les procédés de l'imitation, pour entrer dans le royaume tout spirituel des abstractions où tout se contemple dans son principe et s'aperçoit dans l'omnipotence des résultats, cet homme n'est-il plus compris par les intelligences ordinaires.

Honoré de Balzac, *Massimilla Doni*, 1837

Le côté extraordinaire du génie lui donne parfois une aura surnaturelle. La réflexion philosophique sur le génie musical s'exprime alors à travers le genre fantastique dans laquelle, en retour, d'autres compositeurs de musique puisent leur inspiration. E.T.A. Hoffmann, lui-même musicien, crée le personnage du maitre de Chapelle Kreisler, héros d'un ensemble de nouvelles mises en musique par Schumann. Il est un de ces personnages marginaux, originaux et inadaptés, à la poursuite d'un idéal inaccessible. Sa totale originalité qui suscite l'incompréhension chez les contemporains voue le génie à finir dans la misère ou le détruit.

Le personnage de Kriesler :https://www.fabula.org/colloques/document4067.php

La fille du conseiller Krespel, héros d'un autre conte du même auteur a une voix sublime mais meurt à force de chanter. Offenbach dans son opéra les *Contes d'Hoffmann* reprendra cette histoire.

Krespel répandait des torrents de larmes ; il n'avait jamais entendu chanter de la sorte, même Angela. Le timbre de la voix d'Antonia était tout particulier et étrange, il ressemblait tantôt au murmure de la harpe éolienne, tantôt au chant sonore du rossignol. Les tons en paraissaient ne pouvoir se développer dans l'espace trop étroit d'une poitrine humaine. Antonia rayonnante, brillant de plaisir et d'amour, chanta et rechanta tous ses plus beaux airs, et B*** jouait en même temps, comme l'enthousiasme seul peut en rendre capable. Krespel nageait d'abord dans le ravissement, puis il devint préoccupé, silencieux..., rêveur. Enfin, il se leva, pressa Antonia contre son cœur, et la conjurant à voix basse et étouffée : « Ne plus chanter, si tu m'aimes ! dit-il, cela me fend le cœur ; - j'ai peur... j'ai peur..., oh ! ne chante plus ! » Non, disait le lendemain le conseiller au docteur R***, non ! lorsque, pendant qu'elle chantait, deux taches d'un rouge vif se dessinèrent sur ses joues pâles, ce n'était plus une sotte ressemblance de famille, c'était ce que je craignais. » - Le docteur, qui manifestait une vive inquiétude depuis le commencement de ce discours, répliqua : « Soit que cela provienne d'efforts trop précoces pour chanter, soit que la nature en soit la cause, Antonia est affectée d'un défaut organique dans la poitrine, et c'est précisément ce qui donne à sa voix cette portée prodigieuse et un son si extraordinaire, pour ainsi dire inadmissible dans la sphère du chant humain. Mais aussi sa mort prochaine en serait la conséquence : car, si elle continue à chanter, je lui donne, tout au plus, encore six mois à vivre.

E.T.A. Hoffman, *Contes*, « Le conseiller Krespel », 1817, traduction Henry Egmont

Au XXe siècle, c'est sous la forme d'un roman fleuve à la composition musicale, *Jean-Christophe*, que Romain Rolland, décrit une quête spirituelle et morale à travers la musique.

https://www.association-romainrolland.org/image_articles19/Counillon19.pdf

D • La musique et les autres expressions artistiques

1 • Musique et poésie

La poésie au XIXe siècle cesse d'être une forme d'expression savante et s'intéresse de plus en plus à sa dimension musicale. Charles Baudelaire (1821-1867) est sensible aux affinités entre les diverses sensations, qui lui semblent porteuses d'un message mystique comme l'exprime le sonnet des *Fleurs du Mal*, « Correspondances » où il évoque « des parfums doux comme des hautbois ».

https://poesie.webnet.fr/lesgrandsclassiques/poemes/charles_baudelaire/correspondances

Pour Verlaine (1844-1896), inspirateur des Symbolistes, la poésie doit rechercher avant tout une musicalité subtile. Il jette les bases d'un style poétique nouveau dans *Art poétique*.

De la musique avant toute chose,
Et pour cela préfère l'Impair
Plus vague et plus soluble dans l'air,
Sans rien en lui qui pèse ou qui pose.
[...]
Car nous voulons la Nuance encor,
Pas la Couleur, rien que la nuance !
Oh ! la nuance seule fiance
Le rêve au rêve et la flûte au cor !
[...]
O qui dira les torts de la Rime ?
Quel enfant sourd ou quel nègre fou
Nous a forgé ce bijou d'un sou
Qui sonne creux et faux sous la lime ?
De la musique encore et toujours !
Que ton vers soit la chose envolée
Qu'on sent qui fuit d'une âme en allée
Vers d'autres cieux à d'autres amours.
Que ton vers soit la bonne aventure
Éparse au vent crispé du matin
Qui va fleurant la menthe et le thym...
Et tout le reste est littérature

Verlaine, *Jadis et naguère*, « Art poétique », 1874

Texte intégral :
https://poesie.webnet.fr/lesgrandsclassiques/poemes/paul_verlaine/art_poetique

Le mariage entre musique et poésie s'est prolongé au XXe siècle. Des compositeurs de chanson ont souvent mis en musique des poèmes célèbres : Georges Brassens/François Villon, Jean Ferrat/Louis Aragon, Pablo Ibáñez/Federico García Lorca, Léo Ferré/ Paul Verlaine et Arthur Rimbaud... De très nombreux chanteurs aujourd'hui reprennent encore les textes de Jacques Prévert comme les célébrissimes *Feuilles mortes*.

2 • Musique et peinture

Les représentations de la musique sont innombrables depuis le Moyen Âge sous des formes diverses. Au début de la Renaissance, des concerts d'anges musiciens exaltent la gloire divine, tandis qu'au XVIIIe siècle, Watteau peint des concerts aristocratiques.

Hans Memling, *Le Christ avec les anges musiciens* (détail), 1480, musée des Beaux-Arts de Gand

Les scènes intimes des leçons de musique inspirent Vermeer ou Valentin de Boulogne. La danse est également un sujet séduisant pour les peintres : de *La noce paysanne* de Pieter Brueghel à *La Danse* de Matisse.
Blog sur la danse dans l'art :
https://dominiquepillette.wordpress.com/2015/12/09/quand-les-brueghel-faisaient-danser-la-noce/

À l'inverse, les vanités du XVIIe siècle dissuadent de s'adonner à toute forme d'activité musicale. Les instruments de musique y symbolisent la futilité des divertissements qui écartent du souci du salut.
Les vanités aux instruments de musique :
http://manierisme.univ-rouen.fr/spip/?3-3-5-Poursuite-de-vent

Au début du XXe siècle, les interrogations sur la peinture et l'art en général amènent des peintres à s'interroger sur les parallélismes entre la musique et la peinture et à la question de savoir si l'image peut représenter le son.

Bridgeman Images

Paul Klee, *Fugue en rouge*, 1921, collection privée

Moussorgski compose en 1874 *Tableaux d'une exposition,* des morceaux inspirés par les tableaux du peintre Viktor Hartmann.
Kandinsky (1866-1944) cherche une correspondance entre les instruments et les couleurs, Scriabine (1871-1915) relie les notes à des couleurs et le musicien Arnold Schoenberg associe des couleurs aux sons dans l'exécution de certaines de ses œuvres. Pour le compositeur Olivier Messiaen (1908-1992), « La musique est un perpétuel dialogue entre l'espace et le temps, entre le son et la couleur, dialogue qui aboutit à une unification : le temps est un espace, le son est une couleur, l'espace est un complexe de temps superposés, les complexes de sons existent simultanément comme les complexes de couleurs ».
Dossier « Peinture et musique » :
https://www.futura-sciences.com/sciences/dossiers/physique-sons-couleurs-science-art-1460/page/4/

Musiciens et peintres détruisent plus tard symboliquement des instruments de musique, geste profanatoire qui peut prendre des sens différents selon qu'il est exécuté par des Nouveaux Réalistes comme Arman ou exécuté en scène par des vedettes de la pop music.
Casser la guitare, geste emblématique qui est le fruit du hasard :
https://www.rts.ch/info/culture/musiques/9658842-casser-la-guitare-geste-emblematique-du-rock-qui-est-le-fruit-du-hasard.html

Chapitre 4

Musique et pouvoirs

La musique produit de multiples effets qui lui donnent une emprise sur les individus et sur les groupes humains. Cette emprise peut être utilisée pour les manipuler mais elle leur permet aussi de résister.

A • Les effets de l'écoute de la musique

Depuis la nuit des temps on utilise la musique en vue de produire sur les auditeurs différents effets.

1 • La mise en mouvement du corps

Dès le plus jeune âge, le corps réagit au rythme qu'il scande. La danse, pratique universelle, en résulte. Elle procure un plaisir certain, des rondes enfantines aux fêtes populaires. Des lieux particuliers sont dédiés à ce divertissement, dancings ou boîtes de nuit, puis discothèques dont le film d'Ettore Scola, *le Bal* (1983) raconte l'histoire.

2 • Le désir

Les humains imitent les oiseaux qui utilisent le chant et la danse pour leurs parades amoureuses. Certaines musiques excitent les sens et suscitent le désir. Les aubades et les sérénades chantées autrefois sous les fenêtres des femmes convoitées, les danses plus ou moins explicitement voluptueuses en sont des exemples. Pour ces raisons, la pratique de la musique profane et de la danse, a pu être interdite ou déconseillée par certains moralistes radicaux.
Un poème de Verlaine évoque cette suggestion érotique de la musique. Il se développe comme un chant d'amour ironique susceptible d'exciter le désir de la femme à qui il s'adresse.

Sérénade

Comme la voix d'un mort qui chanterait
Du fond de sa fosse,
Maîtresse, entends monter vers ton retrait
Ma voix aigre et fausse.

Ouvre ton âme et ton oreille au son
De ma mandoline :
Pour toi j'ai fait, pour toi, cette chanson
Cruelle et câline.

►►►

suite

Je chanterai tes yeux d'or et d'onyx
Purs de toutes ombres,
Puis le Léthé de ton sein, puis le Styx
De tes cheveux sombres.

Comme la voix d'un mort qui chanterait
Du fond de sa fosse,
Maîtresse, entends monter vers ton retrait
Ma voix aigre et fausse.

Puis je louerai beaucoup, comme il convient,
Cette chair bénie
Dont le parfum opulent me revient
Les nuits d'insomnie.

Et pour finir je dirai le baiser,
De ta lèvre rouge,
Et ta douceur à me martyriser,
– Mon Ange ! – ma Gouge !

Ouvre ton âme et ton oreille au son
De ma mandoline :
Pour toi j'ai fait, pour toi, cette chanson
Cruelle et câline.

Paul Verlaine, *Poèmes saturniens*, « Sérénade », 1866

3 • Les émotions fortes

La musique crée des émotions fortes de tonalité très diverses. Elle peut faire pleurer, exulter ou mettre en harmonie avec un état de langueur nostalgique comme celui que décrit Baudelaire dans le poème « Harmonie du soir » des *Fleurs du Mal* (1857). Sa structure répétitive comme un thème musical lancinant renforce l'évocation du son attristant du violon qui « frémit comme un cœur qu'on afflige », des parfums et des sons qui se mêlent dans l'air du soir produisant l'effet d'une valse mélancolique et d'un langoureux vertige.
Pour lire le poème : https://poesie.webnet.fr/lesgrandsclassiques/Poemes/charles_baudelaire/harmonie_du_soir

4 • L'activation de la mémoire

Gérard de Nerval (1808-1855), lui, est sensible à la capacité d'une chanson ancienne de faire ressurgir des souvenirs émouvants. C'est ce qui apparaît dans son poème « Fantaisie », extrait de *Odelettes* (1831).
Texte intégral : https://www.poesies.net/gerarddenervalpoesies.txt

5 • La mise en suspens du jugement

L'effet galvanisant ou hypnotique de la musique peut suspendre le jugement comme le raconte une vieille légende allemande, collectée en 1816 par les frères Grimm sous le titre *le Joueur de flûte de Hamelin*. Les habitants de la ville refusent au musicien qui les a débarrassés d'une invasion de rats la récompense promise. Il utilise à nouveau sa flûte qui cette fois entraine vers la mort tous les enfants de la ville.

B • Les effets de la musique mis en évidence par la science

Autrefois, l'expérience musicale était exceptionnelle. Aujourd'hui, elle est très fréquente du fait de l'apparition de techniques d'enregistrement et de diffusion qui n'ont cessé de se diversifier et de se perfectionner. L'homme contemporain vit dans un « bain musical » permanent. Cette immersion est subie dans les lieux publics, les ascenseurs, lors de mises en attente téléphonique… elle peut être aussi créée volontairement. L'ambiance musicale est devenue indispensable à la vie pour la plupart des gens, à la maison, dans les transports. On ne peut plus se passer de la sensation de détente et de bien-être qu'elle suscite. On l'utilise pour renforcer ou combattre nos humeurs.

Cette écoute intense de la musique est l'objet d'enquêtes statistiques utilisées par les sociologues dans le cadre d'études sur les pratiques culturelles.

Ce phénomène interpelle les chercheurs de disciplines diverses qui ont mis en évidence certains effets moins évidents de la musique.

1 • Le pouvoir stimulant de la musique

Des expériences faites par l'équipe de Nancy Becker du Collège Ursinus de Pennsylvanie montrent que l'écoute de la musique techno pendant ou avant une séquence de vélo d'appartement améliore les performances du sujet quel que soit son âge (*cf.* article Nicolas Guéguen, dans *Cerveau & Psycho* n° 22, juillet 2007).

L'effet de la musique sur l'activité intellectuelle fait débat. Certains pensent que l'écoute de la musique parasite les circuits neuronaux mobilisés par la lecture, l'écriture, la communication. Un article de France Musique relate que les expériences faites aboutissent à des conclusions nuancées.

Travailler en musique : qu'en pense la science ?

Nous ne sommes pas tous égaux, les mélomanes montrant plus de réceptivité à l'impact de la musique au travail. Ce que nous partageons, par contre, c'est notre réaction physiologique pendant l'écoute d'un morceau familier : à différente échelle, nous sommes submergés par un sentiment de bien-être : « La musique qui nous plaît stimule les circuits de la récompense dans notre cerveau. En résulte la production de la dopamine, neurotransmetteur responsable du sentiment de bien-être », explique Hervé Platel. « Dans le milieu de travail, elle peut ainsi diminuer le stress et l'anxiété. » Et l'anxiété, elle, a tendance à inhiber les fonctions cognitives. En revanche, l'état de bien-être libère de la sérotonine qui améliore l'humeur et facilite la concentration.

Cependant, tout type de musique n'est pas propice au travail. De manière générale, mieux vaut choisir une musique neutre, de préférence instrumentale : « Les paroles nous distraient cognitivement. Étant donné que le travail nécessite de manipuler par le langage notre réflexion intérieure, notre réflexion linguistique sera bien évidemment perturbée par le texte. », explique le chercheur. Il vaut mieux aussi éviter la musique trop énergique, qui peut à la longue fatiguer et diminuer la concentration : « Elle peut être utilisée de façon très temporaire pour se donner un coup de fouet, mais sur le long terme elle a davantage tendance à épuiser, avec des effets négatifs sur la concentration et l'humeur. On perd l'effet intéressant à trop prolonger l'exposition. »

►►►

suite

Enfin, la musique peut être un excellent moyen de se préparer pour la journée de travail ou pour se ressourcer entre deux tâches : selon Daniel Levitin, seulement 15 minutes d'écoute de la musique a le même effet sur notre humeur qu'une séance de sport ou une ballade dans la nature, quelle qu'elle soit, tant qu'elle fait partie de notre playlist préférée.

Suzana Kubik, www.francemusique.fr, 22 février 2016

2 • Les effets thérapeutiques de la musique

L'écoute de musique douce diminue l'anxiété et la douleur ressentie lors de soins dentaires ou d'examens intestinaux ou gynécologiques selon des expériences réalisées à l'Hôpital Queen Mary de Hong Kong (*cf.* article Nicolas Guéguen, dans *Cerveau & Psycho* n° 22, juillet 2007).
Il semble aussi que la musique puisse réduire certains troubles neurologiques.

Coma, Alzheimer, Parkinson... la musique fait du bien au cerveau,

Un des intérêts de ces travaux est le va-et-vient entre la recherche fondamentale et la recherche clinique. Tel est le but du projet européen de recherche Ebramus, coordonné par Emmanuel Bigand, professeur de psychologie cognitive, directeur de recherche au CNRS (UMR 5022, université de Bourgogne, Dijon), sur les effets de la stimulation cognitive par la musique et sur la réhabilitation des troubles du langage (dyslexie, aphasie), de la mémoire chez les patients Alzheimer, et de ceux de la motricité en cas d'accident vasculaire cérébral (AVC) ou de maladie de Parkinson. Autant d'exemples décrits par le neurologue Oliver Sacks dans *Musicophilia*, une véritable ode à la musique et à ses bienfaits. Les médecins relatent aussi régulièrement des cas de personnes dans le coma se réveillant après avoir écouté un air familier. [...]

Un autre champ d'étude concerne les enfants dyslexiques et dysphasiques. Une étude, publiée en 2013 dans *Neuropsychology*, montre de meilleures performances dans une tâche de jugement grammatical des phrases après l'écoute d'une musique simple et mélodieuse qu'après celle d'une musique aux rythmes irréguliers. [...]

Des travaux sont actuellement en cours au CHU de Dijon sur l'impact d'une stimulation musicale précoce (aussitôt après les premiers soins chirurgicaux) chez des patients touchés par un AVC, en évaluant notamment les capacités de récupération de la parole.

Les médecins relatent aussi régulièrement des cas de personnes dans le coma se réveillant après avoir écouté un air familier.

De même, la musique a des bienfaits sur les personnes atteintes de la maladie de Parkinson. En faisant entendre au sujet des stimulus rythmiques (par exemple un son bref, un « clic » répété ou de la musique rythmée) pendant qu'il marche, il synchronise son mouvement sur le rythme de ces sons ou le tempo de la musique et se déplace plus facilement, explique Simone Dalla Bella, professeur au laboratoire Movement to Health (EuroMov, à l'université Montpellier -I), qui a mené la recherche.

Pascale Santi, www.lemonde.fr, 24 février 2014

On discute aussi de l'impact de la musique sur les troubles psychologiques des jeunes particulièrement (voir p. xx).

3 • Les effets sur le comportement

La musique adoucirait les mœurs.

Les mille effets de la musique

Certaines musiques rendent-elles généreux ? D'autres égoïstes ? Les psychologues Rona Fried et Leonard Berkowitz, de l'Université de New York, ont fait écouter à des étudiants trois types de musiques : une musique calme, une musique stimulante et une musique jugée « désagréable ». La musique calme était *Songs without Words*, Opus 19 n° 1 en mi mineur et Opus 38 n °4 en la majeur de Felix Mendelssohn ; la musique stimulante était un air de Duke Ellington (*One o'clock jump*) et la musique perçue comme désagréable était *Meditations* de John Coltrane.

Après l'audition, chaque étudiant pouvait rentrer chez lui, mais au moment où il s'apprêtait à le faire, l'expérimentatrice lui annonçait qu'elle avait un service à lui demander : il s'agissait de l'aider à réaliser un travail commandé par un professeur de l'université ; elle prétendait avoir très peu de temps, et sollicitait de l'aide pour se tirer de ce mauvais pas.

En l'absence de musique, 60 pour cent des étudiants ont consenti à l'aider. Après l'écoute de Mendelssohn, ce chiffre a atteint 90 pour cent, la musique stimulante ne produisant pas d'amélioration notable, et la musique désagréable provoquant une baisse de 15 pour cent des bonnes volontés. On sait par ailleurs qu'une humeur positive activée par des stimulus extérieurs favorise l'assistance à autrui, tandis qu'une humeur négative a des effets contraires. La musique intervenant sur l'humeur, les chiffres seraient expliqués par cet amorçage de l'humeur.

Autre explication : la capacité de la musique à renforcer les relations sociales. La psychologue Maria Regina et ses collègues de l'Institut de psychologie de São Paulo au Brésil ont révélé que lorsque des enfants écoutent des chansons typiques de différents pays (*Petit papa Noël*, *Douce nuit*, etc.), ils se parlent plus et jouent davantage ensemble. D'autres études ont révélé que la musique diffusée pendant un don de sang favorise les dons ultérieurs, notamment chez des personnes qui ne sont que des donneurs occasionnels ou des premiers donneurs.

Nicolas Guéguen, www.cerveauetpsycho.fr, 30 novembre 2007

S'agit-il réellement d'un effet direct ? Certains pensent qu'il faut plutôt y voir une réaction à un message implicite perçu par les auditeurs.

Le musicologue et auteur canadien Colin Eatock remarque que la musique classique a récemment été introduite dans les magasins de la chaîne 7-Eleven, ainsi que dans les couloirs des métros de Londres et Toronto, avec pour résultat une diminution des vols, des agressions et des actes de vandalisme. Eh bien…

▶▶▶

suite

Quel instrument puissant ! La musique peut donc bien influer sur le comportement. Ces statistiques sont brandies comme preuve que certains genres musicaux possèdent des propriétés magiques et édifiantes. Quelle aubaine pour le marketing ! Un autre bord de pensée soutient cependant que cette stratégie est une manière de signifier à certaines personnes qu'elles ne sont pas les bienvenues. Elles savent que la musique diffusée n'est pas la « leur » et sentent, nous dit Eatock, que son message est le suivant : « Passez votre chemin, ce n'est pas votre espace culturel. » D'autres ont parlé d'« insecticide musical ». C'est une manière d'utiliser la musique pour façonner et contrôler l'espace public. [...]

L'idée selon laquelle les beaux-arts sont bons pour vous a pour corollaire le présupposé que leur contemplation peut vous être prescrite comme un remède. À la manière d'un vaccin, elle pourrait endiguer — et peut-être même entreprendre d'inverser — nos penchants les plus bas. Le juge britannique John Duke Coleridge a ainsi déclaré en 1857 lors d'une commission parlementaire que les pauvres ont besoin de l'art « pour purifier leurs goûts et les détourner des habitudes qui les souillent et les avilissent ». Quant au romancier britannique du XIXe siècle Charles Kingsley, il s'est montré plus explicite encore : « Crois-moi, ouvrier usé par ton labeur. Malgré les immondices qui t'environnent, ton logis populeux, tes guêtres sinistres, tes enfants faméliques, ta femme frêle et pâle — crois-moi, un jour, toi et les tiens aurez aussi le droit à votre part de beauté. [...] Je le dis, les peintures ont éveillé en moi de saintes pensées — pourquoi pas en vous, mes frères ? ». Des musées comme celui de Whitechapel, à Londres, ont été ouverts dans des quartiers ouvriers afin que les opprimés puissent goûter aux choses les plus fines que la vie ait à offrir. Pour avoir eu quelques boulots manuels, je peux témoigner que la bière, la musique ou la télévision sont parfois tout ce à quoi l'on peut se prêter à la fin d'une longue journée de travail physiquement éprouvant.

David Byrne, *Qu'est-ce que la musique ?* Éditions de la Philharmonie de Paris, 2019

C • L'utilisation de la musique par le pouvoir

Le pouvoir de la musique sur les individus est encore accru quand ils l'écoutent en groupe. C'est pourquoi le pouvoir peut l'utiliser comme moyen d'influence, soit directement, soit indirectement au travers d'une politique culturelle.

1 • La musique, outil de solennité

L'usage de la musique au cours des cérémonies et des manifestations patriotiques renforce la solennité et la cohésion affective des participants. Il est régi par un protocole très précis.

Les musiques jouées au cours des cérémonies ou prises d'armes sont généralement de trois sortes :

- les sonneries réglementaires ;
- les hymnes nationaux ;
- les chants et marches.

►►►

suite

Chacune d'elles, entendue à un moment de la cérémonie, est exécutée pour entraîner une action des participants, signifier une phase de la cérémonie ou imposer une attitude (respect, recueillement, etc.).

Attitude à adopter lors de l'exécution des sonneries, marches, chants et hymnes

Toutes les sonneries sont précédées d'un ordre du commandant des troupes, exécuté par l'ensemble du personnel en uniforme sur les rangs. Pour le personnel en uniforme assistant à une cérémonie et qui n'est pas sous les armes ou en détachement constitué, la règle est la suivante :

– il salue au moment de l'exécution des sonneries ou des hymnes :

* « Au drapeau » ou « À l'étendard »,
* La Marseillaise et hymnes étrangers,
* « Aux morts » et pendant la minute de silence ;

– il se tient au « garde-à-vous » lors du « Chant des partisans », du « Chant des marais » ou du « Chant du départ ».

Lorsque le personnel en uniforme salue, les civils adoptent une position plus solennelle (« garde-à-vous ») et font silence. Les hommes se découvrent lors des hymnes nationaux et de la minute de silence (honneurs aux morts).

Mémento du cérémonial, du protocole, de la préséance et des usages dans la Nièvre, préfecture de la Nièvre, juin 2014

Capable de dynamiser et d'exalter les groupes, la musique a été utilisée par les armées pour rythmer le pas, transmettre des ordres, soutenir l'effort des longues marches et galvaniser lors des assauts.

La musique militaire

La présence de la musique dans les armées remonte à la plus haute Antiquité. Vocalement, d'abord sous forme de chœurs martiaux martelant les marches et les assauts, puis avec l'appui d'instruments du genre tambour et trompette. Il s'agissait, il s'agit toujours, d'apporter un stimulant au courage du guerrier, de coordonner ses mouvements, d'enrichir ses parades, de meubler ses moments de détente. Le roi David s'accompagnait au combat d'une harpe, et ce furent les sonneries de trompes qui permirent aux Hébreux de vaincre Jéricho. Dans l'Antiquité, les soldats se battaient au son des tubas et des buccins. Les Grecs adoptèrent la syrinx, les Germains préférèrent les tambours importés de Chine.

La musique militaire s'appuie essentiellement sur le rythme, et elle exige, pour être entendue, de larges sonorités. Aussi abandonna-t-elle très vite les harpes, les cithares et les divers instruments à cordes tellement en honneur au début de l'ère chrétienne. À la fin du Moyen Âge, elle utilisait les cors, les cornets, les trompes, les tambours, les trompettes, les timbales. C'est sous François Ier que le fifre apparut dans les armées françaises. Peu à peu, la musique militaire s'enrichit d'instruments nouveaux au fur et à mesure de

▶▶▶

suite

l'évolution de la facture. Les hautbois apparurent sous Louis XIII, et Louis XIV ajouta les violons pour les grandes solennités, celles qui étaient assurées en plein air par la Grande Écurie. Au demeurant, les musiques militaires se développaient, et chaque régiment eut à cœur d'en posséder une, aussi bien en France qu'à l'étranger où l'on découvrit la cornemuse chez les Écossais, le basson chez les Russes et le flageolet chez les Turcs.

La première institution régulière d'orchestres militaires eut lieu en France en 1762 dans les régiments de gardes françaises et de gardes suisses. Mais ce n'est qu'au lendemain de la Révolution qu'elles prirent peu à peu leur physionomie actuelle. La musique de la garde nationale étant devenue en 1795 l'amorce de notre Conservatoire, il fut possible de former les instrumentistes nécessaires aux phalanges régimentaires. En 1875, la musique militaire française fut réorganisée par une loi : dans l'infanterie et le génie, une musique par régiment ; dans la cavalerie, une par brigade ; et, couronnant le tout, la musique de la garde républicaine, qui recrutait ses membres par concours, aussi bien parmi les soldats que parmi les artistes civils. [...]

Larousse « Dictionnaire de la musique », article « Musique militaire »

2 • Les hymnes, emblèmes nationaux

Pour renforcer le sentiment d'appartenance, chaque nation se choisit un hymne solennel qui la représente dans les manifestations internationales. Les hymnes nationaux ont chacun une histoire.
Leur choix est déterminé par des circonstances particulières. Les événements et la politique évoluant, ce choix peut être contesté comme dans les cas de l'hymne allemand entaché par le nazisme : la RFA en a retiré les allusions au pangermanisme et l'Allemagne réunifiée se limite à l'affirmation démocratique contenue dans le troisième couple. De la même manière, depuis 1990, date du démantèlement de la confédération, la question de l'hymne en Russie fait débat. Ce n'est qu'au bout d'un siècle que la Marseillaise est devenue l'hymne national français.

Officier et compositeur français né à Lons-le-Saunier, mort à Choisy-le-Roi, Rouget de Lisle est en 1791 capitaine en garnison à Strasbourg. En avril de l'année suivante, il y écrit les vers et compose très probablement la mélodie d'un *Chant de guerre de l'armée du Rhin*, qui prendra le nom de *Marseillaise* après avoir été chanté par les volontaires de Marseille lors de leur entrée à Paris en juillet 1792. En 1795, un décret de la Convention en fait un chant national. Après avoir connu une éclipse sous l'Empire et la Restauration, il reparaît lors des révolutions de 1830 et de 1848, et il est déclaré hymne national en 1879. [...]

Le thème mélodique, assez courant pour l'époque, s'apparente à des thèmes divers d'opéras sans s'y ramener absolument. Plus complexe est l'histoire des nombreuses variantes, et surtout des harmonisations orchestrales que divers musiciens adapteront à l'hymne : la moins somptueuse n'est pas celle de Berlioz. Une chose demeure certaine : *La Marseillaise* que nous

►►►

suite

entendons aujourd'hui dans les cérémonies officielles n'est plus exactement le chant qu'improvisa le jeune capitaine de l'armée du Rhin en avril 1792 à Strasbourg, dans la maison du maire Dietrich, ni celui qui frappa tant Goethe lorsqu'il l'entendit chanter dans l'été de 1793 par les « Mayençais » de Kléber.

Marc Vignal, © *Encyclopædia Universalis*, article « Rouget de Lisle »

Sa fonction sacralise l'hymne. Aussi toute modification risque-t-elle de passer pour un sacrilège et de faire polémique comme en témoigne l'accueil très mitigé d'une version reggae de la Marseillaise enregistrée à la Jamaïque avec des musiciens locaux. par Serge Gainsbourg en 1979 et dont le refrain était simplifié à l'extrême : « Aux armes et caetera. ».

Aux armes et cætera : https://www.youtube.com/watch?v=Wd4qEzNyzmo

Leur sacralisation expose les hymnes, en retour, à des contestations. Lydie Salvayre a consacré un ouvrage *Hymne* (2011) au guitariste Jimi Hendrix, célèbre pour sa virtuosité et aussi pour avoir détourné l'hymne américain au festival de Woodstock en 1969. À l'aide d'effets sonores inédits, il mêla, pour protester contre les horreurs de la guerre menée par les Américains au Vietnam, des sons évoquant le bruit des bombes, à la musique de Francis Scott Key composée lors de la guerre anglo-américaine de 1812 pour commémorer la résistance aux Britanniques.

L'hymne américain (*The Star-Spangled Banner*) joué par Jimi Hendrix à Woodstock en 1969 : https://www.youtube.com/watch?v=vgyGJl_xm6o

3 • Les opérations de prestige

La construction de lieux de concert est une opération de prestige menée par les hommes politiques (présidents de la République, présidents de Conseil régional) ou par de grandes entreprises. On peut citer la commande de l'Opéra de Paris à Charles Garnier par Napoléon III, à laquelle fait écho celle de l'Opéra Bastille en 1989 par François Mitterrand, à l'occasion du bicentenaire de la Révolution française, la rénovation de l'Opéra de Lyon, et plus récemment celle de l'auditorium de la Maison de la radio.

De même, depuis une vingtaine d'années, le pouvoir chinois commande des salles de concert immenses à de grands architectes. En 2010, l'opéra de Canton (Guangzhou) a été conçu par Zaha Hadid. Quatre lieux ont été créés à Shanghai dont le Centre des Arts orientaux dessiné par Paul Andreu et l'opéra (Shanghai Grand Theatre), réalisation de Jean Marie Charpentier.

Salle de l'opéra de Guangzhou (architecte Zahia Hadad)

Investir dans la formation à la musique occidentale est aussi un élément de stratégie internationale pour la Chine.

En outre, le NCPA a mis en œuvre une politique d'éducation artistique adaptée aux mentalités du pays. « Le théâtre est aujourd'hui l'un des monuments les plus visités de la ville, souligne Yang Guo, responsable du département promotion. Programmer intensivement tous les genres occidentaux et orientaux est un atout. Les gens viennent voir le lieu, découvrent les petits spectacles gratuits et les présentations que nous organisons presque tous les jours dans le foyer, se laissent tenter par une proposition et passent d'autres. Si les billets sont souvent chers pour les spectacles d'artistes internationaux, un concert symphonique de notre orchestre ne coûte pas plus de 5 €, et les étudiants ont accès pour 12 € aux invendus dans toutes les catégories sièges pour tous les spectacles. En lien avec les entreprises et les administrations, nous offrons des billets gratuits aux employés du mois et à leurs familles ; c'est souvent pour eux une occasion mémorable, car beaucoup habitent très

▶▶▶

suite

loin dans les banlieues et ne seraient jamais venus d'eux-mêmes. La programmation s'organise largement en festivals annuels et biennales, qui facilitent la fidélisation du public et le travail éducatif : biennale des compositeurs chinois écrivant pour l'orchestre occidental, printemps de l'opéra européen, mai de la musique de chambre, septembre de la danse, automne de l'opéra traditionnel chinois... »

Vincent Agrech, *Diapason* n° 687, février 2020

4 • La musique, entre mécénat et conflit de valeurs

Dès l'Antiquité le soutien aux arts a été une préoccupation de l'élite. Un bureau de la musique a été créé au Ier siècle av. J.-C. par un empereur chinois pour collationner les musiques populaires afin d'enrichir les musiques savantes.
Mécène (68 av. J.-C. - 8 apr. J.-C.), romain proche de l'empereur Auguste, consacra sa fortune à soutenir les artistes et fit école.

L'Église et les Princes à partir de la Renaissance utilisèrent le mécénat pour briller. En Italie, on inventa grâce à ces derniers une forme de salle spécifique pour les spectacles musicaux dite « salle à l'italienne », qui sera reprise très largement. Ils soutenaient des compositeurs, des musiciens, des chanteurs et furent à l'origine du développement de l'opéra.
À la cour de France, au XVIIe siècle, les spectacles musicaux et les ballets furent organisés au Louvre. Mazarin introduisit en France l'opéra italien. À Versailles, Louis XIV qui pratiquait la danse avec talent utilisa aussi les spectacles musicaux comme un outil politique. L'organisation des ballets auxquels les Grands participaient mobilisait la totalité de la cour pendant des semaines et la maintenait sous contrôle.

Mais nous n'aurons rien compris à la nature de ce grand branle-bas, si nous ne mesurons pas ce que l'acte même de danser signifie pour un homme du XVIIe siècle, et ce que Louis XIV, toujours semblable à lui-même en cela comme dans le reste, a su faire en se plaçant au centre de ce que ses sujets aimaient par-dessus tout. Il l'a pourtant écrit dans ses *Mémoires*, ce texte qu'on ne lit jamais sous prétexte que c'est sans doute Pélisson qu'il l'a rédigé, alors qu'il livre tant de secrets : « Un prince, et un roi de France, peut encore considérer quelque chose de plus dans les divertissements publics, qui ne sont pas tant les nôtres que ceux de notre cour et de tous nos peuples. Il y a des nations où la majesté des rois consiste, pour une grande partie, à ne se point laisser voir, et cela peut avoir ses raisons parmi les esprits accoutumés à la servitude, et que l'on gouverne par la terreur ; mais ce n'est pas dans le génie de nos Français et, d'aussi loin que nos histoires nous le peuvent instruire, s'il y a quelque chose de singulier dans cette monarchie, c'est l'accès libre et facile au prince. » « Ne se point laisser voir » : il pense à l'Espagne, bien entendu. C'est ce qu'il ne veut pas. « Se faire voir » au cœur de ce que ses « peuples » aiment à voir, c'est ce qu'il veut et c'est ce qu'il a fait. Cela supposait qu'il fût le meilleur danseur, et il l'a été.

Philippe Beaussant, *Le Roi Soleil se lève aussi*, Gallimard, 2000

Après la chute de l'Ancien Régime, l'État a pris le relai. Un prix de Rome fut créé en 1803. Berlioz, Gounod, Bizet bénéficièrent de ce séjour d'un an à Rome offert pour travailler dans de très bonnes conditions. Des subventions furent allouées à des institutions comme les Opéras, des prix, des bourses à des artistes, à des créateurs, des compositeurs furent créés... Aujourd'hui le ministère de la Culture et les directions régionales des affaires culturelles soutiennent la musique.

Les aides publiques à la musique :
www.irma.asso.fr/Les-aides-au-spectacle-vivant

De grands hommes d'affaire ont fait construire des lieux prestigieux dédiés à la musique comme le Théâtre des Champs-Élysées. Des fabricants de pianos comme Pleyel et Gaveau ont aussi commandité des salles de concert. Être sponsor de spectacles musicaux, de festival rehausse l'image d'une marque.
Mais la musique est également utile à la constitution de valeurs collectives. À la fin du XIXe siècle, l'affaire Dreyfus suscite un débat général sur l'identité française entre les Républicains et les ligues nationalistes. Conscience que l'addition de la force émotive de la musique et du rituel du concert associés à la force du discours peuvent produire des effets puissants sur l'opinion, les nationalistes, les premiers, placent le débat de l'identité nationale sur le terrain culturel. Le compositeur Vincent d'Indy organise à la Schola Cantorum qu'il dirige des concerts où il fait jouer une musique ancienne d'inspiration religieuse qu'il considère comme l'expression de la tradition française. Très vite ces concerts, remportent un grand succès. Les Républicains, conscients de la menace contre-attaquent par l'intermédiaire du programme musical de l'Exposition Universelle de 1900.
Ils y ajoutent la création d'une chaire d'histoire de la musique à la Sorbonne, l'organisation de conférences, d'un mois musical, de concerts militants et encouragent en parallèle des fêtes du peuple inspirées des fêtes révolutionnaires et soutenues par les organisations syndicales ainsi que la création de chorales populaires.
Plus récemment, l'État a décidé l'implantation dans le 19e arrondissement, quartier populaire du nord-est parisien, de l'institution culturelle qui lui manquait, la Cité de Musique, récemment complétée par la Philharmonie inaugurée en 2015.

5 • La musique au service de la propagande totalitaire

De nombreux musiciens et compositeurs fuient l'Allemagne dès 1933 devant la guerre menée par le parti Nazi aux formes musicales qu'il considère comme dégénérées. D'autres musiciens au contraire sont réquisitionnés au service de la propagande y compris dans les camps de concentration.
La musique sous la botte nazie : https://www.lexpress.fr/culture/musique/la-musique-sous-la-botte-nazie_488389.html

La musique dans le système concentrationnaire nazi :
https://rm.coe.int/1680480129

Staline pourchasse également les musiques jugées bourgeoises et décadentes, décrétées contrerévolutionnaires. Julian Barnes en rend compte dans sa récente biographie du compositeur Dmitri Chostakovitch. Après la tourmente de la Seconde Guerre mondiale, celui-ci vécut dans la terreur que ses œuvres ne soient considérées comme suspectes ou contrerévolutionnaires.

Lors de ce congrès, sa *Huitième Symphonie* fut prise pour cible, comme la *Sixième* de Prokofiev. Des symphonies dont le sujet était la guerre ; des symphonies qui savaient que la guerre était tragique et terrible. Mais comme la compréhension de leurs compositeurs formalistes avait été limitée, la guerre était glorieuse et triomphale, et devait être célébrée! Au lieu de quoi ils s'étaient laissé aller à un « individualisme malsain » ainsi qu'au « pessimisme ». Il avait refusé d'assister au congrès. Il était malade. En fait, il se sentait suicidaire. Il envoya ses excuses. Elles ne furent pas acceptées. Qui plus est, le congrès allait rester en séance jusqu'à ce que le grand récidiviste Dmitri Dmitrievitch Chostakovitch fût en mesure d'y venir : si nécessaire, ils enverraient des médecins pour s'assurer de son état de santé et le soigner. « On ne peut échapper à son destin » - et donc il y alla. On l'enjoignit de faire publiquement son mea-culpa. Alors qu'il se dirigeait vers l'estrade, en se demandant ce qu'il pourrait bien dire, un texte lui fut mis dans la main. Il le lut d'une voix blanche : il promit de se conformer aux directives du Parti à l'avenir et d'écrire de la musique mélodique pour le Peuple. Au beau milieu du verbiage officiel, il s'interrompit, leva la tête, regarda la salle, et dit d'une voix brisée : « Il me semble toujours que, lorsque j'écris sincèrement et comme je le ressens vraiment, ma musique ne peut pas être «contre» le Peuple, et que, en somme, je suis moi-même un représentant... d'une certaine façon... du Peuple. »

Puis, après une année de disgrâce, il avait eu sa seconde conversation avec le Pouvoir. Staline qui veut l'envoyer avec une délégation aux États-Unis comme ambassadeur du système soviétique découvre que ses œuvres sont interdites. Il efface l'interdiction et l'oblige à partir malgré ses réticences.

Il y avait eu cette étrange période où le Pouvoir, ayant décidé que Dmitri Dmitrievitch Chostakovitch était un cas récupérable, avait tenté une nouvelle tactique avec lui. Au lieu d'attendre le résultat final – une composition achevée qui allait devoir être examinée par des experts politico-musicologiques, avant d'être approuvée ou condamnée –, le Parti, dans sa grande sagesse, avait décidé de commencer par le commencement : par l'état de son âme idéologique. Obligeamment, généreusement, l'Union des compositeurs nomma alors un tuteur, le camarade Trochine, un grave et vieillissant sociologue, pour l'aider à comprendre les principes du marxisme-léninisme – pour l'aider à se réformer. Il reçut une liste d'ouvrages à lire, tous écrits par le camarade Staline, tels que *Le Marxisme et les problèmes de linguistique* et *Les problèmes économiques du socialisme en URSS*. Puis Trochine vint à l'appartement et expliqua son rôle. Il était là parce que, hélas, même d'éminents compositeurs pouvaient se fourvoyer gravement, comme cela avait été publiquement confirmé dans un passé récent. Afin d'éviter que cela se reproduise, le niveau de compréhension politique, économique et idéologique de Dmitri Dmitrievitch devait être rehaussé. Le compositeur accueillit la déclaration d'intention de son hôte non invité avec le sérieux qui s'imposait, tout en disant regretter que son travail sur une nouvelle symphonie dédiée à la mémoire de Lénine l'eût empêché jusque-là de lire tous les ouvrages qu'on lui avait si aimablement adressés.

Julian Barnes, *Le Fracas du temps*, Mercure de France, 2016

DR

Couverture de disque des symphonies 1 et 3 de Chostakovitch par Orchestre symphonique du ministère de la Culture de l'URSS dirigé par Rozhdestvensky

Mao Zedong lors de la Révolution culturelle imposa le remplacement de la musique traditionnelle par la création de l'opéra populaire composé à des fins didactiques.

6 • Le soft power

La musique fut une arme de la compétition économique et de la rivalité politique pendant la Guerre Froide. Aujourd'hui, la Corée du Sud l'utilise aussi.

Les États-Unis après les Guerres, en devenant un pays symbole de liberté et de prospérité, ont constitué un pôle d'attractivité pour tout le monde, y compris les musiciens. Les gouvernements américains se sont rendu compte de l'importance de tous ces échanges culturels et du rôle important de la musique dans les relations internationales. Ainsi, ils ont investi beaucoup sur la musique pour étendre leur influence, encourageant des tournées de musique de tout genre (classique, jazz, folk). Accueillant les exilés politiques des pays de l'Est mais aussi des immigrants de toute l'Europe, ils ont pu rassembler des musiciens de haute qualité et former des orchestres classiques et des écoles de musiques très prestigieuses et très respectées dans le monde entier.

École nationale d'administration, Master Études européennes et relations internationales soutenu par Konstantinos Psathas CIP Promotion Palmyre (2015-2016)

La stratégie américaine est complétée par des programmes d'aide au développement musical en Asie et en Europe, et par l'instrumentalisation du jazz au service de la diffusion des valeurs américaines. Cela a innové une nouvelle forme de diplomatie qui a été reprise par d'autres pays comme la Corée du Sud actuellement.

D • La musique, forme de résistance au pouvoir

1 • La résistance politique

Le peuple, lui aussi, utilise la musique mais pour s'opposer aux pouvoirs en place. En 1650 pendant la Fronde des chansons contre Mazarin faisaient fureur. De la Révolution nous sont parvenus *Ça ira* (1790) et *La Carmagnole* (1792) ainsi que des chants fédérateurs comme *Le Chant du départ*. Chant révolutionnaire et hymne de guerre, écrit en 1794 par Étienne-Nicolas Méhul (pour la musique) et Marie-Joseph Chénier (pour les paroles), il fut l'hymne officiel du Premier Empire et fut notamment utilisé lors de la Première Guerre mondiale pour exalter les soldats mobilisés en partance pour le front.

Le *Chant du départ* du poète Marie-Joseph Chénier :
https ://www.youtube.com/watch?v=qhDh2H5g5L4

Sous la Restauration, la chanson est aussi une forme de résistance comme le montre la présentation par son éditeur de cet ouvrage historique d'Étienne Lambert paru en 2013, *La Goguette & les Goguettiers*

Parallèlement, sous la Restauration, des réunions chantantes populaires se forment dans des arrière-salles de cabarets ou dans des guinguettes qui prennent aussi le nom de goguettes. Celles-ci ne sont pas structurées comme leurs devancières, mais elles doivent bientôt se conformer à des règlements de police qui les soumettent à déclaration et limitent le nombre de leurs participants. Composées principalement d'ouvriers, elles apparaissent aux autorités comme des foyers de désordre et de propagande bonapartiste ou républicaine, et les chansons qui s'y entonnent sont perçues comme des chants séditieux. Elles sont alors profondément infiltrées par les agents de l'ordre et la chanson n'est pas libre de s'y exprimer pleinement. Comme dans les réunions bourgeoises la thématique s'y oriente vers le couplet bachique, la gaudriole ou la paisible romance, du moins en façade, car ici et là résonnent parfois des chants plus énergiques et la Révolution de 1830 verra éclore toute une cohorte de chansonniers nouveaux qui braveront les interdits et produiront, entre autres, des chants démocratiques ou patriotiques (à la gloire de la grande Révolution), mouvement dont la Révolution de 1848 verra l'apogée — et le Second Empire le déclin, par l'organisation de la répression dans tous les domaines qui lui sont hostiles, la chanson n'y échappant pas. [...]

À l'origine, les réunions se passaient entre chansonniers partageant leurs créations et le plaisir de chanter. Au fil du temps, surtout dans les goguettes populaires de la monarchie de Juillet, apparaîtront : le public, les instruments d'accompagnement (piano, guitare) et l'interprétation par des artistes quasiment professionnels d'œuvres plus anciennes ou devenues classiques, dont les auteurs ont parfois disparu ou ont acquis une popularité telle que leurs

►►►

suite

compositions pourront ainsi s'envoler de goguette en goguette, voire de rue en rue par des chanteurs s'accompagnant à la guitare, au violon, à l'orgue de Barbarie, et colportant par la même occasion de modestes cahiers de chansons et complaintes à destination de leur public. L'apparition des interprètes compromettra la vieille goguette et ses pratiques musicales, provoquant l'ouverture et le développement des cafés chantants, puis des cafés-concerts, préfigurations de nos music-halls et de l'institution du show-biz avec ses vedettes obsédées de spectaculaire, ses trusts et ses coulisses.

www.pleinchant.fr

Aristide Bruant commémore dans *Les Canuts*, un chanson de 1894, les révoltes des canuts lyonnais qui ont ponctué le XIXe siècle. *Le Temps des cerises* (1866) de Jean-Baptiste Clément prend une autre résonnance quand on le replace dans le contexte de la « semaine sanglante » de La Commune de Paris qui eut lieu quelques années après sa composition. Les anarchistes comptaient sur la chanson pour éduquer le peuple et se rallier les esprits. Ils l'utilisèrent abondamment. Le XXe siècle a aussi connu des chants de résistance, à l'Occupation, au pouvoir franquiste, à la guerre du Vietnam.

2 • La résistance culturelle

Les cultures particulières peuvent apparaître au pouvoir central comme des obstacles à l'élaboration d'une cohésion nationale ou à l'homogénéisation d'un empire. Le désir de cultiver une musique locale recouvre souvent le refus d'une collectivité d'être intégrée dans un ensemble plus vaste. La vitalité des musiques tchèques et hongroises fut sous tendue par la résistance à l'assimilation dans l'Empire austro-hongrois. Elles inspirèrent Liszt, Bartok, Kodály, Ligeti, pour la Hongrie, Smetana, Dvorák, Janácek, Martinů pour les pays tchèques.

3 • La résistance à l'uniformisation

Aujourd'hui, les immigrés de l'extérieur ou de l'intérieur se retrouvent volontiers à l'occasion de fêtes animées par des musiques, des chants et des danses typiques de leur culture d'origine, organisées par des amicales ou des associations.
La Maison Basque de Paris : http://www.eskualetxea.com/

La survivance d'instruments de musique et de danses traditionnelles exprime aussi la résistance au phénomène d'universalisation de la musique de type américain. Depuis 30 ans, la fête de la vielle à Anost dans le Morvan, met à son Programme : bals, concerts, marchés de luthiers et stages de bourrée (danse traditionnelle) destinés à maintenir la diversité musicale.

Chapitre 5

Musique et économie

La musique s'est développée au fil des évolutions sociales et techniques. Elle est aujourd'hui le moteur d'une activité économique considérable qui conditionne sa création et sa consommation.

A • L'évolution de l'industrie musicale

1 • Les évolutions sociales et techniques

Dans les pratiques les plus anciennes de la musique, son économie est très limitée ; ce sont les mêmes hommes qui font la musique et qui l'écoutent. Plus tard, si le créateur continue à être l'exécutant, on voit apparaître une fonction, celle de fabricant d'instruments (luthier). Une première révolution dans l'économie de la musique coïncide avec l'invention des techniques d'écriture musicale. La partition permet la dissociation des fonctions d'auteur et d'interprète et est à l'origine de nouveaux métiers (copiste, éditeur) ; elle facilite, de plus, la circulation géographique des musiques en Europe.

L'apogée de ce degré d'évolution se situe vers la fin du XIXe siècle. On constate alors l'existence d'une véritable « cité musicale », différente de celle des lettres ou des arts plastiques et fortement structurée. La chaîne de transmission de la musique est déjà d'une grande complexité : partant du compositeur (généralement invisible du public et inconnu de lui, sauf par sa signature), on trouve les musiciens exécutants, solistes ou musiciens d'orchestre, ces derniers réunis sous l'autorité du chef d'orchestre, pour aboutir aux consommateurs (le public), dont les genres se diversifient ; cette chaîne n'existe qu'avec la collaboration d'activités annexes diverses : lutherie, copie et éditions des œuvres, organisation des concerts. Au sein de cette « cité musicale », la musique garde son caractère de relative immatérialité : elle s'évanouit aussitôt qu'entendue et ne peut être écoutée que dans la salle de concert. Le seul canal temporel est la partition, qui fixe non pas la musique elle-même, mais les signes par lesquels on la représente.

La seconde révolution se produit à l'aube du XXe siècle, lorsque vont être imaginés successivement les procédés d'enregistrement (canal temporel transmettant les sons eux-mêmes et non plus seulement leurs signes) et la radiodiffusion (canal spatial qui pulvérise les limites de la salle de concert). Alors qu'il est difficile de donner des dates précises aux principales étapes de l'évolution antérieure, il est possible de fixer les jalons (dates charnières) de la révolution technologique dont nous subissons encore directement les

▶▶▶

suite

conséquences. On constate que les canaux de communication de la musique tendent à devenir de plus en plus complexes. Si, à l'époque primitive, il n'y avait qu'un seul artisan spécialisé (le luthier) comme collaborateur indirect de la vie musicale de sa cité, à partir de la fin du XVIe siècle apparaîtront le copiste et l'éditeur, au XIXe siècle l'organisateur de concerts ; aujourd'hui, de nombreuses professions de techniciens (fabricants ou utilisateurs d'appareils de reproduction sonore ou de diffusion), de gestionnaires et d'organisateurs et, enfin, d'industriels dont les activités supposent une vaste utilisation des moyens musicaux (cinéma, télévision, radio, industries du spectacle diverses) doivent être comprises dans cette liste.

La description du processus historique de la consommation musicale pourrait donc se faire à partir de celle du canal de transmission. [...] Ce processus historique rend compte de la complexité croissante du mode de communication de la musique. Mais il serait incomplet si, parallèlement, on ne cherchait à discerner les changements qui interviennent, quantitativement parlant, dans le monde des consommateurs de musique, changements qui sont directement liés à ceux du mode de communication, puisqu'il est facile de constater que le canal de transmission s'élargit (gagne en capacité) à mesure qu'il devient plus complexe. En reprenant les étapes énumérées, on peut décrire les issues du canal de communication musicale.

Pierre Billard, Michel Philippo, © *Encyclopædia Universalis*, article « Musique »

On peut trouver un historique détaillé sur les sites suivants.
Du phonographe au MP3 : https://halshs.archives-ouvertes.fr/file/index/docid/651573/filename/du_phono_au_MP3.pdf

2 • Leurs incidences sur les formes musicales

On peut consulter un tableau qui montre la corrélation étroite qui existe entre l'évolution des moyens techniques et le développement de certaines formes musicales sur le site suivant :
https://www.edukson.org/musique-audition/les-musiques-amplifiees/histoire-des-musiques-evolutions/

La pop américaine a ainsi pu se mondialiser grâce à des innovations techniques.

Géopolitique de la pop musique

[...] Ce sont en premier lieu les critères techniques qui déterminent la production de la pop. Et ceux-ci renvoient à un contexte géoéconomique. Pour produire des vinyles, il faut avoir accès au pétrole. Mais il faut aussi qu'une structure de marché particulière se soit mise en place. Il s'agit au départ de monopoles, qui ont le contrôle de la filière de production : on les appelle les majors. Ces compagnies sont appelées ainsi parce que le disque n'est qu'une branche de leurs activités, et elles existent en parallèle de plus petites compagnies, « les labels indépendants ». « Les majors maîtrisent sur

►►►

suite

un réseau international et un axe vertical, toutes les étapes de production de la musique, de l'étude du son, jusqu'à la possession d'une écurie d'artistes maisons » nous dit Barbara Lebrun. Aux côtés des majors Columbia et EMI, toutes deux venues du cinéma, Decca fut la première entreprise à se consacrer uniquement à la production, à la commercialisation et à la promotion de ses artistes. Elle contribue à créer le « star-system ». Si la culture pop se veut comme une contre-culture, elle ne soutient pourtant pas les labels indépendants qui s'estiment dissidents d'un marché monopolistique : en témoigne l'attitude des D. Bowie ou des Beatles, qui signent avec Warner ou EMI.

La raison du succès de la pop n'est pas réductible à l'instauration d'une structure de marché. L'État accompagne la structuration des marchés, d'une part en la finançant, d'autre part en la promouvant. En France, l'Office de Radiodiffusion-télévision française (ORTF) instaure en 1964 le Hit-Parade, dans le registre des variétés. Les tenants de la contre-culture s'organisent en revues critiques. Le courant représentatif de cet état d'esprit est le courant psychédélique, dont le lieu emblématique fut Abbey Road, entre les années 1967 et 1972. Abbey Road qui est principalement subventionné par l'État britannique. Les radios pirates furent interdites en raison du non-respect des modes de production du marché, car produites et diffusées par des organes indépendants, où l'État ne pouvait gagner aucun revenu (sur les ventes et les évènements) et aucun crédit, mais en aucun cas pour leur musique. Si, plus tard, le punk développe l'idée d'une pop anarchiste, il n'en demeure pas moins que les scandales seront vite pardonnés au vu des externalités positives qu'ils généraient à Londres : hausse considérable du tourisme, et présence médiatique forte dans le monde entier.

Marie Lhuillery, Pierre Baussier, www.diploweb.com, 17 février 2013

C'est la stratégie particulière de la radio Skyrock qui a permis le développement du rap français. Dans sa compétition avec NRJ, en 1990, quand l'État impose un quota de musique en français, elle inaugure une émission matinale de musique animée par Arthur, où elle diffuse des rappeurs français comme le racontent Laurent Bouneau, Fif Tobossi, Tonie Behar dans *Le Rap est la musique préférée des Français* (Le Seuil, 2014).

3 • La diversification des activités économiques

L'économie de la musique ne se limite pas au marché du disque. Elle est complétée par de multiples événements comme l'organisation de concerts, de fêtes musicales, de festivals de tous types...
Le bilan des festivals de l'année 2019 par Manon Chapuis, Anja Dimitrijevic, Quentin Thome :
https://www.touslesfestivals.com/actualites/le-bilan-des-festivals-de-lannee-2019-191219

Pour dynamiser encore la consommation musicale, des événements sont organisés, sponsorisés par de grandes entreprises et répercutés par tous les médias comme les célébrations d'anniversaires de musiciens comme celui de Beethoven en 2020, des hommages rendus à de récents disparus.

SAEM La Folle Journée

Affiche pour la Folle journée de Nantes en 2020.

Par ailleurs de multiples applications se créent constamment. Récemment une start-up française s'est intéressée à la musique classique.

NomadPlay, la solution numérique pour pratiquer la musique avec de grands musiciens… en restant chez soi !

NomadPlay a été créée en 2014 par deux entrepreneuses : Clothilde Chalot, spécialiste en management culturel, et Hannelore Guittet, ingénieure du son et violoniste, formée au Conservatoire National Supérieur de Paris. Elles ont bâti petit à petit une société mêlant pédagogie musicale et nouvelles technologies, à travers des approches inédites. Reposant en particulier sur la réalité augmentée (qui va remplacer l'environnement du musicien par l'orchestre), la jeune start-up française a conçu un algorithme de séparation des sources sonores. Cela permet d'effacer la piste d'un instrument pour permettre à l'utilisateur de jouer accompagné des artistes d'un enregistrement.

Afin de proposer un large choix aux musiciens, NomadPlay travaille en partenariat avec des formations de pointe, dont l'Orchestre national d'Ile-de-France, le Grand Théâtre de Provence, ainsi qu'une centaine d'artistes solistes dont Renaud Capuçon. Des chœurs et orchestres soutenus par la Fondation Orange comme les Talents lyriques ou les Métaboles sont aussi associés à cette plateforme d'apprentissage numérique de la musique.

NomadPlay, en pratique

L'objectif de NomadPlay demeure l'accessibilité : les débutants comme les musiciens chevronnés ont à leur disposition une base d'œuvres vaste et variée, leur permettant de progresser pas à pas. Morceaux simples ou plus

suite

techniques cohabitent dans un catalogue qui convient à une vingtaine d'instruments (piano, bois, cuivre, cordes et voix). Outre le répertoire classique, le jazz aura bientôt sa place sur une plateforme dont le catalogue devrait atteindre 1 000 titres.

Concrètement, le musicien va pouvoir jouer accompagné d'un orchestre, d'un chœur ou en duo avec des virtuoses, tout en profitant de fonctions d'apprentissage avancées. Après avoir ouvert la partition, il va pouvoir l'annoter, extraire la partie instrumentale qui le concerne, répéter une section en boucle, changer de tempo pour entrer petit à petit dans le morceau… Autant de caractéristiques pratiques soutenues par une qualité sonore impressionnante… En avant la musique !

https://culture-a-domicile.telerama.fr/nomadplay/

4 • La concentration économique

Le marché musical s'est concentré entre les mains de trois entreprises colossales : 70 % du catalogue musical mondial est détenu par Universal Music Group, Sony Music Entertainment et Warner Music Group. Elles contrôlent aussi les réseaux de distribution et ont le monopole des moyens de promotion des artistes.
La révolution Internet a affecté ces majors. Elles ont beaucoup souffert du piratage initié par Napster qui a fait chuter les ventes de disques. Il a été relayé par la possibilité d'écouter de la musique en streaming, (diffusion en flux ou en continu sur abonnement ou payé par l'écoute obligatoire de coupures publicitaires) qui a changé la donne. La mise à disposition de dizaines de millions de titres pour un prix modique est alléchante pour le consommateur et s'avère finalement rentable. Le streaming passe désormais devant le piratage.

Ce tableau montre la redistribution des pratiques d'écoute :

Évolution du chiffre d'affaires sur les différents marchés de la musique de 2007 à 2018 en million d'euros

	Téléchargement d'albums	Téléchargement de titres	Marché physique	Écoute en flux
2007	16,1	12,2	1 144,4	
2008	17,9	22,8	948,1	
2009	34,1	27,5	857,4	
2010	46,8	42,1	711,2	
2011	57,7	45,7	668,1	
2012	68,3	50,0	617,5	
2013	70,9	47,6	594,2	54,0

►►►

suite

	Téléchargement d'albums	Téléchargement de titres	Marché physique	Écoute en flux
2014	58,6	38,2	512,7	72,0
2015	53,4	31,9	476,1	104,0
2016	43,5	25,6	419,6	144,0
2017	36,0	20,6	393,0	239,0
2018	26,5	15,5	313,6	301,0
Champ : France				

Source : panel distributeurs GfK (Growth from Knowledge) pour les marchés physiques et les téléchargements et Snep (Syndicat national de l'édition phonographique) pour l'écoute en flux.

https://insee.fr/fr/statistiques

Cependant, les majors demandent aux plates-formes de streaming des sommes exorbitantes pour la rémunération des artistes mis à disposition. De ce fait, malgré son énorme succès, la plateforme Spotify est déficitaire.

Spotify part en guerre contre les grandes majors de la musique

[...]. Spotify connaît un succès international sans précédent depuis sa création il y a 14 ans, mais continue d'accumuler les pertes. Ces pertes s'élèvent à 186 millions d'euros, malgré un chiffre d'affaires qui a bondi de 28 % ces derniers mois.

Ce paradoxe s'explique par les royalties faramineuses – les rémunérations des artistes – que la plateforme doit verser aux majors Universal, Warner ou encore Sony qui contrôlent la moitié du marché mondial de la musique. Leur première source de revenus est devenue le streaming musical. Les rémunérations sont calculées sur le nombre d'abonnés payants, et Spotify ne veut plus de ces règles de rémunérations. Spotify demande aux maisons de disque que ces rémunérations soient désormais payées en fonction de ce que les abonnés écoutent.

La plateforme de streaming pourrait agir en incitant ses abonnés à écouter autre chose que les artistes produits par les majors de la musique. Des podcasts par exemple, domaine dans lequel Spotify et Apple Music investissent beaucoup. En effet, Spotify a récemment lancé un podcast sur la philosophie. La plateforme encourage également ses abonnés à se tourner vers des musiques d'ambiance. Dès lors, si 20 % des abonnés écoutaient des contenus qui ne sont pas issus des grandes maisons de disque, ces dernières auront moins de poids et de fait, la rémunération baissera.

Ombline Roche, édité par Léa Beaudufe-Hamelin, www.europe1.fr, 6 février 2020

Contrairement à ce qu'on aurait pu croire, les plateformes n'ont pas universalisé le rayonnement de la musique occidentale. Une étude menée par Spotify montre que la diffusion se fait à partir des trois pôles européens, Londres, Paris et Berlin. Elle reste très marginale en Asie et en Russie.
Cette nouvelle technologie a eu un effet positif sur l'industrie musicale française. En 2018, il a été enregistré une augmentation de 35 % des écoutes par rapport à 2017, avec 57,5 milliards d'écoutes en streaming sur 12 mois.

B • Les conséquences de la nouvelle organisation du marché de la musique

1 • Sur la création

L'industrie du disque est essentiellement basée sur la vente d'albums. Le streaming, lui, favorise l'écoute et le téléchargement de titres. Il en résulte la disparition de la notion d'œuvre que représentait l'album.
De plus, l'internaute zappant constamment, on constate une adaptation de l'écriture musicale.

Pourquoi les chansons sont-elles de plus en plus courtes ?

En 2019 dans l'industrie musicale, 75 % des revenus sont générés par le streaming. Les artistes et les maisons de disque, pour gagner de l'argent, ont donc dû se plier aux contraintes de Spotify, Deezer ou Apple Music. À chaque écoute de son morceau, l'artiste perçoit une somme. À partir de là la déduction est simple : plus le morceau est court, plus vous appuyez sur « replay », et plus vous faites gagner des ventes et donc des revenus à l'artiste et aux majors. Des chansons comme « Djadja » d'Aya Nakamura, 2 minutes 50, 3e meilleure vente streaming de 2018, sont taillées pour ce nouveau mode de consommation.

Ça va même plus loin. Pour qu'une vente soit comptabilisée, il faut écouter au moins 30 secondes d'un morceau. L'enjeu est donc non seulement de capter l'attention de l'auditeur, de lui accrocher l'oreille, mais aussi de lui donner envie de rester suffisamment pour atteindre le pallier désiré.

Charlie XCX, jeune prêtresse de la musique pop contemporaine aux États-Unis, qui a écrit pour Rihanna ou encore Gwen Stefani, est une adepte de ce format extra-court. Sur le site américain The verge, la chanteuse et productrice explique en quoi le streaming a profondément changé la manière de construire un morceau : « Si j'écris une chanson pour un grand nom de la pop, il faut que le refrain arrive dans les 30 premières secondes. Ça veut dire pas de longue intro nombriliste », lâche-t-elle. « On peut même commencer par le refrain, pour faire une chanson de moins de 3 minutes. Je pense que les chansons qui passent à la radio devraient faire 2 minutes 20. »

« L'intro tend à disparaître, tout simplement. On a donc intérêt à avoir des morceaux courts, mais on a aussi intérêt à ce que les gens restent sur le morceau », analyse Guillaume Heuguet, chercheur en sciences de l'information et de la communication à Sorbonne Universités. « Plus on reste longtemps, plus ça favorise la montée dans ce qu'on appelle les recommandations. Par

▶▶▶

suite

exemple, sur Spotify, si vous écoutez longtemps un morceau, il a davantage de chance d'ensuite rentrer dans une playlist, c'est-à-dire une liste de chansons conseillées aux utilisateurs. » Une chanson courte, accrocheuse, qui se passe d'introduction : voici donc la recette gagnante de bonnes ventes streaming en 2019.

Louis-Valentin Lopez, www.franceinter.fr, 12 novembre 2019

2 • Sur la diffusion

L'écoute sur Internet modifie aussi la visibilité des produits. Le marché musical répond à la loi de la longue traine. L'offre est très étendue puisqu'il n'y a plus de contraintes de stockage mais seuls les produits sponsorisés par le star-system sont promus. 99 % des artistes restent invisibles. En théorie, un très grand nombre de produits faiblement demandés pourrait équilibrer le petit nombre de produits très demandés. En fait la diffusion des œuvres est inéquitable et le succès est difficile à atteindre.

Industrie musicale : la fabrique des tubes

La musique est une industrie qui tend de plus en plus vers le principe du « *winner-takes-all* ». La part des revenus de concerts des artistes dans le premier percentile de revenu est passée de 26 % en 1982 à 60 % en 2018. Le top 5 % amasse 85 % de tous les revenus de spectacles.

La chance joue un très grand rôle dans l'industrie musicale. Les différences de talent musical entre les superstars et les artistes moyens sont très minces. La popularité d'une chanteuse est imprévisible et peut parfois n'être attribuée qu'à un processus de transmission sociale plus ou moins aléatoire, voire chaotique. Ce processus a d'ailleurs été documenté par des études scientifiques.

Des 2 591 artistes ayant enregistré un tube figurant au Top 100 depuis 1960, seulement 40 % ont réussi à en avoir un second. Pour le Top 10, seulement 22 % des 490 artistes sont parvenus à en avoir un deuxième.

Néanmoins, l'artiste la mieux rémunérée en 1801, Elisabeth Billington, fait entre un et 1,5 million de dollars ajustés de l'inflation ; soit moins de 2 % des 105 millions de dollars gagnés par Beyoncé en 2017. Une bonne partie de cette hausse de rémunération peut être attribuée à la mondialisation de la musique et à l'amélioration des technologies permettant de la vendre.

Du côté des maisons de disques, pour 10 albums lancés, seulement un ou deux sera rentable en moyenne. Ces albums doivent couvrir les pertes des huit ou neuf autres avant que l'entreprise puisse faire le moindre profit.

L'industrie musicale se caractérise par l'existence d'une offre très importante. Nombreux sont les artistes talentueux qui aimeraient faire carrière, attirés par le mode de vie et la célébrité procurés par ce métier. Avant de devenir populaires, les musiciens et chanteurs ont très peu de pouvoir économique et sont très vulnérables financièrement du fait d'une concurrence très importante au bas de l'échelle.

Beaucoup d'appelés et très peu d'élus donc…

Le Minarchiste, www.contrepoints.org, 18 septembre 2019

Internet a aussi permis la multiplication de productions indépendantes.

L'extension de la microproduction

Les facilités offertes par le format numérique en termes de production et de diffusion de musique ont engendré – comme cela a été évoqué précédemment à propos du marché du disque physique – un essor spectaculaire de l'autoproduction et plus largement du secteur dit indépendant.

L'ampleur du phénomène est nettement plus spectaculaire sur le marché du téléchargement : le nombre de labels présents dans la base GfK a été multiplié par quatre en dix ans et il était, en 2016, près de dix fois supérieur à celui des labels présents sur le marché physique. Cette multiplication des labels fait qu'en 2016, plus de huit références actives sur dix (82 %) étaient issues du secteur dit indépendant contre 69 % dix ans plus tôt, alors que les labels appartenant à l'un des trois majors (Sony Music, Universal Music ou Warner Music) n'en produisaient plus que 17 % contre 24 % en 2007.

Les données relatives à la distribution confirment l'importance du rôle joué par l'extension du secteur dit indépendant dans la progression de la variété consommée : le nombre de références différentes ayant fait l'objet d'au moins un téléchargement a été multiplié par quatre quand la distribution était assurée par un indépendant, soit un rythme de progression nettement supérieur à celui des autres titres ou albums, qu'ils soient distribués par l'un des trois majors ou sans distributeur identifié.

Cette évolution contraste avec celle observée sur le marché du disque où la progression des références distribuées par le secteur dit indépendant était nettement plus limitée et où le phénomène le plus marquant était la hausse spectaculaire du nombre de références sans distributeur connu.

Olivier Donnat, « Évolution de la diversité consommée sur le marché de la musique enregistrée », in *Culture Études*, 2007-2016

3 • Sur les artistes

Une minorité touche des sommes astronomiques. Le top 1 des artistes engrange 77 % des revenus générés par les artistes dans le monde entier. Les plus en vue sont de plus sollicités par les marques.

Lorsque l'artiste s'engage davantage avec la marque et en devient une égérie, on parle d'« *endorsement* ». Il peut alors porter les produits, participer à des séances photos et à des campagnes d'affichages, où même créer des vêtements avec la marque. Depuis trois ans, S.Pri Noir est par exemple en contrat avec Adidas. Lors de ses concerts ou ses clips, il n'apparaît jamais sans les produits de l'équipementier. Il a même une clause d'exclusivité, qui l'empêche de porter les vêtements de concurrents. Récemment, il participait à la campagne de promo de leur nouvelle basket Ozweego, en partenariat avec Courir, en apparaissant dans un clip promotionnel et des affiches.

En décembre, Hamza sortait, lui, une ligne avec Levi's et Nike à l'occasion de la sortie de sa mixtape Santa Sauce 2. Quant à Aya Nakamura, elle s'est

▶▶▶

suite

associée à la marque de cosmétique Mac pour designer plusieurs rouges à lèvres.

« Les "contrats 360" sont plutôt devenus la norme », explique Chloé Gilliard. Les pourcentages de gains sur ces collaborations sont négociés en même temps que le contrat d'artiste. « On considère que ce sont les "attributs de la personnalité" du rappeur qui sont valorisés dans ces partenariats : nom ou pseudo, voix, image, autant de choses travaillées pendant le développement de l'artiste avec sa maison de disque. » Ces dernières se chargent ainsi du rapprochement entre l'artiste et la marque, ainsi que de trouver ces partenariats.

Inès Belgacem, Caroline Varon, streetpress.com

Ces contrats bénéficient surtout aux rappeurs, omniprésents sur les plateformes. Showcases, tournées et festivals : enquête sur l'argent du rap :
https://www.streetpress.com/sujet/1579797962-showcases-tournees-festivals-enquete-argent-du-rap/

Tous ceux qui rêvent de réussite se livrent parfois pieds et poings liés aux maisons de disques qui prennent en charge leur promotion. En Corée du Sud, la stratégie des trois majors (SM Entertainment, JYP Entertainment et YG Entertainment), très agressive, a été à plusieurs reprises dénoncée par les médias à l'occasion du suicide de plusieurs jeunes pop stars.

Autel à l'effigie de Kim Jong-Hyun, le 19 décembre 2017 à Séoul (Corée du Sud)

© CHOI Hyuk / pool / AFP

Kim Jong-Hyun, un suicide pas si anecdotique

Les contrats liant les idoles à leurs maisons de disques sont surnommés des « *slave contracts* » (des « contrats d'esclaves »). Généralement, les aspirants chanteurs signent d'abord un contrat de « stagiaire », vers 12 ou 13 ans, durant lequel ils et elles sont entraînées, souvent hébergées dans des dortoirs, avec contrôle des régimes, des relations amoureuses et des fréquentations.

►►►

suite

Et si vous pensiez que les stars de K-pop roulent ensuite sur l'or, détrompez-vous : les frais quotidiens et ceux pour leurs cours de danse et de chant ne leur sont qu'avancés. Ils doivent les rembourser dans un délai très bref, avec bien sûr des majorations sorties de nulle part.

Résultat, la *Korea Fair Trade Comission* a enquêté début 2017 sur les contrats liant les artistes de K-pop aux principales maisons de disques les employant. Leur conclusion : certaines clauses sont scandaleuses.

Une annulation de contrat par le chanteur lui coûte parfois le double ou le triple de la somme investie par le label. De même, si l'artiste refuse de prolonger son contrat arrivé à expiration (généralement au bout de trois ans), il doit payer environ le double de cette même somme investie. Par contre, si l'une des maisons de disques décide de rompre le contrat, pas besoin de préavis (clause pratiquée chez Loen Entertainment, YG Entertainment, Cube Entertainment, JYP Entertainment, et DSP Media). Bref, un paquet de clauses totalement illégales en Corée du Sud. Dans ces conditions, comment un chanteur peut-il s'extirper d'un contrat qui ne lui convient plus ?

Brice Miclet, www.slate.fr, 20 décembre 2017

On a affaire ici à une version modernisée de l'exploitation à mort des idoles d'autrefois que dénonce Lydie Salvayre dans son roman consacré à Jimi Hendrix tué, selon elle, moins, par l'excès de drogue que par une logique sauvagement marchande.

Car son immonde manager Jeffery le jeta dans des tournées exténuantes et ne programma pas moins de deux cent cinquante-cinq concerts pour la seule année 1967 et presque autant en 1968, pour la bonne raison que son poulain (c'est ainsi qu'on commença à désigner, fort justement, ces bêtes du spectacle) était devenu une star que toutes les capitales s'arrachaient, et que les recettes de ses concerts augmentaient de façon fabuleuse. Et l'immonde manager Jeffery qui ne pensait qu'à augmenter les marges déjà énormes qu'il prenait sur les bénéfices et à posséder toujours plus de grosses villas, toujours plus de grosses bagnoles et toujours plus de grosses montres, l'immonde Jeffery dont Hendrix disait, dans ses (rares) jours de colère, qu'il n'était pas un mec mais un portefeuille (comme le fit avant lui l'immonde colonel Parker qui s'était outrageusement enrichi sur le dos de Presley en le poussant vers des chemins indignes), l'immonde Jeffery qui craignait que Hendrix ne se lassât d'un programme véritablement éprouvant, d'un programme qui aurait écrasé n'importe quel jeune homme de son âge, fût-il le plus résistant, l'immonde Jeffery n'hésita pas à lui fournir en abondance drogues et psychotropes, leur coût passant, je le précise, au compte des frais généraux.

On l'approvisionna en dope pour, littéralement, le désarmer, pour l'anéantir, et briser en lui toute volonté de finir, pour le mettre, en l'amenant à se nuire, hors d'état de lui nuire. Et Hendrix qui était aussi résolu et souverain sur scène que vulnérable et mal assuré dans la vie, à l'instar de ces marins qui, le pied posé sur la terre, ne savent plus marcher, Hendrix fit un usage immodéré des stupéfiants fournis par l'immonde Jeffery. Il abusa du LSD qui l'emportait, halluciné, loin des morosités, sur un vaisseau spatial, comme il disait, voguant dans

▶▶▶

suite

une brume pour pré enquête d'un havre où se poser, loin de la réalité étroite et borgne, que l'acide heureusement défigurait jusqu'à la rendre fantastique, loin de la vulgarité des goujats du show-biz qui éructaient leurs bassesses en comptant leur pognon, loin des tournées aux quatre coins du monde qui le laissaient sonné et éreinté comme trente-six déménageurs, et loin de tout ce qui pouvait ouvrir sa blessure d'enfance, sa blessure secrète dont je reparlerai plus tard, loin du vieux désespoir qui lui fit souvent, dans ses chansons, appeler la mort de ses vœux afin qu'elle le délie.

Lydie Salvayre, *Hymne*, Seuil 2011

4 • Sur les auditeurs

On s'interroge sur l'incidence de telles stratégies musicales sur le goût et la consommation des auditeurs.
Une revue spécialisée de musique classique regrette que l'écoute sur plate-forme brouille le repérage dans la diversité des interprétations d'une même œuvre que les mélomanes avaient l'habitude de comparer d'un disque à l'autre.
Les play-lists conseillées, construites à partir des écoutes antérieures ou reprenant les titres les plus écoutés, sont-elles vraiment le meilleur moyen de faire découvrir des musiques et des interprètes différents, moins conformes au goût commun ?

Les améliorations apportées au référencement ne peuvent toutefois être tenues pour seules responsables de la progression de la variété des titres ou des albums téléchargés. L'ampleur de celle-ci renvoie avant tout à la fois à l'enrichissement de l'offre légale proposée aux consommateurs lors de la phase de croissance et au renouvellement constant dont a bénéficié cette offre après le retournement du marché.

En effet, le nombre des nouvelles références téléchargées, après avoir logiquement augmenté d'année en année à mesure que l'offre légale s'étoffait, s'est maintenu ces dernières années à un niveau élevé en dépit du déplacement de la demande vers les plateformes d'écoute en flux.

Il a certes eu tendance à diminuer depuis 2013, aussi bien dans le cas des titres que des albums, mais est resté largement au-dessus de son niveau initial : en 2016, les « nouveaux venus » étaient une fois et demie plus nombreux dans le cas des titres et 2,3 fois plus nombreux dans celui des albums par rapport à 2008.

L'arrivée constante de « nouveaux venus » dans un marché condamné au déclin par le succès de l'écoute en streaming s'est traduite par une rotation de plus en plus rapide des contenus téléchargés dont atteste l'augmentation du nombre de références « sortantes » à partir de 2011 : de plus en plus de titres ou d'albums disparaissent alors du marché et l'écart entre les références « sortantes » et les références « nouvelles » ne cesse de s'accentuer d'année en année. Ce fort renouvellement du marché du téléchargement est bien entendu à mettre en rapport avec la vitalité de la production dématérialisée de musique que l'essor des plateformes d'écoute en streaming a continué à entretenir quand les consommateurs se sont détournés des sites de téléchargement

Olivier Donnat, « Évolution de la diversité consommée sur le marché de la musique enregistrée », in *Culture Études*, 2007-2016

THÈME 2 : DE LA MUSIQUE AVANT TOUTE CHOSE ?

On s'interroge aussi sur l'influence idéologique du rap que le système de diffusion place en situation quasi hégémonique. Cette musique née dans le Bronx à New York au début des années soixante-dix a suscité à ses débuts des polémiques concernant l'incitation à la violence véhiculée par ses textes. Plus tard, certains se sont insurgés contre l'effet sur les adolescents et les adolescentes de l'image des femmes tramsmise par les figurantes hypersexualisées des clips de rappeurs ou les paroles violemment misogynes de certains textes.

Longtemps jugé peu fréquentable, trop provocateur, trop violent, trop sulfureux, Orelsan est le nouveau superhéros de la scène musicale française. L'un des meilleurs artistes du moment. Oubliés les procès des féministes et les concerts annulés, le rappeur accumule les succès auprès du public et de la critique, et a gagné la reconnaissance de l'ensemble de la profession : son triplé aux Victoires de la musique 2018 amplifie son doublé de 2012 dans les catégories Meilleur Album de musiques urbaines et Révélation du public.

Mais cette consécration est loin de faire l'unanimité : sur les réseaux sociaux, l'artiste masculin de l'année est de nouveau attaqué pour la misogynie de ses chansons et sa violence à l'égard des femmes.

Certains titres, comme *La fête est finie*, couronné meilleur album, font polémique, comme *Paradis* , une chanson d'amour qui choque : « J'ai abandonné ces chiennes sur le bord de la route/C'est moi qui devrais avoir des doutes parce que tu les baises toutes ». « Même quand il déclare son amour à une femme, Orelsan est obligé de cracher sa haine », a twitté une jeune femme.

Le nouveau boss du rap français, bête noire des féministes, voit ressurgir les accusations qui lui ont valu plusieurs procès pour injure et provocation à la violence à l'égard des femmes. À chaque fois, il a échappé à une condamnation.

Dès son entrée en scène en 2006, Orelsan a choqué avec sa chanson Saint-Valentin qui balance « Ferme ta gueule ou tu vas te faire marie-trintigner ».

En 2009, un autre de ses morceaux a fait polémique : *Sale pute* et son « je vais te mettre en cloque et t'avorter à l'opinel », paroles d'un homme menaçant de violences son ex-petite amie qui l'a trompé. L'association Ni putes ni soumises l'a poursuivi pour provocation au crime. Il a finalement été relaxé en 2012.

Cinq associations féministes l'ont poursuivi pour les textes de huit morceaux interprétés en concert en mai 2009. Il a été condamné en première instance pour « provocation à la discrimination, à la haine ou à la violence », mais la cour d'appel de Paris a jugé les poursuites prescrites, avant que la Cour de cassation n'annule cette décision et ordonne un troisième procès où il a obtenu la relaxe en 2016, au nom de la liberté d'expression.

Pour les magistrats de la cour d'appel de versailles, le rap est « par nature un mode d'expression brutal, provocateur, vulgaire voire violent, puisqu'il se veut le reflet d'une génération désabusée et révoltée. »

Nathalie Chifflet, www.dna.fr, 11 février 2018

Les amateurs de rap contre-argumentent. Il ne s'agit là que de fictions que les auditeurs ne prennent pas au premier degré.

La question est restée cependant suffisamment sensible pour qu'en décembre 2018 une étude ait été commandée par le Conseil Supérieur de l'Audiovisuel sur la représentation des femmes dans les vidéos les plus vues sur You Tube.
Représentation des femmes dans les vidéos les plus vues sur YouTube :
https://www.csa.fr/Informer/Collections-du-CSA/Thema-Toutes-les-etudes-realisees-ou-co-realisees-par-le-CSA-sur-des-themes-specifiques/Les-etudes-du-CSA/Representation-des-femmes-dans-les-videos-les-plus-vues-sur-YouTube

De manière plus globale, en quarante ans le rap a beaucoup évolué. De clivant, il est devenu consensuel, de confidentiel il est devenu un style majoritaire dans le paysage musical.
Ce résultat a été obtenu par une grande diversification des styles musicaux et des sujets traités.
Certains rappeurs racontent comment ils ont surmonté leurs difficultés ou dénoncent les injustices dont ils ont été victimes, les dysfonctionnements de la société, la misogynie, les violences contre les femmes ou le harcèlement scolaire.

Soprano, *Mon Everest* :
https://www.youtube.com/watch?v=bqt7BTZkOmg

Chilla, *Si j'étais un homme* :
https://www.youtube.com/watch?v=Kn-lbI7MESI

Le rap est désormais la musique dans laquelle se reconnaît toute une génération.

Sujet 1

Les effets de la musique

A • Synthèse de documents (40 points)

Vous rédigerez une synthèse concise, objective et ordonnée des documents suivants.

Document 1 : George Sand, *Consuelo*, 1843
Document 2 : Rédaction du magazine en ligne *Slate.fr*, « La musique, facteur de dépression ? » 20 avril 2011
Document 3 : François Lemay, « Drill, hip-hop, violence et censure policière : qui a raison ? », icimusique.ca (réseau de stations musicales publiques de la société radio canada), 1er juin 2018.
Document 4 : Nicolas Guéguen, « Les mille effets de la musique », *Cerveau et Psycho*, n° 22, 30 nov. 1999.

B • Écriture personnelle (20 points)

La musique peut-elle avoir des effets contradictoires sur les groupes humains ?
Vous répondrez à cette question d'une façon argumentée, en vous appuyant sur les documents du corpus, vos lectures de l'année et vos connaissances personnelles.

Document 1

On a dit avec raison que le but de la musique, c'était l'émotion. Aucun autre art ne réveillera d'une manière aussi sublime le sentiment humain dans les entrailles de l'homme ; aucun autre art ne peindra aux yeux de l'âme, et les splendeurs de la nature, et les délices de la contemplation, et le caractère des peuples, et le tumulte de leurs passions, et les langueurs de leurs souffrances. Le regret, l'espoir, la terreur, le recueillement, la consternation, l'enthousiasme, la foi, le doute, la gloire, le calme, tout cela et plus encore, la musique nous le donne et nous le reprend, au gré de son génie et selon toute la portée du nôtre. Elle crée même l'aspect des choses, et, sans tomber dans les puérilités des effets de sonorité, ni dans l'étroite imitation des bruits réels, elle nous fait voir, à travers un voile vaporeux qui les agrandit et les divinise, les objets extérieurs où elle transporte notre imagination. Certains cantiques feront apparaître devant nous les fantômes gigantesques des antiques cathédrales, en même temps qu'ils nous feront pénétrer dans la pensée des peuples qui les ont bâties et qui s'y sont prosternés pour chanter leurs hymnes religieux. Pour qui saurait exprimer

►►►

suite

puissamment et naïvement la musique des peuples divers, et pour qui saurait l'écouter comme il convient, il ne serait pas nécessaire de faire le tour du monde, de voir les différentes nations, d'entrer dans leurs monuments, de lire leurs livres, et de parcourir leurs steppes, leurs montagnes, leurs jardins, ou leurs déserts. Un chant juif bien rendu nous fait pénétrer dans la synagogue ; toute l'Écosse est dans un véritable air écossais, comme toute l'Espagne est dans un véritable air espagnol. J'ai été souvent ainsi en Pologne, en Allemagne, à Naples, en Irlande, dans l'Inde, et je connais mieux ces hommes et ces contrées que si je les avais examinés durant des années ! Il ne fallait qu'un instant pour m'y transporter et m'y faire vivre de toute la vie qui les anime. C'était l'essence de cette vie que je m'assimilais sous le prestige de la musique.

George Sand, *Consuelo*, 1843

Document 2

La musique, facteur de dépression ?

Tous les ados sont branchés à leurs mp3. Certains ont même leurs écouteurs dans les oreilles quand ils sont avec leurs parents. Une tendance qui pourrait être facteur de dépression, explique une étude publiée dans les Archives de médecine pédiatrique et adolescente que reprend *Time Magazine*.

Des chercheurs de l'École de médecine de l'université de Pittsburgh suggèrent en effet que les jeunes qui passent trop de temps à écouter de la musique augmentent leur risque de flirter avec la dépression. Qui plus est s'ils ont totalement délaissé les livres. Le risque serait 80 % plus important.

« À ce stade, on ne peut pas tirer de vraie conclusion. Est-ce qu'ils écoutent plus de musique parce qu'ils sont déprimés et souhaitent trouver une échappatoire, ou dépriment-ils parce qu'ils écoutent de la musique à trop haute fréquence ? Peut-être les deux », souligne Brian Primack, le responsable de l'équipe de chercheurs à l'origine de l'étude.

À l'inverse d'une consommation musicale à haute dose, l'étude relève que les adolescents qui s'adonnent à la lecture auraient 50 % de risque en moins de tomber dans le trou noir de la dépression.

Cette étude s'est appuyée sur un panel de 106 jeunes âgés de 7 à 17 ans et ce, pendant deux mois. Quarante-six d'entre eux avaient été diagnostiqués comme ayant déjà été victimes d'une dépression. Les chercheurs ont ensuite suivi de façon régulière les usages des jeunes gens étudiés. Par des appels téléphoniques répétés, ils se tenaient informés de leurs modes de consommation.

Résultat : la télé est la plus consultée des médias avec 26 % des jeunes installés devant le petit écran lors des appels. 9 % d'entre eux sont surpris en train d'écouter de la musique. Et 6 % sont des internautes ou des « gamers ». Les consommateurs de musique seraient les sujets les plus enclins à la dépression, affirme l'étude.

« La tristesse est un grand thème de la musique populaire. L'écoute de ces messages permet parfois de ne pas se sentir par trop seul (…) Mais être trop exposé à des thèmes trop noir peut également contribuer au développement d'un terrain dépressif. »

www.slate.fr, 20 avril 2011

Document 3

Drill, hip-hop, violence et censure policière : qui a raison ?

Pour commencer, qu'est-ce que le drill ?

Ce n'est pas une musique pour les cœurs légers. Née dans le quartier South Side de Chicago, un secteur dans lequel il se commet environ 10 fois plus de crimes violents que dans les autres parties de la ville, le drill tire son appellation de l'expression argotique « *to drill someone* » (tuer quelqu'un avec une arme automatique). L'expression était utilisée par les vieux gangsters de Chicago, à l'époque d'Al Capone et de la prohibition.

Le style musical est grandement représentatif d'une culture liée aux gangs de rue qui produisent des vidéos dans lesquelles ils se menacent les uns les autres, tout en faisant l'apologie du trafic de drogues dures et de la violence à l'arme blanche, ou à feu. Cela permet à ces différents gangs de se passer des messages par clips interposés.

Si le style est né à Chicago vers 2010, il s'est imposé assez rapidement à Londres deux ans plus tard. Par contre, ce n'est pas un genre populaire dans les médias traditionnels. Il trouve plutôt son public en ligne, via les réseaux sociaux ou sur YouTube, où certains clips peuvent être vus des millions de fois. [...]

À part ce qui pourrait passer pour du mauvais goût, que reproche-t-on au drill ?

Ce que la police londonienne reproche particulièrement au drill est que ce genre musical inciterait à la violence. Depuis 2013, on assiste à une hausse statistique des crimes commis à l'arme blanche dans la région londonienne, particulièrement des délits de possession d'arme. Ils sont passés de 8,425 à 14,171 % en 2017, et la police est convaincue que cela est relié, d'une façon ou d'une autre, à une escalade de la violence dans les vidéos de drill. [...]

D'un autre côté, ce que l'on reproche à l'action de la police, c'est de confondre la cause et le symptôme. Il est beaucoup plus facile de se donner bonne conscience en effaçant quelques vidéos plutôt qu'en s'attaquant aux racines du problème chez les moins de 30 ans : la pauvreté, le manque d'occasions favorables, la précarité des emplois et le sentiment de désœuvrement qui accompagne le fait qu'il est maintenant impossible d'espérer avoir mieux que ce qu'ont obtenu les générations précédentes.

François Lemay, www.icimusique.ca, 1er juin 2018

Document 4

Les mille effets de la musique

Comment minimiser les comportements turbulents des élèves dans la cantine d'un collège ? Une expérience inédite a été réalisée par la psychologue Lynne Chalmers et ses collègues, de l'Université du Dakota du Nord : ils ont passé de la musique classique dans le réfectoire et ont observé des résultats tout à fait probants.

Cette expérience a été conduite auprès de 1 000 enfants scolarisés entre le CE2 et le CM2. Pendant une période de trois mois, l'équipe a procédé à des mesures du niveau sonore dans le réfectoire et du comportement des

▶▶▶

suite

enfants, selon que l'on diffusait de la musique classique ou de la musique pop pendant le repas. Les résultats ont ainsi révélé que, comparativement à l'absence de musique, on observe une baisse de six décibels dans le réfectoire (soit sept pour cent du volume sonore habituel) lorsque l'on diffuse de la musique classique, et dix décibels (12 pour cent du volume sonore habituel) lorsqu'il s'agit de musique pop. Dès que l'on arrête la diffusion de la musique, le volume sonore augmente aussitôt. En ce qui concerne les comportements des enfants, le personnel de service a mesuré une baisse spectaculaire de 55 pour cent des gestes de comportement agressif (coups, jets d'objets), des insultes ou impolitesses, de la mauvaise tenue et du non-rangement des affaires lors du départ. Cette diminution des comportements agressifs ou turbulents s'observe tout particulièrement avec la musique classique. En outre, l'équipe a recensé le nombre d'impacts d'aliments sur les murs en présence ou en absence de musique classique : une baisse notable du nombre d'impacts a été constatée en situation de musique classique.

Nicolas Guéguen, « Les mille effets de la musique » *Cerveau et Psycho*, n° 22, 30 nov. 1999

Sujet 1 • Corrigé

A • Plan détaillé de la synthèse

Introduction

Thème de la documentation : La documentation présente une analyse critique des effets de la musique sur les individus.

Caractérisation des documents : Elle est constituée d'un extrait d'un roman du XIXe siècle (GS) et de trois articles de presse contemporains extraits d'un magazine web généraliste (SL : *Slate.fr*), du site Internet d'une radio musicales du canada (FL : *Icimusique.ca*), d'un magazine spécialisé (NG : *Cerveau et Psycho*).

Plan de la synthèse :

I. Le champ de l'étude

II. Quels effets relève-t-on ?

III. La contestation de ces effets

Quelles musiques ? Écoutées par qui ? Avec quels effets, supposés ou réels ?

Développement

I. Le champ de l'étude

A) Quelles musiques ?

- Musique classique (NG).
- Cantiques et hymnes (GS).
- Musique populaire du XIXe siècle : chants et musiques européens et d'Inde (GS).
- Musiques populaires du XXe siècle : playlist sur MP3, vidéos de chansons (SL), de drill (FL).

B) Écoutées par quels types d'individus ?

- Tout auditeur du XIXe siècle attentif sensible à cet art, tout musicien inspiré et sans parti pris (GS).
- De jeunes américains contemporains : 106 adolescents américains de 7 à 17 ans (SL), des jeunes de la banlieue londonienne (FL), 1 000 écoliers de CE2 à CM2 (NG).

C) Dans quels types de situation ?

- Situation d'écoute attentive d'un musicien inspiré (GS).
- Écoute en ligne de clip et de vidéos sur les plates-formes (FL).
- Deux situations expérimentales :

– suivi par téléphone tout au long de la journée des pratiques de consommation musicale des adolescents chez eux (SL) ;

– diffusion à la cantine de différents types de musique (NG).

II. Quels effets relève-t-on ?

A) Les effets négatifs

- Augmentation du risque de tomber dans la dépression de ceux qui ne font qu'écouter de la musique par rapport à ceux qui jouent, regardent la télévision, ou lisent (SL).

• Hausse des crimes à l'arme blanche et doublement des délits de détention d'arme dans la périphérie londonienne (FL).

B) Les effets positifs

• Baisse du bruit et du nombre d'impacts de nourriture sur les murs, de l'agressivité, des comportements incivils ou indisciplinés des enfants (NG).
• Émotions sublimes de types divers : calme/ violent, agréable/ douloureux. Délices, plaisir sensoriel. Impression de transport magique et instantané. Dans l'espace et le temps (GS).

III. La contestation de ces effets

A) Autres causes aux effets positifs

• Condition préalable : une sensibilité romantique, c'est-à-dire un intérêt pour la nature sublime.
• Intérêt pour les peuples et leurs folklores. Exaltation de la valeur des passions (GS).

B) Autres causes aux effets négatifs

• 46 adolescents testés avaient des antécédents dépressifs. La dépression est-elle causée par la musique ou par un terrain dépressif ? Les chansons tristes peuvent consoler. Leur comportement traduit aussi l'isolement, le désœuvrement, de mauvais rapports avec les parents, etc. (SL).
• Théorie simpliste de la police. Les conditions de vie et non les vidéos à l'origine de la violence (FL).

Conclusion

Les descriptions montrent des effets contradictoires de la musique sur les individus. Les démonstrations restent cependant ambivalentes et peuvent laisser penser que d'autres causes que la musique peuvent intervenir pour expliquer les phénomènes évoqués.

B • Écriture personnelle

La musique peut-elle avoir des effets contradictoires sur les groupes humains ?

A) Les effets négatifs de la musique sur certains jeunes

• risque de tomber dans la dépression ;
• abêtissement ;
• violence (rock et rap) ;
• idéologie toxique : racisme, misogynie (chanson) ;
• embrigadement politique (les chants partisans).

B) Les effets positifs

• Création de joie collective (fêtes de toutes sortes).
• Exaltation spirituelle (chants religieux).
• Enthousiasme esthétique (festival).
• Épanouissement culturel (concerts).
• Soutien dans les temps difficiles (chants révolutionnaires ou de résistance).

C) L'ambivalence la musique

• Elle pousse à la guerre puis essaie d'atténuer la souffrance des combattants.
• Elle fédère parallèlement des groupes sociaux d'âges, d'opinions, de religions qui ensuite s'affrontent.
• Le jugement sur les effets de la musique est idéologique. La musique est considérée comme négative quand elle produit sur les groupes des effets condamnés par le système de valeurs de celui qui la juge.

Sujet 2

La musique, facteur de rapprochement des individus ?

A • Synthèse de documents (40 points)

Vous rédigerez une synthèse concise, objective et ordonnée des documents suivants.

Document 1 : Affiche du festival interceltique de 2020.
Document 2 : Charles Baudelaire, *Richard Wagner et Tannhaüser à Paris*, 1861.
Document 3 : Simon Frith, « Retour sur l'esthétique de la musique pop », Collège international de Philosophie, *Rue Descartes*, 2008/2, n° 60.
Document 4 : *L'Internationale*, Eugène Pottier (paroles 1871), Pierre Degeyter (musique 1888).

B • Écriture personnelle (20 points)

L'écoute de musique sur Internet uniformise-t-elle les goûts musicaux ?
Vous répondrez à cette question d'une façon argumentée, en vous appuyant sur les documents du corpus, vos lectures de l'année et vos connaissances personnelles.

Document 1

Affiche du festival interceltique de Lorient : report 2021

Document 2

Aussitôt que les affiches annoncèrent que Richard Wagner ferait entendre dans la salle des Italiens des fragments de ses compositions, un fait amusant se produisit, que nous avons déjà vu, et qui prouve le besoin instinctif, précipité, des Français, de prendre sur toute chose leur parti avant d'avoir délibéré

suite

ou examiné. Les uns annoncèrent des merveilles, et les autres se mirent à dénigrer à outrance des œuvres qu'ils n'avaient pas encore entendues. Encore aujourd'hui dure cette situation bouffonne, et l'on peut dire que jamais sujet inconnu ne fut tant discuté. Bref, les concerts de Wagner s'annonçaient comme une véritable bataille de doctrines, comme une de ces solennelles crises de l'art, une de ces mêlées où critiques, artistes et public ont coutume de jeter confusément toutes leurs passions, crises heureuses qui dénotent la santé et la richesse dans la vie intellectuelle d'une nation, et que nous avions, pour ainsi dire, désapprises depuis les grands jours de Victor Hugo. J'emprunte les lignes suivantes au feuilleton de M. Berlioz (9 février 1860) : « Le foyer du Théâtre-Italien était curieux à observer le soir du premier concert. C'étaient des fureurs, des cris, des discussions qui semblaient toujours sur le point de dégénérer en voies de fait. » Sans la présence du souverain, le même scandale aurait pu se produire, il y a quelques jours, à l'Opéra, surtout avec un public plus vrai. Je me souviens d'avoir vu, à la fin d'une des répétitions générales, un des critiques parisiens accrédités, planté prétentieusement devant le bureau du contrôle, faisant face à la foule au point d'en gêner l'issue, et s'exerçant à rire comme un maniaque, comme un de ces infortunés qui, dans les maisons de santé, sont appelés des agités. Ce pauvre homme, croyant son visage connu de toute la foule, avait l'air de dire : « Voyez comme je ris, moi, le célèbre S. ! Ainsi ayez soin de conformer votre jugement au mien. » Dans le feuilleton auquel je faisais tout à l'heure allusion, M. Berlioz, qui montra cependant beaucoup moins de chaleur qu'on aurait pu en attendre de sa part, ajoutait : « Ce qui se débite alors de non-sens, d'absurdités et même de mensonges est vraiment prodigieux, et prouve avec évidence que, chez nous au moins, lorsqu'il s'agit d'apprécier une musique différente de celle qui court les rues, la passion, le parti pris prennent seuls la parole et empêchent le bon sens et le bon goût de parler. »

Charles Baudelaire, *Richard Wagner et Tannhäuser à Paris*, 1861

Document 3

Mon point de départ dans *Performing Rites* consistait en une défense de la musique populaire contre l'accusation qui lui est faite de ne présenter aucune valeur esthétique. Cette opinion est encore largement répandue, notamment parmi les instrumentistes classiques. L'idée générale n'est pas que la musique populaire contemporaine n'a aucune valeur mais qu'en fait sa valeur n'a rien à voir avec l'esthétique. Comme le dit la pianiste britannique Susan Tomes : « La musique pop (à la différence de la musique folk) est conçue cyniquement pour avoir une durée de vie limitée et être totalement commerciale ». Ce qui est sous-entendu ici implique de réserver à la seule culture élitaire l'application d'un jugement esthétique, celle-là étant de fait définie par celui-ci. Cette idée peut être développée de deux façons différentes. Il est tout d'abord possible de partir de l'analyse de la forme (comme le font de nombreux professeurs en école de musique). Il semble alors que seule la musique classique composée selon les conventions de l'art occidental possède

►►►

suite

la complexité, la profondeur, la richesse sonore et la difficulté la rendant digne d'un examen esthétique. La musique pop est à l'inverse, et par nature, simple, passagère – jetable ! Dans sa version courante, cet argument se retrouve dans la façon dont les mélomanes expliquent que leur musique est simplement plus profonde que la musique pop. Argument qui ne résiste pas à un examen rigoureux, comme l'a montré Richard Shusterman. S'il est vrai qu'une partie de la musique savante est effectivement complexe et difficile, il existe également des œuvres appartenant à cette catégorie qui sont appréciées pour leur simplicité, leur immédiateté et l'impression de facilité qu'elles dégagent (et dans le même temps, ériger en principe la « simplicité » de la musique pop conduit, par moments, à mésestimer la manifestation d'une complexité qui lui est propre). En résumé, l'utilisation de tels concepts ne nous permet pas de distinguer à tous coups entre la « grande musique » et la « musique inférieure », et elle présente de toute façon tous les attributs d'une logique circulaire, là « complexité » étant définie par les conventions de la musique savante.

Simon Frith, « Retour sur l'esthétique de la musique pop », Collège international de Philosophie, *Rue Descartes* 2008/2 n° 60

Document 4

L'Internationale

Debout ! les damnés de la terre !
Debout ! les forçats de la faim !
La raison tonne en son cratère,
C'est l'éruption de la fin.
Du passé faisons table rase,
Foule esclave, debout ! debout !
Le monde va changer de base :
Nous ne sommes rien, soyons tout !
C'est la lutte finale
Groupons-nous, et demain,
L'Internationale,
Sera le genre humain.
C'est la lutte finale
Groupons-nous, et demain,
L'Internationale,
Sera le genre humain.
Il n'est pas de sauveurs suprêmes,
Ni Dieu, ni César, ni tribun,
Producteurs sauvons-nous nous-mêmes !
Décrétons le salut commun !
Pour que le voleur rende gorge,
Pour tirer l'esprit du cachot,
Soufflons nous-mêmes notre forge,
Battons le fer quand il est chaud !

L'Internationale, Eugène Pottier (paroles 1871), Pierre Degeyter (musique 1888)

Sujet 2 • Corrigé

A • Synthèse rédigée

Une affiche de festival, le texte d'un chant révolutionnaire, un extrait d'une critique esthétique du XIXe siècle et un passage d'une communication universitaire récente sont rapprochés à propos de l'effet de la musique sur les groupes au sein de la société. Après avoir défini le champ concerné, on étudiera la nature et les formes des dissensions et celles des rapprochements que la musique peut entraîner, mises en évidence par les documents.

Baudelaire observe les réactions de la bourgeoisie mélomane sous le Second Empire face à la nouveauté de la musique de Wagner, Simon Frith étudie celles des critiques et des professionnels, instrumentistes et enseignants, de la musique classique aujourd'hui face à la musique de variété. Baudelaire commente avec verve une actualité, la réaction des salons et de la presse, évoquée par la citation d'un article de Berlioz, au moment de l'annonce d'un concert de *Tannhäuser* à Paris. Il évoque aussi l'ambiance des répétitions et de deux concerts ; Simon Frith, a mené sur son sujet une enquête universitaire citant le philosophe américain Richard Shusterman. Il la présente dans une conférence au Collège international de philosophie destinée à un public érudit.

Les deux autres documents concernent la pratique de formes de musique populaire, la chanson et la musique folklorique au fil du temps. Le festival interceltique programme aujourd'hui sa cinquantième édition, *l'Internationale* est encore aujourd'hui aussi familière qu'au XIXe siècle où elle fut créée. Le festival, qui doit se tenir en 2021 en Bretagne, région évoquée par la queue d'hermine de ses armoiries est une manifestation culturelle pacifique. L'*Internationale* est chanté dans le monde entier depuis plus d'un siècle, lors de réunions politiques, au cours de manifestations liées à l'agitation politique. L'un et l'autre cependant convergent par leur visée universaliste. Le festival convoque l'univers Celte dont la Bretagne fait partie comme le montre la représentation du phare, allégorie du guide sacré des hommes et le motif des vagues évoquant l'outremer. La présence de la cornemuse permet de faire un écho explicite à l'art de la musique. Elle fait aussi partie de tous ces symboles sacrés qui appartiennent à la culture celtique. Le texte de Pottier est écrit pour les victimes et les exclus de la société mais aussi, plus largement pour toute l'humanité.

Baudelaire et Frith critiquent les réactions négatives au sujet de la musique de Wagner ainsi que les polémiques violentes, discussions véhémentes à la limite du pugilat ou le consensus méprisant pour dénier à la musique populaire le statut d'art. Baudelaire les trouve ridicules et prétentieuses, Frith, élitistes et arrogantes. Tous deux relèvent leur absurdité. Berlioz que cite le poète constate que bon sens qui guide l'appréciation des musiques populaires est absent du jugement sur celle de Wagner. Pour Baudelaire, ces attitudes proviennent d'un éternel travers mondain qui pousse à juger sans savoir et d'une passion pour la polémique. Pour Frith, ce rejet relève d'une erreur de jugement résultant d'un préjugé et d'un sentiment de supériorité. Il démonte l'argument justifiant l'idée que seule la musique savante est un art parce qu'elle est complexe. Toutes les musiques savantes ne sont pas complexes et toutes les musiques populaires ne sont pas simplistes. De plus, le critère de complexité est propre à l'esthétique classique.

La musique est un lien entre le passé, le présent et le futur. L'affiche intègre le Triskel, symbole sacré des druides à trois branches qui symbolise le cycle de la vie : le passé (l'enfance), le présent (la vie d'adulte) et le futur (la vieillesse). Un cœur, qui rappelle l'anneau de Classagh irlandais, entoure ce Triskel et témoigne de l'amour de cette culture. La mention du cinquantenaire du festival marque la longévité du désir de pérenniser une culture. Quand on chante *L'Internationale*, on enjoint la communauté présente de mener une dernière action en vue d'un futur proche où tout va changer. Le passé, est aussi rappelé mais pour motiver à le détruire.

Les objectifs visés seront atteints par des voies opposées. D'un côté, la musique celtique a pour but de créer l'harmonie, symbolisée par le cœur, et la couleur dorée permet également de dynamiser l'image et de faire rayonner la culture Celte au-delà de ses limites géographiques. D'un autre côté, la musique du chant révolutionnaire vise à une mise en mouvement des corps, ses paroles à rassembler l'énergie des victimes et des exclus pour qu'ils se soulèvent sans attendre contre les anciennes structures d'oppression, à les rassurer et les encourager. Elle les justifie en soulignant leur rôle productif ; la répétition du refrain martèle que l'union peut faire que cet effort soit le dernier. Elle les galvanise avec l'idée d'être les artisans d'un monde meilleur pour le genre humain.

La documentation montre donc que la musique peut véhiculer un message d'appel au rassemblement culturel et politique international mais aussi qu'au sein d'une même nation les goûts musicaux sont un moyen d'affirmer des appartenances et des distinctions sociales qui dressent leurs défenseurs les uns contre les autres.

B • Écriture personnelle

L'écoute de musique sur internet uniformise-t-elle les goûts musicaux ?

Quand l'accès à la musique était coûteux, les amateurs se contentaient d'acheter les disques de leur musique favorite. Leurs goûts se trouvaient renforcés par l'écoute de radios spécialisées dans leur genre favori, variété française ou classique. Diverses radios libres proposaient à la jeunesse des styles différents. Il était courant au sein d'une génération que les jeunes s'identifient à un certain style musical, reggae, hard, rock, punk... Chez les mélomanes, on rencontrait aussi diverses chapelles, amateurs de musique romantique, d'opéra, de musique contemporaine... Sur le même modèle, on écoutait un type de jazz spécifique ou une musique folklorique ou ethnique particulière.

Le piratage puis la possibilité d'écouter de la musique en streaming sur Internet ont changé les conditions d'accès technique et financier à la musique. Des millions de titres sont devenus accessibles pour un prix modique. Les conditions sont donc réunies désormais pour un élargissement des habitudes de consommation musicale. Mais comment choisir dans cet ensemble qu'une vie entière ne suffirait pas à explorer ? La promotion des artistes est beaucoup plus efficace pour ceux qui sont distribués par les majors. La grande majorité des autres est à peine visible et leur découverte est aléatoire. Le marketing musical des plateformes propose aux internautes des playlists fondées sur leurs écoutes antérieures qui agissent plus dans le sens d'un renforcement que d'un élargissement des goûts. La promotion de la musique américaine bénéficie de moyens considérables qui lui permettent de se faire entendre dans le monde entier. Cela donne une image séduisante des États-Unis, ce qui renforce l'intérêt pour sa musique. Les réseaux sociaux rassemblent également les internautes en fonction de leurs affinités. Ils partagent donc des suggestions d'écoute homogènes.

Cependant la quasi-gratuité du streaming permettant d'écouter très facilement des musiques très variées et le temps passé sur les plateformes étant considérable, le hasard et la curiosité rendent plus facile les explorations et les découvertes. En revanche, elles ont plus de chances de se faire sur les marges de la musique que l'on a l'habitude d'écouter. Un amateur de rap explorera moins facilement l'art lyrique baroque que le rock. Tout comme un amateur de variété française n'ira pas spontanément vers la musique indienne. Les critiques et les émissions proposent de nouveaux titres mais ils sont en général spécialisés dans un genre. Cependant les cloisonnements entre les genres s'amincissent. Certains chanteurs lyriques chantent de la variété, le jazz irrigue toutes sortes de styles. La télévision permet aussi, grâce à certaines émissions, que se côtoient des musiques de types différents. Des concours ou des remises de récompenses attirent un public large qui peut faire des découvertes. Les conditions d'une diversification des styles écoutés existent. Le principal obstacle n'est plus maintenant technique ou financier. Il reste un cloisonnement culturel difficile à briser. On continue d'écouter la même musique que son groupe d'amis, sa génération ou son milieu car les goûts musicaux sont encore un élément de caractérisation sociale.

Sujet d'entraînement
Fans de stars

A • Synthèse de documents (40 points)

Vous rédigerez une synthèse concise, objective et ordonnée des documents suivants.

Document 1 : Pauline Turuban, « Les artistes doivent se marketer comme des produits », https://largentdelamusique.wordpress.com.
Document 2 : Caroline Giron-Panel, « Baroque-stars : le castrat et la diva. Approches de la célébrité musicale au XVIIIe siècle. De Farinelli à Bowie. »
Document 3 : Photo d'un fan de Johnny.
Document 4 : Anne-Claire Genthialon, « Le fan n'est pas aliéné par sa passion », https://next.liberation.fr, 10 avril 2014.

B • Écriture personnelle (20 points)

Les stars de la musique sont-elles victimes de leur succès ?
Vous répondrez à cette question d'une façon argumentée, en vous appuyant sur les documents du corpus, vos lectures de l'année et vos connaissances personnelles.

Document 1

L'enjeu majeur, c'est de parvenir à monétiser la relation, soit créer de la valeur à partir d'un lien immatériel. « Avant de penser à gagner de l'argent, il faut faire grossir la "*fanbase*", c'est-à-dire aller chercher les fans et les fidéliser », précise Virginie Berger. Tout réside dans le ciblage. Pour la consultante, les artistes doivent se marketer comme des « produits » : « Le travail en amont est primordial : ils doivent se demander quel est leur message, à quel profil de fans ils s'adressent, comment consomment ces fans. »

Les réseaux sociaux (Facebook, Twitter, You Tube, Spotify, etc.) sont incontournables pour diffuser des œuvres. Des sites plus pointus se multiplient aussi, comme les plateformes Topspin Media ou Bandcamp, qui gèrent le marketing D2F à la place des artistes. [...]

Chez EMI, on essaie de dresser « le profil démographique des fans, en créant des bases de données à partir des informations qu'ils laissent pour s'abonner aux newsletters. Une fois le profil ciblé, on leur envoie des alertes par mail avec un maximum d'informations sur leur artiste, des artistes similaires, etc. » La major propose l'achat direct d'album via les pages artiste, le téléchargement sur ITunes et parfois des éditions collectors plus qualitatives avec un contenu exclusif, comme cela a été le cas pour *Plastic Beach*, le dernier album de Gorillaz.

►►►

suite

Le concept « ATF », mué en « LTF » (“*Label To Fan*”), devient une nouvelle source de revenus pour les maisons de disques. « Les labels ont un rôle à jouer car les artistes ne savent pas tous comment entretenir la relation avec leurs fans. Les maisons de disques ont le capital financier nécessaire pour construire un site Internet et être le relais de la parole de l’artiste », d’après Virginie Berger.

La plupart des majors ont franchi le cap. « Notre stratégie consiste à se poser entre l’artiste et ses fans, explique Julie Sandrin, Responsable CRM (gestion de la relation client) chez EMI. On encourage sans les forcer les artistes à développer la relation avec leurs fans. On utilise nos compétences techniques pour les aider à faire ce qu’ils veulent. On crée des sites officiels, des profils Facebook, on organise des chats, etc. mais toujours en concertation avec les artistes. »

Difficile d’évaluer combien rapporte cette stratégie marketing. EMI ne souhaite pas communiquer sur le nombre de ventes directes réalisées, mais admet que la « fidélisation et la relation de confiance peuvent entraîner l’acte d’achat. » Comme le résume Virginie Berger, « le gratuit est la norme aujourd’hui. L’objectif principal doit donc être de proposer des produits rares ou des expériences uniques pour le concurrencer. »

Pauline Turuban, « Les artistes doivent se marketer comme des produits »,
https://largentdelamusique.wordpress.com, 2010

Document 2

Si le talent et l’exceptionnalité de la voix concourent à faire de certains castrats des musiciens particulièrement recherchés, c’est l’attitude du public qui permet de les qualifier de stars. Comme l’écrit Burney, la star se reconnait aux transports, à l’extase, à l’enchantement qu’elle suscite. Les applaudissements effrénés, les évanouissements dans le public, mais aussi les cadeaux somptueux et les manifestations d’adoration des « fans », qu’elles soient physique ou matérielles, sont autant d’éléments qui permettent d’appréhender la relation entre une célébrité et son public. C’est précisément cette propriété ensorcelante de la voix des castrats, perçue comme anormale et presque surnaturelle, qui est dénoncée en 1735 par W. Popple et A. Hill dans un article visant à démontrer que le goût des Anglais pour les castrats conduit l’Angleterre à sa ruine. Les détracteurs de Farinelli accusent « l’eunuque » de faire tourner la tête des femmes, précisant – circonstance aggravante – que la « folie Farinelli » n’épargne ni les petites gens, ni les dames de la haute société […]

Certain individu sera récompensé pour ses méfaits bien plus que le premier noble d’Angleterre pour ses services. Mais existe-t-il une récompense exagérée pour celui dont on dit, dans la fosse, après l’une de ses chansons : un seul Dieu, un seul Farinelli ! […] Une dame anglaise de qualité, inquiète que le Señor puisse se sentir offensé de recevoir un billet de banque de 50 £ pour un billet de concert, s’il n’était emballé, imagina cet heureux expédient afin de prévenir sa fureur : elle acheta une tabatière en or d’une valeur de trente guinées, qu’elle joint au billet de banque et alla, inquiète et tremblante,

▶▶▶

suite

présenter en offrande à l'autel de l'eunuque. Une autre, considérant le Señor sous une lumière plus appropriée, lui présenta un coffret à épiler garni de diamants. Une troisième dame, veuve à la fortune très limitée ayant charge de deux ou trois enfants, dit, très inquiète, qu'elle avait volé un billet de concert pour cinq guinées. Si elle avait dit « j'ai volé à mes enfants cinq guinées », elle aurait dit la vérité.

Cette liste de présents, à laquelle s'ajoutent une paire de boucle de diamants, une bague de diamant et un billet de 100 £, devient un poncif des chroniques farinelliennes, figurant dans de nombreux témoignages ainsi que dans la gravure de William Hogarth, sous la forme d'un long phylactère énumérant la « Liste des riches présents que le Signor Farinelli, chanteur italien, a condescendu à accepter de la noblesse et de la bourgeoisie anglaise en contrepartie d'une représentation dans l'opéra Artaxerxe ».

Caroline Giron-Panel, Luc Robène, Solveig Serre, « Baroque-stars : le castrat et la diva. Approches de la célébrité musicale au XVIIIe siècle. De Farinelli à Bowie. L'invention de la célébrité en musique (XVIIIe-XXIe siècle) : dispositifs, figures, œuvres », nov 2015, Paris, France halshs-01522270

Document 3

Fan de Johnny Hallyday à Bruyères-sur-Fère

L'Union, 18 octobre 2018.
https://abonne.lunion.fr/id3635/article/2018-10-18/beaucoup-de-monde-mappelle-johnny

Document 4

Le Fan n'est pas aliéné par sa passion

Le fan est systématiquement perçu comme un solitaire dépressif, immature ou comme un danger pour les vedettes. L'exemple emblématique étant Mark Chapman, qui a assassiné John Lennon. Depuis son apparition avec l'âge d'or d'Hollywood et les premières stars du cinéma dans les années 20 et 30, il est dénoncé par le discours savant et l'ensemble du corps social. À l'époque, des psychologues stigmatisent déjà sa « tendance pathologique ». Plusieurs auteurs anglo-saxons ont analysé les ressorts de ces représentations négatives. Le fan, c'est l'amateur de produits de culture de masse. La façon qu'il a d'exprimer son admiration pour une vedette, ses pratiques sont jugées comme excessives, vulgaires, et l'objet de sa passion peu légitime, selon une norme bourgeoise et élitiste qui recommande au contraire retenue, distance et détachement dans le rapport à la culture. Si ces représentations négatives se fondent sur des faits réels, comme le harcèlement des stars, ces cas sont rares et peu représentatifs de leur réalité.

Au contraire : il retire de nombreux bénéfices, plus que l'on ne croit, de sa passion. Être fan contribue à la construction d'une identité individuelle, il se définit comme tel, revendique ce statut, et c'est source d'estime de soi. En rejoignant un club, il se retrouve intégré à une communauté. Des amitiés se forgent, des couples se forment... Bon nombre de fans d'Elvis m'ont raconté comment la relation à l'artiste les aide lors de moments difficiles : ils s'adressent à lui, lui demandent conseil, se sentent protégés. Cette passion donne surtout un but à leur vie, leur procure joies, gratifications et des rêves à portée de mains, comme aller en pèlerinage à Memphis. Certains, plus rares, vont même retirer des profits professionnels, en devenant sosie ou en dirigeant un fan-club. Le sociologue Christian Le Bart démontre que la passion pour les Beatles peut susciter des vocations : certains fans deviennent professeur d'anglais, traducteur ou vont travailler dans la musique.

...Les fans peuvent effectivement rentrer dans des rapports de force avec l'industrie culturelle. Il ne faut pas surestimer cette capacité d'action mais, forts de leur nombre, de leur statut de clientèle privilégiée, ils peuvent se constituer en groupe de pression. Des séries télé supprimées ont déjà été reprogrammées suite à des mobilisations. Avec le développement d'Internet et des réseaux sociaux, on observe la multiplication de tribus, très mobilisés et rapidement mobilisables : les « Little Monsters » de Lady Gaga, les « Beliebers » de Justin Bieber... Les fans des grandes vedettes disparues se considèrent, eux, comme les « gardiens du temple » qui veillent au respect de la mémoire de leur idole, et sont bien souvent caressés dans le sens du poil par les ayants droit. Le fan n'est ni passif ni aliéné par sa passion. Au contraire, il recherche des informations, se réapproprie l'œuvre de sa star à travers des textes, des œuvres d'art...

Il existe chez nous tous une propension à aimer. Nous développons tout à l'égard d'artistes des sentiments d'affection. Sans appartenir à un fan-club, nous adoptons tous des pratiques témoignant de cet attachement, comme l'écoute en boucle d'un album. Cela répond au besoin essentiel de l'homme d'admirer et de former une communauté, de créer du lien social. Si on ne se revendique pas comme tel, nous avons tous en nous quelque chose du fan.

Anne-Claire Genthialon, https://next.liberation.fr, 10 avril 2014

Liste des documents

Thème 1 : À toute vitesse !

Liste des textes

Liste des images

Thème 2 : De la musique avant toute chose ?

Liste des textes

- T. de Oliveira Pinto, « La musique dans le rite et la musique comme rite dans le candomblé brésilien », traduction d'Isabelle Schulte-Tenckhoff, *Cahier d'ethnomusicologie* n° 5, 1992, Dossier « Musiques rituelles »............. 109, 110
- E. Pottier, et P. Degeyter, *L'Internationale*..180
- O. Roche, « Spotify part en guerre contre les grandes majors de la musique », *Europe 1* 163
- S. Sadak, « Transculturalité et identité musicale dans les répertoires judéo-espagnols », *Cahiers d'ethnomusicologie*, Vol 20., Identités musicales............................120
- L. Salvayre, *Hymne*, Le Seuil.. 168, 169
- G. Sand, *Consuelo*... 172, 173
- P. Santi, « Coma, Alzheimer, Parkinson… la musique fait du bien au cerveau », *Le monde* 145
- Statistiques et études, « Évolution du chiffre d'affaires sur les différents marchés de la musique de 2007 à 2018 en million d'euros », *Insee.fr*.......................... 162, 163
- P. Süskind, *La Contrebasse*, Fayard..132
- Trésor de la langue française, article « Musique », *atilf.fr*.......................................102
- P. Turuban, « Les artistes doivent se marketer comme des produits », *largentdelamusique.wordpress.com* 184, 185
- P. Verlaine, « Art poétique » Jadis et naguère 139
- P. Verlaine, « Sérénade », *Poèmes saturniens* 142, 143
- M. Vignal, *Encyclopædia Universalis*, « Rouget de Lisle ».. .... .149, 150
- J.M. Warszawski, « Pouchkine Alexandre, Mozart et Salieri », *Musicologie* 136
- V. Zanetti, « La musique pour se rapprocher du divin », *rts.ch*..................... 111, 112

Liste des images